ESOTERISMO E MAGIA NO MUNDO OCIDENTAL

Organizado por
Jay Kinney

ESOTERISMO E MAGIA NO MUNDO OCIDENTAL

Uma Introdução à Sabedoria Oculta do Ocidente

Tradução
EUCLIDES LUIZ CALLONI
DENISE DE C. ROCHA DELELA

EDITORA PENSAMENTO
São Paulo

Título original: *The Inner West.*

Publicado mediante acordo com a Jeremy P. Tarcher,
uma divisão da Penguin Group (USA) Inc.

Dados Internacionais de Catalogação na Publicação (CIP)
(Câmara Brasileira do Livro, SP, Brasil)

Esoterismo e magia no mundo ocidental : uma introdução à sabedoria oculta do Ocidente / organizado por Jay Kinney ; tradução Euclides Luiz Calloni, Denise de C. Rocha Delela. — São Paulo : Pensamento, 2006.

Título original: The inner West : an introduction to the hidden wisdom of the West
ISBN 85-315-1452-5

1. Magia 2. Ocultismo I. Kinney, Jay.

06-4048 CDD-133.43

Índices para catálogo sistemático:
1. Magia : Ocultismo 133.43

O primeiro número à esquerda indica a edição, ou reedição, desta obra. A primeira dezena à direita indica o ano em que esta edição, ou reedição, foi publicada.

Edição	Ano
1-2-3-4-5-6-7-8-9-10-11	06-07-08-09-10-11-12-13

Direitos de tradução para o Brasil
adquiridos com exclusividade pela
EDITORA PENSAMENTO-CULTRIX LTDA.
Rua Dr. Mário Vicente, 368 — 04270-000 — São Paulo, SP
Fone: 6166-9000 — Fax: 6166-9008
E-mail: pensamento@cultrix.com.br
http:www.pensamento-cultrix.com.br
que se reserva a propriedade literária desta tradução.

Impresso em nossas oficinas gráficas.

SUMÁRIO

FRATERNIDADES ESOTÉRICAS

MÍSTICOS E MESTRES

AGRADECIMENTOS

Primeiramente, eu gostaria de agradecer o trabalho invisível de Richard Smoley, que organizou grande parte do material incluído neste livro. Em sua maioria, os artigos aqui reunidos foram originalmente publicados na revista *Gnosis*, passando por seu crivo editorial já nessa ocasião.

Agradeço também aos autores que permitiram a publicação dos seus artigos nesta edição e que generosamente os cederam por uma remuneração inferior à merecida. Pesquisar e escrever sobre as tradições esotéricas ocidentais é sempre um ato de amor, e eu estou feliz por ver muitos dos melhores escritores dessa área representados nesta antologia.

Eu gostaria ainda de expressar o meu apreço para com o meu editor na Tarcher/Penguin, Mitch Horowitz, que incentivou a organização deste livro desde o início. Sua paciência e sugestões oportunas tornaram muito agradável o nosso trabalho em conjunto.

E, por falar em paciência, minha mulher Dixie merece um agradecimento especial por ficar ao meu lado, com o seu amor e apoio, durante o período extenuante de publicação da *Gnosis* e nos anos ainda mais estressantes que vieram posteriormente. Além disso, as suas sugestões com relação a algumas partes do manuscrito foram de grande utilidade.

Finalmente, sem nenhuma ordem em particular, eu gostaria de agradecer às pessoas a seguir; todas elas, sabendo ou não, deram uma colaboração importante para a publicação deste livro: Katie Boyle, Michael Crisp, David Jones, o Curmudgeon Club, David Fideler, Becky Wilson, David Gilmore, Chris Farmer, Kirsten Strickland, Jay Cornell, Rashid Patch, Jeff Chitouras, Jordan Gruber, Gary Moring, Nina Nikolaeva, Frank Donnola, Refik Algan, Rosamonde Miller, o falecido Jerry Odum e outros que não menciono aqui.

— *Jay Kinney*

INTRODUÇÃO

Jay Kinney

O impulso para sair em busca de tesouros enterrados deve estar arraigado firmemente nos nossos genes. Quando eu tinha 9 ou 10 anos, em Lakewood, Ohio (EUA), meu irmão e eu éramos obcecados pela idéia de que certamente devia haver algo maravilhoso sob a superfície da terra. Quando nossos pais vetaram o nosso plano inicial de cavar o quintal de casa, ficamos apenas com uma passagem de um metro de largura, de terra batida, que ia dos fundos da nossa garagem até a garagem do vizinho de trás.

Então, num belo dia de verão, empunhando pás, dirigimo-nos resolutos até esse corredor estreito e começamos a cavar. O solo era compacto e rochoso e, depois de escavar uns trinta centímetros, já estávamos prontos a admitir a nossa derrota. O único tesouro que encontramos foi uma bala de época desconhecida, que mostramos empolgados aos nossos pais. Mas eles a confiscaram na mesma hora e prometeram entregá-la à polícia. Nossa caça ao tesouro foi um fracasso.

Eu me lembrei desse episódio quando lia *The Refiner's Fire*, de John L. Brooke. Brooke analisa "os cultos de divinação e caça ao tesouro que se espalharam pelo interior da Nova Inglaterra entre as décadas de 1780 e 1830.[1] Instigados por "lendas sobre tesouros enterrados por espanhóis e piratas",[2] e movidos pela esperança de encontrar minas perdidas e veios de metais preciosos, os colonos quase descapitalizados recorriam a videntes, feiticeiros e adivinhos, na tentativa geralmente inútil de encontrar ouro e enriquecer do dia para a noite. Uma nova onda de busca ao tesouro invadiu a Califórnia durante a Corrida do Ouro de 1849, dessa vez com melhor sorte para alguns.

Entremeavam esses empreendimentos do século XVIII e XIX, na visão de Brooke, idéias de fecundidade da terra, de transmutação alquímica e de controle mágico de espíritos que supostamente guardavam seus tesouros terrenos — crenças mágicas populares que remontam às tradições esotéricas da Idade Média e da Renascença.

Menciono essa busca recorrente de tesouros enterrados — sejam eles reais ou simbólicos — porque os temas desta antologia são, eles próprios, uma espécie de tesouro enterrado na história e na cultura da civilização ocidental.

Dediquei-me durante cerca de trinta anos a um trabalho pessoal de escavação com o objetivo de recuperar os recursos espirituais que os ensinamentos de tradições esotéricas representam. Essa não foi uma tarefa solitária, pois existe uma rede informal de estudiosos, pesquisadores e praticantes que compartilham com satisfação seus achados, tanto entre si quanto com o público em geral.

Durante quase quinze anos, de 1985 até 1999, grande parte dessa troca de idéias ocorreu nas páginas de *Gnosis: A Journal of the Western Inner Traditions* [Gnose: Uma Revista das Tradições Esotéricas Ocidentais], que tive o privilégio de publicar. Quase todos os artigos deste livro procedem dessa revista, embora a inevitável exigüidade de espaço faça com que a seleção oferecida seja tão-somente a fração de um valioso material que mereceria divulgação mais ampla.

É justo perguntar que espécie de tesouro representam as tradições espirituais e esotéricas aqui analisadas. Existirá ouro de fato ou trata-se de uma busca inútil? Creio que posso responder melhor a essa pergunta apresentando a minha própria experiência como exemplo.

Como muitas outras pessoas que chegaram à maioridade no início da década de 1970, eu estava insatisfeito com a educação religiosa tradicional que recebera da minha família. Eu sentia uma sede espiritual que não se aplacava com o mero hábito de ir à igreja aos domingos. Cativados por figuras como os Beatles, Allen Ginsberg, Ram Dass e Alan Watts, muitos de nós buscávamos inspiração e orientação nas religiões e nos ensinamentos do Oriente.

A primeira metade dos anos 70, em particular, viu uma onda de yogues, swamis e gurus invadir as praias dos Estados Unidos, cada um oferecendo métodos respeitáveis de meditação e de alteração da consciência. Eu freqüentava aulas de yoga, pendurava pôsteres de deuses hindus nas paredes do meu quarto, participava de palestras abertas ao público de Swami Satchitananda, de Chogyam Trungpa Rimpoche e de Maharaji, e procurava seguir as orientações dadas por Ram Dass no livro *Be Here Now*. Apesar de todos os meus esforços, porém, não encontrei um mestre a quem pudesse me ligar profundamente. Isso pode ter sido conseqüência da minha forte tendência a seguir uma ética de caráter mais pessoal, mas também havia algo referente ao relacionamento mestre/discípulo que me incomodava — pelo menos como eu o via sendo praticado por ocidentais empolgados.

Praticamente todos os caminhos espirituais e místicos estimulam o buscador a minimizar o ego para melhor abrir a sua consciência para o Divino. Eu não tinha problemas nesse sentido — em teoria, pelo menos — mas sentia grande dificuldade em conferir atributos quase divinos a outro ser humano e então subordinar o meu ego ao dele. Isso me parecia um convite claro à exploração e aos excessos; as minhas desconfianças se confirmaram à medida que os anos 70 foram passando e numerosos swamis, yogues e rimpoches se envolveram em escândalos justamente por caírem nessas tentações.

Também descobri que as referências culturais — a deuses com cabeça de elefante, a Krishnas de pele azulada ou a divindades tibetanas — eram exóticas demais para a minha sensibilidade ocidental. Havia uma disparidade enorme entre o meu vocabulário simbólico e os mitos e figuras das religiões orientais. Logo percebi que eu não era o único a ter esse sentimento.

O desafio — para mim e para outros como eu — era encontrar uma orientação para o desenvolvimento espiritual que operasse em todos os níveis: no prático, no cultural, no místico e no psicológico. Com o passar do tempo, e com a ajuda de amigos proprietários de uma livraria metafísica na região de San Francisco, descobri que as tradições esotéricas e místicas da minha própria cultura ocidental ofereciam essa orientação.

Constatei também que compreender esse caminho ocidental não era simples. Havia poucas organizações que punham à disposição orientações claras e diretas, e as que o faziam pareciam já ter vivido dias melhores. Além disso, em decorrência do grande poder da Igreja na história européia, muitas tradições esotéricas ocidentais haviam se desenvolvido quase na clandestinidade, envolvendo-se numa atmosfera de mistério para se proteger e comunicando seus ensinamentos por meio de símbolos e diagramas desconcertantes para o neófito. Os proponentes modernos de muitas dessas tradições afirmavam que suas origens remontavam ao antigo Egito, à Grécia pagã ou a outras fontes distantes, mas essas afirmações em geral não eram ou não podiam ser provadas, servindo apenas de fachada. Em suma, o buscador que se sentisse atraído por algum elemento desse Ocidente Interior era obrigado a empreender uma peregrinação por um caminho sinuoso, abrindo passagem com dificuldade e ao mesmo tempo retrocedendo e avançando no tempo.

Essa jornada de descoberta parecia exigir uma certa estrutura mental — partes iguais de fé, ceticismo e bom senso — e uma tendência a decifrar enigmas. Ela envolvia familiarizar-se com conceitos aparentemente "obsoletos", como o dos quatro elementos (terra, ar, fogo e água) ou o das esferas planetárias (o modelo pré-copernicano do Sol, da Lua e dos planetas girando em torno da Terra).

Eu percebi que conceitos como esses, embora obsoletos como descrições científicas do Universo, ainda eram úteis como sistemas simbólicos no estudo dos reinos subjetivos da psique e da alma.

Durante vários anos estudei os elementos fundamentais do Ocidente Interior, principalmente por meio de livros. Até certo ponto, isso foi bom, mas eu corria o risco de transformar a minha busca espiritual numa mera atividade intelectual. Foi então que encontrei casualmente uma pequena igreja gnóstica, única da sua espécie, na Bay Area. (O Gnosticismo, que será analisado mais detalhadamente no ensaio de Stephan Hoeller [Capítulo 3] é uma abordagem espiritual cristã que sublinha a importância da experiência direta do divino.) O bispo dessa igreja era uma mulher profundamente inspirada que havia desenvolvido uma escola de mistério contemporânea em que os alunos passavam por várias ordens clericais, até serem ordenados sacerdotes. Eu pouco sabia sobre isso antes de assistir, pela primeira vez, à missa que era celebrada nos domingos de manhã. Essa missa foi um acontecimento decisivo na minha vida.

Eu fora criado na doutrina das principais denominações protestantes, cujos cultos praticamente não comportavam rituais. A missa gnóstica, semelhante à missa católica tradicional, envolvia uma longa liturgia, a consagração da hóstia e do vinho e uma atitude de concentração ritual que me impressionou de várias formas. Por tradição, a missa é considerada um sacramento que abre uma passagem para a graça divina; levando em conta o quanto essa missa gnóstica me afetou, pude constatar que isso era de fato possível.

No período de um ano, recebi as ordens dessa igreja e passei por um treinamento intensivo durante oito anos que abrangia desde os elementos de um ritual e o conceito de espaço sagrado até o poder da música e da prece de cura. Por incrível que pareça, tudo isso era oferecido sem nenhuma obrigação financeira ou proselitismo dogmático. Na época em que fui ordenado, eu já me dedicava aos ensinamentos esotéricos e os vivenciava de um modo que não seria possível com a mera leitura de livros.

Não quero dizer com isso que o leitor deva deixar este livro de lado e sair à procura dessa ou de alguma outra igreja em particular. Afinal, são muitos os portos que podem servir de abrigo na ocorrência de uma tempestade. Em vez disso, ofereço a minha experiência como indicação de que podemos inicialmente conhecer o Ocidente Interior por meio de pesquisas e leituras, mas o mais provável é que o seu verdadeiro ouro só será encontrado na companhia de outras pessoas.

A ESTA ALTURA, você talvez esteja se perguntando o que a expressão "Ocidente Interior" significa. É relativamente claro que, ao falarmos de caminhos orientais, por exemplo, nos referimos basicamente ao Hinduísmo, ao Budismo, ao Taoísmo e às práticas yogues e de meditação que acompanham essas religiões. Mas o Ocidente Interior é um termo um pouco mais complexo e vago.

Ao longo da sua história, a cultura ocidental tem sido moldada predominantemente, mas não exclusivamente, pelo Cristianismo. Durante séculos, Cristianismo foi sinônimo de Igreja Católica, que geralmente agia com violência contra suas rivais. Por considerar-se autoridade única, a Igreja insistia em afirmar que toda busca espiritual só era possível por intermédio dos seus sacerdotes ou no seio de outras estruturas institucionais suas, como as ordens monásticas.

Os místicos, os gnósticos e outros que buscavam a experiência direta de Deus ou do Invisível eram quase sempre vistos com desdém, quando não perseguidos abertamente. Os ensinamentos que propagavam ofereciam um contrapeso para as posições da religião predominante, o que não favoreceu o seu prestígio diante das autoridades. Essa divergência pode ser vista no uso feito pelo Ocidente Interior de figuras simbólicas femininas, como Sofia (a Sabedoria Divina) e a Anima Mundi (a Alma do Mundo); no seu intento de estudar, conhecer e fortalecer o indivíduo; e na sua perspectiva liberal e multilateral — todos estes aspectos contrapostos à postura masculina, coletiva e unilateral da Igreja.

À luz desses fatos, adoto o termo "Ocidente Interior" para denotar as manifestações de pelo menos três tipos de "interioridade".

Em primeiro lugar, a própria experiência interior do indivíduo, tanto psicológica como espiritual. Em geral, as tradições estudadas neste livro recomendam a auto-observação, a atenção às mudanças sutis na paisagem interior e o desenvolvimento espiritual.

Em segundo lugar, a "essência" interior da verdade religiosa — uma essência que nem sempre pode coincidir com a sistematização formal do dogma e da teologia. A defesa que Jesus fazia do "espírito da Lei", em oposição à "letra da Lei", sugere isso.

E, em terceiro lugar, "interior" no sentido de ensinamentos ocultos ou velados. Esses ensinamentos eram ocultos de dois modos. Primeiro, sua sobrevivência em face da oposição da Igreja os levou a assumir uma existência clandestina ou marginal. Segundo, a sua própria natureza como ensinamentos que exigiam um trabalho interior significava que eles só se revelavam aos buscadores mais determinados, pois o verdadeiro conhecimento só pode ser conquistado a duras penas.

O Ocidente Interior, então, é a corrente subterrânea das tradições de sabedoria experiencial (geralmente chamadas esotéricas) que fluiu ao longo dos séculos até chegar aos dias de hoje. Essa corrente teve muitos afluentes e os artigos desta antologia têm a intenção de oferecer um panorama dessas fontes e também uma visão de algumas vertentes particulares que seguiram com essa corrente maior.

Quem usa metáforas corre o risco de simplificar demais; ao chamá-las de corrente, não quero sugerir que as tradições esotéricas da cultura ocidental formam um conjunto unificado. Certos elementos, por exemplo, derivam da filosofia neoplatônica helenista dos primórdios da era cristã; outros, da

Cabala judaica medieval; outros, do Hermetismo renascentista e outros ainda, das religiões pagãs pré-cristãs. Por suas tradições esotéricas preservadas no Sufismo, o próprio Islamismo pode ser considerado um componente dessa corrente, dada a sua interação com escolas cristãs e judaicas da Espanha mourisca, entre os séculos VIII e XV, e a sua presença no sul e no leste da Europa durante o Império Otomano, do século XIV ao século XIX.

Embora algumas dessas fontes possam dar a impressão de se excluírem umas às outras, muitas vezes elas se sobrepuseram e se enriqueceram mutuamente ao longo dos séculos. Por isso, o leitor verá que algumas fontes, como o Hermetismo (uma combinação de filosofias gregas e egípcias) ou o Gnosticismo, são mencionadas várias vezes em diferentes artigos aqui apresentados. Mesmo sentindo-se atraído por um ou dois pontos de vista, será proveitoso ao leitor compreender como todos os fios se entretecem no Ocidente Interior.

A dúvida persiste: O que os estudiosos dessas tradições esotéricas esperam alcançar? Por que, inclusive, preocupar-se em decifrar sistemas simbólicos complexos ou entregar-se com disposição ao esforço da autodisciplina que muitas dessas tradições exigem? Provavelmente, o número de respostas a essas perguntas seja tão grande quanto o número de alunos, mas algumas se destacam. Uma delas é chegar a (ou ser abençoado com) um estado de iluminação ou gnose. Um ser iluminado sabe qual é o seu verdadeiro lugar no grande Universo e compreende a unidade subjacente a toda consciência, seja ela individual ou divina. Poderíamos chamar a isso de motivação *mística* para seguir o Ocidente Interior.

Outro objetivo, menos abrangente, é o desejo de entrar em contato e de receber orientação de uma inteligência superior. Isso pode tomar a forma de uma interação ritual com forças angélicas ou "deuses", ou de uma exploração de reinos astrais invisíveis ao olho físico. Essa poderia ser chamada de motivação *mágica* para seguir o Ocidente Interior.

Um terceiro objetivo, que pode ser considerado uma mescla dos dois anteriores, seria a aspiração a levar o mundo natural, incluindo o homem, a um relacionamento mais harmonioso com a ordem Divina e de um com o outro. Esforços nesse sentido podem ser vistos nas religiões mais voltadas para a natureza, nas transmutações da alquimia e na doutrina cabalística do *tikkun*, a redenção do mundo criado. Essa poderia chamar-se motivação para *corrigir*.

Eu seria omisso se não mencionasse certos riscos inerentes à decisão de envolver-se com o Ocidente Interior. Quem leu o romance *O Lobo da Estepe*, de Hermann Hesse, se lembrará da mensagem enigmática na porta do Teatro Mágico: "Entrada para poucos... Para loucos apenas." Esse aviso pode não se aplicar exatamente às tradições esotéricas, mas não está longe disso. Ao contrário dos volumes de vendas de livros da Nova Era e de magia popular, uma jornada espiritual consciente não é um avanço cheio de luz para reinos cada vez mais positivos e definidos.

Eis um exemplo pessoal. Numa certa época, no início da década de 1990, li um livro sobre "contato com os nossos guias espirituais". O livro apresentava um método bastante simples e direto que resolvi experimentar. Eu já tinha amigos terrenos que considerava verdadeiros guias espirituais, mas a idéia de que um guia desencarnado poderia estar à disposição para ajudar despertava o meu interesse.

Apliquei o método de contato descrito no livro — que consistia numa forma de relaxamento e de audição interior — e eis que palavras começaram a se formar na tela da minha mente, as quais eu anotava com cuidado. No período de um mês, fiz contato quase diário com um grupo de conselheiros que se manifestava. Esse grupo parecia operar de uma perspectiva cósmica e seus conselhos eram bastante sensatos. Certamente não era como receber instruções de uma tábua Ouija para pular pela janela.

Depois de um mês, porém, seguindo o conselho de um dos meus guias do plano material, interrompi os contatos com os guias espirituais. Ali estava eu, aparentemente me comunicando com seres evoluídos do plano interior e no entanto desistindo desse privilégio. Por quê?

O dilema se parecia com um Cubo Mágico epistemológico. Pensamentos tomavam forma no silêncio da minha mente. Eu os revestia de palavras ao escrevê-los. Seriam, na verdade, apenas pensamentos do meu Inconsciente, que eu optava por atribuir a uma fonte fora de mim mesmo? Mesmo que eu pudesse garantir que esses guias podiam ter uma existência independente, que prova eu tinha de que não passavam de intrusos desencarnados que me diziam o que eu queria ouvir, para absorver minha atenção e energia? Não havia como resolver essas questões.

Eu pouco perdia por me afastar desse impasse cognitivo. Eu ainda poderia buscar orientação na prece e ouvir a minha pequena voz interior. Eu apenas parei de entrar na "freqüência" específica em que os pensamentos se expressavam como se procedessem desses guias desencarnados. O experimento havia sido interessante, mas não foi além disso. Parecia melhor cultivar a minha própria ligação direta com Deus — sem intermediários — do que continuar dependendo de guias impossíveis de identificar e de explicar.

Não é preciso dizer que quem fica atraído pelo esotérico e fascinado com os ensinamentos sobre o Invisível corre o risco de entrar numa zona psicológica sombria de ambigüidade e projeção. Essa ambigüidade faz parte do território e aprender a lidar com ela é parte do desafio. No entanto, os riscos são reais e não devem ser subestimados. O historiador ocultista Francis King descreveu de forma notável os resultados da permanência de um grupo de magos do começo do século XX nesse território:

> Os Chefes do Templo de Amon, em Londres, eram tão viciados em mediunidade e em viagens astrais quanto um drogado em heroína! Eles mergulhavam a tal ponto nas imagens alucinantes da mente inconsciente que dois deles ficaram esquizofrênicos — um deles, um clérigo, acabou morrendo num asilo de loucos — e, em 1919, Felkin [o líder do grupo] foi obrigado a fechar as portas do Templo.[3]

Outros desafios também podem surgir. Em torno de uns dez anos atrás, eu me dediquei a algumas práticas espirituais aparentemente simples, sob a orientação de um mestre sufi. O impacto interior dessas "práticas simples" foi enorme: passei pela experiência da abertura de um centro energético no meu corpo, acompanhada de uma verdadeira erupção vulcânica de material inconsciente. De repente, vi-me diante do "conteúdo" emocional de uma vida inteira que fora cuidadosamente guardado para um momento de necessidade. Abruptamente, esse momento chegou e provocou o caos na minha vida. Dez anos depois eu ainda estou processando os resultados de uma sutil mudança de energia que não durou mais do que um segundo.

Não obstante riscos como esse, ainda vale a pena explorar o Ocidente Interior? Sem dúvida! Alguns de nós simplesmente não se contentam em adotar crenças com base no que outras pessoas dizem. Nós ansiamos por um sentimento maior de ligação tanto com os reinos superiores quanto com o Universo como um todo. Talvez tenhamos sentido o sabor do Invisível ou tido vislumbres de uma consciência mais ampla do que a comum, e gostaríamos de ter mais. Acima de tudo, queremos saber — saber realmente — a verdade sobre as questões espirituais. Tomando por base as minhas próprias experiências, acredito que as tradições esotéricas estudadas neste livro podem ajudar-nos a alcançar essa meta. Coragem, bom senso e a vontade de mergulhar fundo e de perseverar são o preço dessa admissão. Mas, lembre-se: "Entrada para poucos... Para loucos apenas."

Esta antologia começa com um exame das três fontes principais de inspiração do Ocidente Interior: o Neoplatonismo, o Hermetismo e o Gnosticismo. Por breve que seja, um contato com essas abordagens dos universos interior e exterior facilitará a compreensão de manifestações posteriores do Ocidente Interior.

Em seguida, examinamos as correntes místicas e esotéricas nas três principais religiões da cultura ocidental: Judaísmo, Cristianismo e Islamismo. Embora essas três religiões tenham origem com a mesma linhagem de profetas (começando por Abraão) e cultuem o mesmo Deus monoteísta, cada uma tem uma perspectiva própria da interioridade mística.

Continuando, voltamos a atenção para alguns ensinamentos específicos do Ocidente Interior: alquimia, magia, tarô, astrologia, o Feminino Divino e a Wicca. Quase todas dessas tradições (com exceção da astrologia, que teve ampla difusão) mantiveram uma existência discreta, por duas razões: para evitar perseguições da Igreja e para proteger os conhecimentos excelsos dos que não os compreenderiam ou dos que os usariam de modo inadequado. O abade e mago erudito Tritêmio alertou Cornélio Agripa, no início do século XVI: "Segue esta regra: revela segredos comuns a amigos comuns, mas segredos arcanos superiores tão-somente a amigos nobres e íntimos, dando feno à vaca, mas açúcar ao papagaio! Ouve o que te digo, para que não sejas pisoteado pelos cascos das vacas."[4] Só no século XX, e ainda assim em seus períodos mais recentes, tornou-se possível expor abertamente esses ensinamentos.

Muitos estudiosos defenderam posições controversas sobre as sociedades secretas e as fraternidades esotéricas como guardiãs presumidas da sabedoria secreta ao longo dos tempos. Contudo, especialistas responsáveis só conseguem mencionar uns poucos grupos que existiram por mais de um século ou dois no máximo. A parte seguinte deste livro, "Fraternidades Esotéricas", descreve alguns grupos importantes que geralmente são considerados representantes do esoterismo ocidental. O primeiro dos três artigos dessa seção apresenta os mitos da sabedoria antiga que atravessaram os séculos, com atenção especial para os Cavaleiros Templários. A esse artigo segue a análise do rosacrucianismo e da franco-maçonaria.

Na parte final deste livro, "Místicos e Mestres", entramos em contato com algumas das figuras mais eminentes do Ocidente Interior — visionários e mestres que deram contribuições permanentes à compreensão esotérica. Cada um deles dedicou-se a uma área diferente: o místico cristão do século XVIII, Emanuel Swedenborg, tinha visões muito nítidas do Paraíso e da vida depois da morte, e deixou como legado uma extensa coleção de obras. A russa Helena P. Blavatsky fundou a Sociedade Teosófica em 1875, possivelmente a organização esotérica mais influente dos séculos XIX e XX e uma das primeiras a relacionar o esoterismo do Oriente com o do Ocidente. O austríaco Rudolf Steiner foi um notável clarividente que dispensou especial atenção às tradições esotéricas do Ocidente e rompeu com os teosofistas para fundar a sua própria Sociedade Antroposófica. A contribuição do matemático e egiptólogo René Schwaller de Lubicz foi muito mais analítica do que organizacional: suas posições de homem do século XX com relação à arquitetura e à religião egípcias exerceram grande influência sobre alguns dos atuais proponentes da história alternativa e abriram as portas para uma nova compreensão da profundidade do Antigo Egito como civilização. O filósofo russo e mestre espiritual do século XX G. I. Gurdjieff está ligeiramente separado das outras fontes aqui analisadas. Ele ensinava o que chamava de Quarto Caminho, um sistema singular de consciência (transmitido mais notoriamente pelo seu aluno P. D. Ouspensky) que, desde então, tornou-se uma tradição em si mesma. Por fim, examinamos René Guénon e os Tradicionalistas, que foram expoentes de uma perspectiva esotérica que sublinhava a necessidade, para os supostos buscadores, de ancorar-se em uma das principais religiões mesmo enquanto empreendiam uma busca esotérica além das fronteiras da religião.

Para complementar a leitura deste livro com outros estudos sobre os assuntos abordados, recomendo a lista de obras a seguir, que primam tanto pela confiabilidade quanto pelo seu caráter acessível.

Vinte Obras Essenciais sobre os Ensinamentos do Ocidente Interior

The Anatomy of Neoplatonism, de A. C. Lloyd (Oxford: Clarendon Press, 1991). Uma obra histórica notável que abrange o surgimento, o desenvolvimento e a decadência dessa tradição filosófica em duas centenas de páginas de fácil leitura.

The Hidden Tradition in Europe, de Yuri Stoyanov (Nova York: Arkana, 1994). Uma história da gnose dualista desde o Zoroastrismo, passando pelos gnósticos, até as religiões heréticas européias dos bogomilos e dos cátaros.

The Gnostic Gospels, de Elaine Pagels (Nova York: Random House, 1978). Interpretações capciosas à parte, esta obra continua sendo a avaliação mais interessante e reveladora dos primeiros gnósticos cristãos conforme são apresentados nas escrituras na Biblioteca de Nag Hammadi, descoberta no Egito em 1945.

Jewish Mysticism: An Introduction, de J. H. Laenen (Louisville, KY: Westminster John Knox Press, 2001). Debate imparcial e atualizado sobre o misticismo da Cabala e da Mercabá, especialmente valioso pelo modo como aborda as diferentes visões dos especialistas.

Inner Christianity: A Guide to the Esoteric Tradition, de Richard Smoley (Boston: Shambhala, 2002). De modo acessível e inteligente, oferece uma introdução abrangente — tanto histórica quanto vivencial — às formas mística e esotérica da fé cristã.

The Sufis, de Idries Shah (Garden City, NY: Doubleday, 1971). A totalidade do Sufismo, apresentada com maestria em uma obra de leitura rápida que prende a atenção da maioria dos leitores.

Mystical Languages of Unsaying, de Michael A. Sells (Chicago: University of Chicago Press, 1994). Um debate eloqüente, embora denso, sobre cinco místicos ocidentais (entre eles Plotino, Meister Eckhart e Ibn'Arabi) e o uso intencional que fazem da linguagem ambígua e vaga como forma de transmitir estados místicos inefáveis.

The Occult Philosophy in the Elizabethan Age, de Frances A. Yates (Londres: Ark, 1983). Ainda não surgiu alguém que supere Yates na tarefa de oferecer uma visão abrangente e perspicaz do importante papel desempenhado pelas correntes esotéricas na época do mago renascentista John Dee e de sua benfeitora Elizabeth I.

Alchemy: Science of the Cosmos, Science of the Soul, de Titus Burckhardt (Baltimore: Penguin Books, 1997). Um panorama conciso do mundo geralmente desconcertante da alquimia, apresentado por um dos maiores estudiosos tradicionalistas.

The Rosicrucians, de Christopher McIntosh (York Beach, ME: Samuel Weiser, 1997). Estudo acessível sobre o Rosacrucianismo e grupos rosacruzes desde o século XVII até o presente.

The Freemasons, de Jasper Ridley (Nova York: Arcade, 2001). Se você tiver tempo para ler um único livro sobre a história da Maçonaria, leia este.

Magic: Its Ritual, Power and Purpose, de W. E. Butler (Wellingborough, Northamptonshire, UK: Aquarian Press, 1975). Existem centenas de obras sobre magia cerimonial; este livreto constitui uma síntese excelente elaborada de uma perspectiva absolutamente sóbria e moderada.

The Esoteric World of Madame Blavatsky, de Daniel Caldwell (Wheaton, IL: Quest Books, 2000). Uma coleção agradável e instigante de relatos em primeira mão sobre a controvertida fundadora da Teosofia.

The Theosophical Enlightenment, de Joscelyn Godwin (Albany: SUNY Press, 1994). Uma história intelectual fascinante das correntes esotéricas e ocultistas em ação no mundo de língua inglesa durante o século XIX.

Modern Esoteric Spirituality, organizado por Antoine Faivre e Jacob Needleman (Nova York: Crossroad, 1992). Uma ótima fonte de leituras complementares sobre os temas tratados neste livro. Organizado por dois dos maiores estudiosos do esoterismo.

Islamic Spirituality, volumes 1 e 2, organizado por Seyyed Hossein Nasr (Nova York: Crossroad, 1987, 1991). Esses dois volumes (o primeiro sobre a história do Sufismo e o segundo sobre práticas e conceitos sufis) proporcionam um embasamento confiável sobre o esoterismo islâmico. Esses livros, como o anterior nesta lista, fazem parte da série Crossroad's World Spirituality, uma primorosa enciclopédia de 25 volumes.

Ego and Archetype, de Edward F. Edinger (Boston: Shambhala, 1992). Essa deve ser a melhor explicação dada ao trabalho de Carl Jung com fontes gnósticas, alquímicas e religiosas. Contém uma introdução excelente à psicologia de Jung em si e às suas idéias relacionadas com as tradições esotéricas como meio de autoconhecimento.

The Triumph of the Moon: A History of Modern Pagan Witchcraft, de Ronald Hutton (Nova York: Oxford University Press, 1999). Esforço sério de um especialista em história para esclarecer as origens da Wicca e descrever sua evolução até o presente.

The Sword of Gnosis: Metaphysics, Cosmology, Tradition, Symbolism, organizado por Jacob Needleman (Nova York: Methuen, 1986). Esta antologia é a melhor introdução aos provocadores escritos da escola de metafísica tradicionalista.

Hidden Wisdom: A Guide to the Western Inner Traditions, de Richard Smoley e Jay Kinney (Nova York: Arkana, 1999). Se o livro que você tem nas mãos despertou o seu interesse pelo assunto, este guia de Richard Smoley e Jay Kinney será um complemento abrangente e acessível.

AS RAÍZES ESOTÉRICAS DO OCIDENTE

1

HERMES E A ALQUIMIA

O DEUS ALADO E A PALAVRA DE OURO

A transformação interior e exterior ensinada no Hermetismo e na Alquimia remonta ao Egito e à Grécia antigos. Será que ela ainda tem valor para nós atualmente?

Richard Smoley

Onde e quando ele viveu, se foi um homem ou um deus, ou se um dia realmente existiu neste planeta, nós nunca saberemos. Com diferentes identidades, ele é o Hermes grego, o Toth egípcio, o Idris islâmico e o Enoc bíblico.

Quem foi, ou é, Hermes Trismegisto, Hermes o Três Vezes Grande? Por que "Três Vezes Grande"? O que é Hermetismo?

Hermes Trismegisto aparece pela primeira vez nos registros conhecidos de um modo bem pouco atraente: na minuta de uma antiga reunião realizada com o objetivo de resolver certos abusos cometidos no culto a um deus egípcio. No século II a.C., os devotos de Toth ofereciam em sacrifício o seu pássaro emblemático, o íbis, que na época superpovoava as margens do Nilo. (A popularidade dos sacrifícios pode explicar por que não existem mais íbis por lá.)

Evidentemente, havia irregularidades ou na alimentação dos pássaros sagrados ou no seu sacrifício; de qualquer modo, as atas de algumas reuniões sobre o assunto — registradas em óstracos, ou pedaços de cerâmica, os blocos de apontamentos da antiguidade — resistiram ao tempo. Numa delas consta, em parte: "Ninguém negligenciará uma questão relacionada com Toth... Toth, o três vezes grande."[1]

Esse epíteto foi acrescentado ao nome de Hermes, o correlato grego de Toth, que está à testa da tradição hermética. Como afirma o mago renascentista Marsilio Ficino: "Eles o chamavam de Trismegisto, ou três vezes grande, porque ele era o maior dos filósofos, o maior dos sacerdotes e o maior dos reis."[2] Alguns hermetistas cristãos, no entanto, diziam que Hermes recebeu esse título porque ensinava a doutrina da Trindade.

Hermes Trismegisto, porém, não é exatamente um deus; ele é mais um benfeitor sobre-humano da nossa raça. Como os semideuses barbados da Mesoamérica ou os imperadores lendários que iniciam as crônicas chinesas, ele é, ao mesmo tempo, o mestre, o governante e o sábio que trouxe a ciência e a arte à humanidade quando esta apenas engatinhava.

Durante o Renascimento, Hermes Trismegisto foi considerado "contemporâneo de Moisés". Embora poucos hoje interpretem essa idéia ao pé da letra, existe certa razão em ver uma semelhança entre eles: Hermes Trismegisto é reverenciado como o sábio primordial da tradição esotérica egípcia, do mesmo modo que Moisés é o sábio primordial dos hebreus. Como Moisés, Hermes deixou discípulos notáveis: entre eles Orfeu, Pitágoras, Platão, Apolônio de Tiana e Plotino.[3]

Ao longo dos séculos, o deus Hermes metamorfoseou-se no mestre Hermes Trismegisto e, como explica o estudioso francês Antoine Faivre,

> Hermes Trismegisto obviamente possuía vários atributos essenciais do deus Hermes: mobilidade, mutabilidade (ecletismo), comunicação e inspiração (hermenêutica), capacidade conciliadora (tolerância, irenismo) [...] Como Hermes-Mercúrio, ele se movimenta entre várias correntes, unindo o que está separado, harmonizando o que se opõe, sempre furtando-lhes a substância.[4]

Por isso, a tradição do Três Vezes Grande, que denominamos Hermetismo,[5] orienta-se principalmente para as artes da transmutação e da mudança. Uma derivação dessa tradição é a alquimia, com seu bem conhecido objetivo de transformar chumbo em ouro. O Hermetismo, porém, é muito mais do que isso. Seu propósito não é só transformar uma substância em outra, mas também transformar substâncias mais grosseiras em substâncias mais sutis. Como diz a *Tábua de Esmeralda*, o documento primordial atribuído a Hermes, "separarás o sutil do espesso, delicadamente, com grande mestria".

De um ponto de vista ligeiramente diferente, Peter French, em seu excelente livro sobre John Dee, define o conceito capital do Hermetismo do seguinte modo: "O homem deve conhecer a si mesmo e recuperar a sua essência divina unindo-se com a *mens* divina",[6] isto é, a mente divina.

Esses dois objetivos — transmutar chumbo em ouro e unir a consciência humana com a mente divina — não parecem, à primeira vista, ter muita relação entre si. Se um incorpora as mais elevadas inspirações humanas, o outro mais parece uma fórmula tosca para enriquecer da noite para o dia. No entanto, eles talvez não sejam tão discrepantes assim.

Começando com a transmutação do chumbo em ouro, sabemos que o ouro é ótimo para obturações dentárias e alianças de casamento, para estabilizar moedas e para diversificar a carteira de ações de um investidor. Mas será que ele realmente merece toda a atenção que recebe? Ele será tão importante a ponto de ter os segredos da sua fabricação codificados na escultura das grandes catedrais francesas, como afirma o misterioso alquimista Fulcanelli?[7] Nem mesmo a nossa era, tão severamente criticada pelo seu materialismo, recorreu ao expediente de registrar suas fórmulas científicas nas paredes das igrejas.

Com um mínimo de conhecimento sobre este assunto, você pode replicar que a alquimia não está evidentemente se referindo ao ouro e ao chumbo *reais* — eles apenas servem de símbolo para alguma coisa presente na psique. E os alquimistas, no seu estilo enigmático, parecem concordar: "O nosso ouro não é o ouro das pessoas comuns", dizem eles. Como podemos conciliar a evidente oposição entre o simbólico e o substancial, ou, como expressa a *Tábua de Esmeralda*, entre o "em cima" e o "embaixo"?

Devo confessar que não sou um alquimista; meu conhecimento prático da arte não vai além da capacidade de preparar alguns coquetéis simples. Mesmo assim, no esforço constante empreendido ao longo do tempo para entender vários materiais alquímicos, cheguei a algumas conclusões que se revelaram úteis.

Para começar, as artes herméticas trabalham com dois princípios fundamentais: *sol* e *luna*. Os epítetos aplicados a eles são vários e confusos: *sol* é Sol, ouro, céu, luz; *luna* é Lua, prata, água, rocha, oceano, noite e muitos mais. Inicialmente, o significado desses termos não é nada claro. O barão Julius Evola, o arguto alquimista italiano cuja obra *A Tradição Hermética* talvez ofereça a explicação mais esclarecedora do que seja o processo alquímico, disse que essas cadeias de palavras "são símbolos na linguagem cifrada hermética que se referem, com freqüência na mesma passagem, a um mesmo objeto, criando assim uma enorme dificuldade para o leitor inexperiente".[8]

Evola então cita Cornélio Agripa: "Ninguém chega à excelência na arte alquímica sem conhecer esses princípios *em si mesmo*; e quanto maior o conhecimento de si mesmo, maior será o poder magnético obtido e maiores os prodígios possíveis de realizar."[9]

Assim, quais são esses princípios em nós mesmos? "Podemos dizer que, em geral, o Sol é 'forma' e poder de individuação", escreve Evola, "enquanto a Lua — que preserva os símbolos arcaicos da Mãe e da Mulher — expressa o 'material' e o universal: à vitalidade indiferenciada, ao espírito cósmico ou luz etérica, corresponde o feminino."[10]

Ainda é um tanto abstrato. Para simplificar um pouco mais, podemos dizer que *sol*, o Sol, ouro, representa o princípio da consciência, aquilo que *experimenta* — o "Eu". A teosofista Annie Besant o chama de Eu Conhecedor e o define como "a parte consciente, sensível e permanente em cada um de nós que sabe que existe".[11]

Luna, por outro lado, é o nome dado àquilo que é *experimentado*. Os gregos chamavam esse princípio de υλη, *hyle*. Essa palavra geralmente é traduzida como "matéria", mas parece assemelhar-se mais à "luz astral" de Eliphas Lévi — uma substância astral aquosa que não tem forma própria, mas pode assumir formas de coisas específicas.

Isso quer dizer que a experiência não tem qualidades em estado puro; nós nunca experimentamos apenas; nós experimentamos *alguma coisa* e a experimentamos *como* alguma coisa — uma mesa, um livro, uma cadeira ou seja o que for. Isso é matéria no seu estado fixo, ou "chumbo".

Assim sendo, o Hermetismo, numa das suas muitas dimensões, poderia ter algo a ver com a transmutação do "chumbo" da experiência ordinária no "ouro" da consciência. Os alquimistas dizem que é preciso ter ouro para se fazer ouro. Isso significa que é preciso começar com a matéria-prima da nossa própria experiência ("chumbo"), usando a consciência que já temos ("ouro") para criar mais consciência.

O processo alquímico, então, pode ser visto como uma alegoria elaborada da descida da consciência para a matéria e como o meio pelo qual ela volta ao seu estado anterior. Outros metais como o cobre e o ferro, e também estágios como *nigredo*, *albedo* e *rubedo* referir-se-iam a etapas intermediárias nesse processo.

A idéia de "mercúrio", por exemplo, serve como símbolo para o meio pelo qual a mente "faz a intermediação" entre quem conhece e a coisa conhecida. Como sabemos, mercúrio é a substância que usamos nos nossos termômetros; mudando de aspecto, ele nos mostra a temperatura. Do mesmo modo, as nossas percepções "mudam de aspecto" para refletir como o mundo é. (A precisão do que elas informam sempre foi tema de debates acalorados entre filósofos. E o leitor certamente se lembrará de que Hermes é o mais trapaceiro dos deuses.)

De modo semelhante, o estágio de *nigredo* ou negror é associado a Vênus ou desejo. (Isso remete a uma interpretação do símbolo da Madona Negra, às vezes identificada com Ísis.) Nesse estágio, o "Eu" ou *sol* toma consciência do seu próprio desejo e do seu apego a esse desejo. Um dos nomes de Vênus, como nos lembra Fulcanelli, é Cypris, em grego Κυπριζ ou "a impura".[12] Como Vênus, o desejo tem esse aspecto dual: ele é benéfico, vivificador, mas nos prende à nossa própria experiência, trazendo morte e destruição.

A compreensão dessa verdade num nível profundo dá origem ao estágio seguinte: *albedo* ou brancor — o triunfo da pureza, a libertação do apego ao desejo. Evola sugere que essa purificação possa ser realizada de dois modos opostos. Existe o meio conhecido do ascetismo (associado a Marte ou ferro, sugerindo esforço constante e disciplina), que é a vitória sobre o desejo, mas existe também a possibilidade de aceitar o desejo, especialmente a paixão sexual, e transformá-lo. Evola, contudo, apressa-se em advertir: "Esse é um caminho extremamente perigoso!"[13]

Supondo que *albedo* se realize sem contratempos, a consciência é purificada. Nesse estágio, o "Eu" é conhecido como Ouro Branco, Enxofre

Branco, "matéria que torna o cobre branco" — o que possivelmente significa que ele purifica o desejo. (O cobre, o leitor deve lembrar, é o metal de Vênus.)[14]

E, finalmente, o último estágio, *rubedo*, ou rubor. Se o branco é associado à pureza, o vermelho é associado ao calor. Todos conhecemos pessoas que se fixaram no estágio de *albedo*: elas podem parecer puras, etéreas, imaculadas, mas transpiram um certo alheamento ou desincorporação. *Rubedo* acrescenta, ou revela, outra característica da consciência. Evola a descreve como a "volta à terra" da consciência purificada. Como enuncia a *Tábua de Esmeralda*, "seu poder permanecerá intacto se tiver sido dirigido para a terra".

Ou seja, a consciência, o "Eu", o *sol*, depois de purificar-se e livrar-se da escória da experiência, precisa voltar a fornecer luz e calor. Esse estágio lembra o mito da iluminação de Buda: alcançada a iluminação suprema, ele atende às súplicas dos deuses e volta à terra para ensinar o Dharma.

Como se pode ver, essa é uma visão muito sucinta e esquemática da transformação hermética; existem muitos outros estágios e subestágios que deixei de mencionar. (Os primeiros alquimistas, por exemplo, descreviam ainda outra fase, *xanthosis* ou amarelecimento, depois de *rubedo*. Esse estágio dá maior destaque à iluminação ou gnose, simbolizada pela cor amarela, como característica do *sol* aperfeiçoado.) Evidentemente não é possível explicar todas essas variações nestas páginas, mas creio que o esquema geral esclarece vários aspectos.

Os textos sobre alquimia são conhecidos pela sua obscuridade e omissões, de modo que não surpreende que fiquemos curiosos sobre a técnica que possibilita essa transmutação.

As respostas são tão diferentes quanto a experiência espiritual em si. C. G. Jung, para quem a alquimia forneceu um primoroso arcabouço para sustentar a sua visão da individuação, deu preferência ao trabalho com figuras, imagens e símbolos oníricos por meio da "imaginação ativa".

Mesmo admitindo que essas imagens se caracterizam por uma grande profundidade, sinto-me tentado a fazer um alerta neste ponto. O mundo psíquico dos sonhos e das imagens é conhecido como um reino de ilusão e fascínio; podemos vagar por ele e esquecer como encontrar o caminho de volta. Por isso, o trabalho com sonhos e imagens pode se revelar perigoso e desnorteador se a pessoa não faz um esforço sério para se firmar no trabalho e na vida do dia-a-dia. (O próprio Jung não incorreu nesse erro, mas alguns junguianos certamente o cometeram.)

Existe, porém, outro meio de abordagem que inclui uma prática que provavelmente remonta aos mistérios do antigo Egito. Esse enfoque recebeu um nome diferente no mundo moderno: *propriocepção*, ou a capacidade de sentir o próprio corpo. Na escolha da matéria sobre a qual realizar a Grande Obra, um alquimista aconselha: "Pegue um *pouco de terra de verdade, bem impregnada com os raios do Sol, da Lua e das estrelas.*"[15] Essas palavras poderiam ser uma referência à sensação e à experiência corporal, "terra de verdade", impregnada com influências celestiais e cósmicas como manifestas na nossa própria psique.

Sol, então, seria aqui a atenção consciente, a capacidade de sentir e experimentar o corpo desde a perspectiva privilegiada do "Eu". Isso é uma separação com relação à experiência do corpo aqui e agora e ao mesmo tempo uma imersão nessa experiência. Se efetuada apropriadamente, o "chumbo" da sensação comum, paralisada, inerte, praticamente morta, torna-se "ouro", brilhante, fulgente e impossível de macular. A própria energia vital, que começa como matéria terrena, predestinada a desaparecer como planta ou fera selvagem, torna-se adamantina e imortal. Escreve Evola:

> O objetivo da alquimia hindu era infundir consciência nessa energia vital, levando-a a tornar-se parte dela; depois, voltar a despertar e repassar todas as fases da organização, estabelecendo assim uma relação real e criativa com a forma concluída do próprio corpo, que poderia então ser considerado regenerado, literalmente. O "homem vivo", em oposição à tradição do homem "adormecido" e "morto", seria, em termos esotéricos, precisamente aquele que realizou esse contato direto com a fonte mais íntima da sua vida corpórea.[16]

Para Isha Schwaller de Lubicz, praticamente o mesmo conceito se aplica ao esoterismo egípcio:

> O caminho é a reanimação consciente do corpo todo, a confirmação da influência recíproca entre as suas funções e todas as suas reações vitais...

> Nenhum homem terreno pode perceber o Espírito senão na própria carne. E essa não é uma mera metáfora literária, mas uma realidade absolutamente positiva. Você só pode encontrar Deus gerando-O em si mesmo, na escuridão do seu corpo.
>
> Pois quando Ele toma conhecimento de uma substância, Ele se torna Deus dessa substância.[17]

Esse processo de transformação por meio da atenção consciente ao corpo poderia inclusive oferecer uma chave para o mito central do antigo Egito, a lenda de Ísis e Osíris. Osíris, ou a força da consciência, é assassinado por Set, a força do esquecimento. Os membros de Osíris são espalhados pelo Egito. Esotericamente, isso poderia significar que a consciência em seu estado ordinário se esquece da própria encarnação; os nossos membros e partes do corpo estão "espalhados", no sentido de que normalmente estamos esquecidos deles. Somente a atenção e a integração, representadas pelos deuses Hórus e Ísis, conseguem derrotar Set e devolver Osíris à vida.

Técnicas específicas de propriocepção, ou percepção consciente do corpo, são ensinadas ainda nos dias de hoje em várias escolas esotéricas, algumas das quais remontam suas práticas ao próprio Egito.[18]

Podemos talvez aceitar que a alquimia, longe de ser uma coletânea arcaica de disparates, tem um significado simbólico profundo. C. G. Jung certamente pensava assim. Em obras como *Mysterium Coniunctionis*, ele faz uma minuciosa correlação entre imagens alquímicas e as imagens que emergem na psique. Jung, porém, tinha pouco interesse pela alquimia prática e afirmou mais de uma vez que "os alquimistas não sabiam sobre o que estavam escrevendo".[19]

Sou da opinião de que é preciso ser muito cauteloso para fazer uma afirmação como essa. Podemos às vezes encontrar um alquimista praticante convencido de que a transmutação do chumbo em ouro deve ser entendida literalmente. E muitas obras sobre alquimia, assim me parece, só fazem sentido à luz desse entendimento.

Sendo assim, então a alquimia prática é um processo análogo ao que esquematizei aqui: o alquimista desenvolve procedimentos paralelos no laboratório e em si mesmo. A matéria em seus tubos de ensaio se transforma simultaneamente em matéria do seu corpo.

Não sei dizer exatamente como isso é feito em termos concretos, e o leitor tem toda liberdade para discordar. Concorde comigo por um momento, porém. Vamos supor que um alquimista possa transformar chumbo comum, físico, em ouro. A literatura está cheia de alertas sobre o risco de se empreender essa tarefa por ganância. E a operação é secreta, não havendo nada a provar a ninguém. Por que então fazer isso?

Como já afirmei nestas páginas, a transformação alquímica consiste em pegar algo com uma quantidade mínima de vida e inteligência em seu estado ordinário e refiná-lo e aperfeiçoá-lo até que alcance um estado de ser superior. Hermes Trismegisto diz: "Como em cima, assim embaixo." O que isso nos leva a concluir com respeito à alquimia de laboratório?

Aqui podemos recorrer a uma idéia que aparece com freqüência no pensamento esotérico: a noção de que tudo no universo tem consciência. Até um átomo de sódio, que normalmente se considera totalmente destituído de inteligência, "sabe" reconhecer e se unir a um átomo de cloro. A consciência de um átomo é muito limitada e rigidamente determinada, mas não há dúvida de que ele tem consciência.

É evidente que algumas substâncias têm mais "consciência" ou "conhecimento" do que outras. Nesse sentido, o ouro é mais "inteligente" do que o chumbo: ele "sabe" brilhar e, ao contrário de metais menos nobres como o cobre, o ferro ou a prata, ele também "sabe" preservar-se de manchas ou da ferrugem. Transmutar o chumbo, uma substância bastante insignificante e densa, numa substância inteligente é, assim, um meio de elevar a consciência da matéria.

No entanto, mais uma vez pergunto: para quê? Mesmo que um alquimista conseguisse transmutar alguns quilos de chumbo em ouro, essa ainda seria uma quantidade infinitesimal de toda a matéria que sabemos existir. Será que se pode realmente elevar a consciência do universo com esse procedimento?

É importante evitar aqui uma armadilha muito comum. Como bons norte-americanos, pressupomos automaticamente que mais significa melhor. Mas nem sempre é assim. A questão da transmutação alquímica pode não estar no tamanho do produto final, mas na transmutação em si. Pode haver alguma coisa no procedimento que atue como um remédio homeopático, estimulando o crescimento da consciência no universo de modos que não conseguimos imaginar. Afinal, a consciência, como a vida, quer e precisa perpetuar a si mesma.

Nesse ponto estamos no limiar de outras escolas e disciplinas. A liberação de fragmentos infinitesimais de inteligência que estalam sob o peso do entorpecimento, para produzir "ouro", não só no sentido literal, mas aumentando a consciência de uma substância inerte, traz à lembrança, por exemplo, a idéia cabalística de Isaac Lúria de que existem "centelhas" de Luz primordial aprisionadas em todas as coisas e que é dever do homem justo libertá-las. Imagino que a Grande Obra Hermética (ou, nesse sentido, a Cabala luriânica) não seja o *único* modo de efetivar essa libertação. Mas ela pode ser um deles.

Tudo isso pode parecer um tanto supersticioso. Mas não é tão supersticioso pensar que o mundo, tanto o animado quanto o inanimado, possui uma interioridade que pode ser negligenciada e desprezada ou então despertada e desenvolvida. É até possível que esse grande segredo ofereça uma pista do nosso propósito na Terra, um propósito que esquecemos à medida que fomos nos identificando com as formas mutáveis das nossas percepções mercuriais. Será que a *Tábua de Esmeralda* faz uma alusão a esse propósito quando diz que "Este é o pai de toda consagração do mundo todo"?

A análise do Hermetismo realizada até aqui é suficiente por ora. E quanto ao próprio Hermes? Hesito em usar palavras como "deus" ou "arquétipo", mas acho que podemos considerá-lo como uma inteligência sobre-humana que não apenas nos lembra da nossa função de unir o "em cima" com o "embaixo", mas também regula as grandes correntes espirituais da humanidade.

Hermes Trismegisto ocupou três vezes posição de destaque na história do mundo até hoje. Com relação à sua primeira manifestação, no Egito pré-dinástico ou antes ainda, não podemos dizer nada; por situar-se em tempos remotos, ela está envolta em obscuridade total. A segunda vez em que ele chama a atenção, agora no período histórico, é na antiguidade tardia, quando os deuses dos panteões pagãos já estavam fracos e velhos. Nessa época, as obras herméticas serviram de ponte entre os credos antigos e o novo ambiente cristão que os suplantaria.

Por fim, Hermes reaparece no Renascimento, quando a própria corrente cristã perdera forças e se corrompera. Nesse momento, o *Corpus Hermeti-*

cum, redescoberto entre as ruínas de Bizâncio em 1460, ajudou a inspirar o movimento renascentista e atuou como parteira no nascimento da modernidade, que, ao longo do século passado, desenvolveu-se até se tornar a primeira civilização realmente global.

Hoje a modernidade parece ter chegado ao seu próprio estado de exaustão. Estará Hermes ressurgindo nesta nossa era para reformular sua tradição mais uma vez? Certos impulsos sugerem uma resposta afirmativa. Por um lado, certas correntes do neopaganismo contemporâneo voltam-se para o passado na tentativa de reviver o culto aos deuses gregos e egípcios. Por outro, várias religiões novas projetam-se para o futuro, com suas combinações de formas antigas com a ciência e a psicologia contemporâneas.

Embora essas duas direções sejam valiosas e necessárias, não estou certo de que alguma dessas tentativas atuais de reformulação tenha alcançado o seu objetivo. Parece improvável que figuras com cabeça de pássaro possam inspirar culto na humanidade do terceiro milênio. Por outro lado, toda religião nova terá de juntar-se ao aglomerado de credos concorrentes que já disputam entre si a adesão dos homens.

Talvez o impulso hermético de hoje, mais do que reformular as tradições do passado, tenha como objetivo principal a tolerância e o irenismo de que fala Antoine Faivre. Isto é, em vez de inventar um novo credo, ele talvez possa tentar ensinar aos que já existem a viver em paz. Ao mesmo tempo, pode também lembrá-los do objetivo que está no âmago de cada um deles: a transformação do "chumbo" do ser ordinário no "ouro" da verdadeira consciência.

2

OS DEUSES ESTELARES DO NEOPLATONISMO

Os ensinamentos de Platão e dos seus seguidores estão entre os mais influentes do Ocidente Interior. A crença desses filósofos de que os astros eram deuses, mediadores entre a eternidade e a vida mortal na Terra, nos dá uma idéia muito interessante de como eles pensavam.

Kenneth Stein

Nos tempos modernos, vemos as estrelas como imensos corpos gasosos no espaço sideral. Pode ser desconcertante descobrir que os neoplatônicos consideravam os astros como deuses visíveis que gravitavam em torno da Terra. Seriam esses antigos filósofos simplesmente ingênuos? Ou saberiam eles alguma coisa que nós não sabemos?

O Neoplatonismo foi a última fase da escola filosófica fundada originalmente por Platão (c. 428-347 a.C.). De acordo com estudiosos modernos, Platão procurava conhecer a natureza da verdade conduzindo debates dialéticos em seus diálogos, e não formulando uma doutrina específica. Os neoplatônicos, porém, apresentam as idéias de Platão como uma filosofia oculta sistemática, implícita em seus escritos; eles se consideravam continuadores dos ensinamentos do mestre. De fato, todas as doutrinas neoplatônicas encontram-se em Platão, mas com ênfases diferentes das que ele mesmo expôs em suas obras.

Amônio Sacas (175-242 d.C.) iniciou essa fase do pensamento platônico nas primeiras décadas do século III em Alexandria, um centro irradiador das idéias de Platão. O pouco que sabemos a respeito de Amônio Sacas registra que ele foi mestre de Plotino (205-270), o maior representante dessa escola. Outros seguidores importantes são Porfírio (c. 234-c. 305), discípulo e biógrafo de Plotino; Jâmblico (c. 250-c. 330) e Proclo (c. 410-485), considerado o último dos grandes filósofos gregos pagãos.

O Neoplatonismo formou núcleos em vários centros. Atenas era o primeiro deles (a Academia, uma instituição de estudos avançados fundada pelo próprio Platão, estava nessa cidade), mas Plotino ensinava em Roma; outros exerciam suas atividades em Alexandria e na Síria. Diferenças regionais às vezes provocavam divergências de perspectiva. O enfoque de Plotino convergia para a metafísica e para a especulação, enquanto a escola síria, representada por Jâmblico, dedicava-se mais à teurgia, que possibilitava ao aspirante estabelecer contato com reinos superiores.

Os neoplatônicos desenvolveram uma filosofia esotérica completa. Quando eles se referem aos astros, podemos pensar que sua intenção é explicá-los como o faz a ciência moderna, e vemos imediatamente que o conhecimento que tinham da física e da astronomia é equivocado. Os neoplatônicos, contudo, estavam mais interessados numa concepção holística das coisas, um sistema de todos interligados e reciprocamente influentes, e no significado desse sistema para os seres humanos. É dessa perspectiva que precisamos compreender a visão dos neoplatônicos relacionada com a Terra e com os astros. Apreender essa visão é compreender muito, e a nós mesmos de modo especial, em termos de uma ordem diferente de realidade.

Para os neoplatônicos, todas as coisas no cosmos visível e em constante mutação (os céus e a Terra) estão ligadas a um reino invisível, eterno e imutável, composto de seres divinos: "O Todo se mantém: a base de toda mudança tem de ser ela mesma imutável", afirma Plotino nas *Enéadas*.[1] Para esses filósofos, o termo "espiritual" implicava não tanto religiosidade ou santidade, mas a realidade invisível da qual tudo procede. Por meio dos sentidos, os seres humanos percebem um reino imperfeito, mas por meio da mente eles podem apreender a verdadeira natureza das coisas.

O Neoplatonismo, como a astrologia, vê o reino das estrelas fixas e dos sete planetas numa posição acima da Terra, ligando o homem ao reino espiritual invisível, mais além. (A cosmologia antiga acrescentava o Sol e a Lua aos cinco planetas visíveis — Mercúrio, Vênus, Marte, Júpiter e Saturno — pois, ao contrário das estrelas fixas, eles pareciam mudar de posição no céu.)

As estrelas — e uso aqui o termo englobando os sete planetas — são em certo sentido materiais, pois são visíveis. Mas elas são muito diferentes das coisas terrenas, porque têm as marcas da divindade: "O Sol é um Deus, pois é dotado de alma; e assim são também as estrelas."[2] Elas têm forma esférica e descrevem órbitas circulares e auto-renováveis em volta da Terra. Elas também emitem luz (para os neoplatônicos uma substância imaterial), outro sinal de divindade. As estrelas não se compõem dos quatro elementos comuns, mas de uma mescla aperfeiçoada desses elementos. Além disso, esses corpos estelares não perdem a sua luz; eles vivem para sempre. Como tal, eles são deuses intermediários que ligam as nossas experiências na Terra, fragmentárias e parciais, ao todo divino.

A cosmovisão neoplatônica é como uma cadeia vertical. O Uno, a fonte de todas as coisas, emana eternamente três planos básicos por meio de modificações em sua própria natureza: a Mente Divina (o Intelecto), que contém os deuses e as Formas ou Idéias platônicas; a Alma, que é vida; e o Cosmos, o reino físico visível. Abaixo desses, no nível mais inferior, está a Matéria, um princípio invisível que é informe, indeterminado e em constante fluxo, produzindo a instabilidade e o mal na Terra. Mesmo assim a Terra não é de todo má; ela também contém em si deuses, Formas e princípios.

Plotino enfatiza que os astros não causam totalmente os acontecimentos terrenos. Embora exerçam funções providenciais de caráter geral, eles não são responsáveis pelos acidentes e infortúnios da vida humana; eles são apenas uma das influências sobre o homem. Plotino sublinha que os astros são um sistema de signos: "Nesse todo, a analogia fará de cada parte um Signo."[3] Eles lembram às pessoas da Terra uma realidade divina. Como podem indicar acontecimentos futuros de um modo geral, eles são úteis à humanidade. Mas sendo divindades, não se preocupam, seja inquietando-se ou interferindo nos assuntos humanos; eles estão acima das vicissitudes humanas. Eternas, perfeitas e belas, as estrelas expressam num nível inferior e visível a ordem eterna do mundo divino imaterial. Qualquer irregularidade inesperada no céu, como a manifestação de estrelas cadentes ou cometas, é um sinal geral dos deuses estelares relacionado com algum bem ou mal incomum prestes a acontecer, e não indicação de alguma imperfeição.

Para o Neoplatonismo, o mundo visível, existindo numa matéria, num tempo e num espaço constantemente variáveis, é um reflexo imperfeito do reino divino. "Como em cima, assim embaixo", enuncia a *Tábua de Esmeralda,* o principal texto hermético. Segundo Plotino, sabemos o que existe "lá", no mundo divino, observando o que existe "aqui", "o Intelectual em oposição ao sensível".[4] "Aqui" existe diferenciação sexual; por isso, devem existir deuses e deusas num reino superior. Vemos diferentes tipos de animais e de vegetação no nosso planeta; assim, suas essências, as Formas que geram cada tipo, vivem "lá". Mesmo princípios abstratos, como figuras geométricas, números, qualidades e relações, existem no mundo imutável. A alma interliga os dois reinos. Mas precisamos deixar de lado nossas noções de tempo, de espaço e de matéria. Não existe tempo, nem espaço, nem matéria no divino, e sim uma inter-relação superior de unidades, uma realidade holística: "É em virtude da unidade que os seres são seres."[5]

Desse modo, as coisas do reino terreno são cópias das unidades perfeitas do divino. Essas unidades existem em três níveis: no superior, elas são deuses; no intermediário, são Formas; no inferior, são princípios.[6] Os três níveis operam na manifestação do Cosmos visível.

A realidade, portanto, é como uma corrente de elos que começa no Uno, passa pelo reino dos deuses invisíveis, pelas estrelas visíveis, e chega à Terra visível, corpórea. Cada elo dessa corrente produz o elo abaixo dele, sem perder sua própria natureza plena, e cada nível inferior recebe do superior e dele participa, a seu modo: "Tudo o que produz é superior à natureza do que é produzido."[7] Para Proclo, os níveis de manifestação dos planetas são três — o superior, o intermediário e o inferior; cada um revela as mesmas características básicas em planos progressivamente mais baixos.

A esfera das estrelas fixas, que giram imutavelmente ao redor da Terra, representa o "Mesmo", ou seja, o reino divino eterno e invisível que está além. As estrelas planetárias, porém, representam o "Diferente", pois se movimentam em órbitas variadas e refletem assim as mudanças na vida.

Em seu *Comentário sobre o Timeu de Platão*, Proclo explica a natureza das estrelas fixas e dos sete planetas. Eles se compõem dos quatro elementos — fogo, ar, água e terra —, mas num estado aperfeiçoado, sendo o fogo, ou a visibilidade, dominante, e a terra, ou a tangibilidade, recessiva. Existe uma cadeia descendente de estrelas e planetas, cada um sendo regido por um dos quatro elementos. Essa cadeia termina na Terra, onde os quatro elementos se apresentam num estado mais grosseiro e em fluxo constante. Aqui, o elemento terra, ou a tangibilidade, é dominante, enquanto o fogo, ou luz, é recessivo. Existe assim um todo desde as estrelas até a Terra, numa escala descendente que vai da perfeição à imperfeição.[8] Mas o reino divino invisível, além do tempo, do espaço e da matéria, é sempre absolutamente acessível ao universo visível e a qualquer ponto dentro dele, incluindo os seres humanos.[9]

No mesmo comentário, Proclo descreve as regências dos deuses dos planetas. A Lua é geração, ou natureza; Mercúrio é simetria e também imaginação; Vênus é apetite e beleza; o Sol propicia luz, verdade, visão e visibilidade; Marte produz divisão, calor, irritabilidade; Júpiter indica temperamento e vitalidade excelentes; e Saturno causa relacionamento estreito, frieza e capacidade intelectual.[10]

OS SERES HUMANOS E OS ASTROS

Na visão neoplatônica, os seres humanos são originalmente parte do reino dos astros, sementeira das almas humanas. Ao optar pela vida na Terra, as almas descem. Nesse processo, elas se esquecem da sua divindade, muito embora preservem algumas lembranças dela, lembranças estas que são a fonte do nosso anseio latente de perfeição. Os seres humanos são assim microcosmos que repetem o macrocosmo. No íntimo de cada pessoa, existem planos: a mente superior, que conserva as impressões intuitivas das formas divinas; a alma racional; a imaginação; e, finalmente, o aspecto inferior, que rege a percepção sensorial e a memória e mantém as funções corporais. Cada ser humano repete toda a cadeia: Mente Divina, Alma e Corpo.

Toda alma que desce à Terra provém de um determinado grupo estelar planetário e traz consigo algum aspecto do deus que o rege. Assim, existem os tipos saturniano, jupiteriano e mercuriano, por exemplo. Os seres humanos que se identificam corretamente com a sua alma planetária podem inclusive adquirir características especificamente divinas. Um exemplo disso é Asclépio, o deus da cura, originalmente um ser humano que chegou à condição de deus por se identificar com o seu deus pessoal.[11]

Acima de tudo, existe, latente em nossa alma superior, uma sensação das Formas divinas. Embora desenhemos figuras geométricas, jamais conseguiremos fazer um quadrado ou um círculo perfeitos. Mesmo a nossa imaginação não consegue representá-los com perfeição. Não obstante, temos uma idéia deles na nossa alma superior. O mesmo se aplica a conceitos abstratos como justiça e amor; tudo neste mundo é cópia dos paradigmas perfeitos do alto. Para que conheçamos alguma coisa, é preciso que existam Formas imutáveis; a percepção sensorial só nos fornece opiniões incertas. Conhecer é relembrar as Formas.

Quando a alma individual desce do seu lugar de origem nas estrelas, ela entra no âmbito de emanações que constituem o "veículo estelar", receptáculo da alma em si. À medida que desce, a natureza extremamente rarefeita desse corpo astral, que nesse estágio é semelhante ao ar, absorve uma umidade que até certo ponto a solidifica; por fim, ela assume uma natureza corpórea externa.[12] Se, ao morrer, o corpo estelar não estiver suficientemente puro em decorrência de suas atividades ao longo da vida, ele submerge e reencarna; mas se ele se purificou por meio do conhecimento filosófico e da teurgia, ele se eleva.

O corpo estelar, o principal veículo da atividade espiritual, contém a imaginação, a faculdade humana da visualização. Esse corpo astral tem um aspecto inferior, mais próximo do material (as emoções), e um aspecto superior (a razão). Ao morrer, a pessoa vai para o reino divino, mas somente quando seu veículo inferior estiver purificado.[13]

Durante a vida física, o corpo astral pode deixar o corpo, até certo ponto. Nos sonhos, por exemplo, temos a impressão de que nos deslocamos no tempo e no espaço, embora estejamos de fato projetando essas dimensões no espaço da imaginação.

Outro exemplo é a prática da geometria. Proclo explica que, quando a mente desenha formas geométricas, ela as projeta no espaço da imaginação. A geometria é um método inferior de ir além do corpóreo e ativar a faculdade de visualização no corpo astral. A matemática é um exemplo ainda mais cabal da capacidade do corpo astral de prescindir do material, pois os cálculos matemáticos não requerem o uso de diagramas geométricos como círculos e triângulos.[14]

Na Terra, contudo, a percepção sensorial nos distrai com sua variedade, intensidade e complexidade. Nós resvalamos para modos de pensar parciais — materialistas, opacos e motivados por paixões, que podem nos desfigurar, abater e desequilibrar. Podemos tentar aceitar o mundo imperfeito, mas ele não nos dá nenhuma satisfação. A iluminação consiste em ver a realidade inteira; é entrar em sintonia com a verdadeira ordem das coisas.

Por meio de várias técnicas de meditação, podemos recuperar a lembrança das formas divinas e da nossa origem esquecida; podemos nos elevar acima das paixões físicas e entrar em comunhão com níveis superiores de realidade, produzindo efeitos perceptíveis em nós mesmos e no mundo. Acima de tudo, podemos nos livrar dos ciclos de renascimento e voltar ao divino.

Essa volta não exige ascetismo, mas temperança, o despertar das emoções e do intelecto superiores e a superação das paixões. Por esses meios, podemos nos tornar deuses e governar em bem-aventurança eterna. Essa bem-aventurança suprema não é meramente intelectual, mas uma elevação do intelecto e da emoção, uma plenitude do Ser.[15] Ela se concentra na nossa identificação com a Verdade, com o Belo e com o Bem. Voltar ao reino divino é governar no próprio corpo espiritual com percepção espiritual; é agir como um deus, espontaneamente e sem esforço, em harmonia essencial com o Todo.

A LEI DA SIMPATIA

Os seres humanos estão ligados de um modo muito real às estrelas e ao espaço além delas. Os neoplatônicos dão a esse elo de ligação o nome de "simpatia", que é muito mais do que uma emoção; trata-se do princípio de atração entre semelhantes nos e entre os planos da realidade.[16] No universo platônico, tudo está inter-relacionado. Todas as coisas estão repletas de deuses, Formas e princípios. Todas as coisas buscam o que a elas se assemelha entre as antipatias causadas pela Matéria.

Todo o Cosmo visível é um reflexo simpático do divino na matéria, no tempo e no espaço. Plotino procurou explicar a capacidade física da visão a partir da simpatia. A simpatia também é responsável pelas influências psicológicas entre os seres humanos. Ela também pode causar visões ou comunicações dos deuses ou dos espíritos e também fenômenos como coincidências positivas e curas repentinas. A simpatia pode inclusive influenciar a esfera da linguagem: os neoplatônicos interpretavam os mitos greco-romanos e os poemas de Homero para revelar os ensinamentos neoplatônicos neles ocultos.

A simpatia não é uma semelhança sem vida, externa, mas um princípio vivo, magnético. As partículas de ferro são atraídas pelo ímã. A pedra-da-lua tem relação com a Lua por causa da sua opalescência, o que acontece também com o gato, cujas pupilas se dilatam e contraem como que à imitação das fases cheia e minguante da Lua. O girassol tem vínculos com o Sol, pois o seu florescimento segue o movimento do Sol. Proclo também cita a queima produzida pela chama como um exemplo de simpatia. Quando se põe um pedaço de papel perto de uma chama, sem tocá-la, o papel pode entrar em combustão. Isso se explica porque a chama irradia a sua energia em gradações simpáticas na área à sua volta.

A simpatia recebeu atenção também nos tempos modernos. Goethe a chama de "forças elétricas e magnéticas", pelas quais exercemos um poder de atração ou de repulsão em nosso mundo. Paul Kammerer refere-se a ela como "serialidade", a disposição das coisas e dos eventos naturais em "coincidências" perceptíveis. C. G. Jung a chama de "sincronicidade", um princípio que relaciona acontecimentos além da causação física ordinária. A teoria quântica se refere à simpatia como "causação não-local", pela qual podem ocorrer efeitos em qualquer parte do universo.

A simpatia ocorre também na meditação e na contemplação.[17] Todas as coisas contemplam; esse é o seu elo de ligação com o Ser. O Demiurgo, um dos deuses invisíveis, contempla os deuses, as Formas e os princípios do reino divino, e o Cosmo material, visível, passa a existir. O próprio Plotino considerava a ação puramente externa como inferior ao pensamento contemplativo. E embora os seres humanos estejam necessariamente envolvidos na atividade externa, os que compreendem a lei da simpatia podem aplicá-la muito além da ação meramente física.

No homem, esse vínculo fundamental com o Todo dá origem à magia, à teurgia e ao misticismo, capacitando-o a superar os males causados pela Matéria e a perceber o transcendente. A magia opera no Cosmo visível; ela consiste no uso de meios quase-materiais, como sortilégios e encantamentos, para produzir efeitos no mundo material. Com a teurgia, pode-se ter a experiência dos próprios deuses.

Plotino define a magia como as respostas dos deuses estelares aos conjuros.[18] Alguns dos seus discípulos não concordavam: os magos às vezes pedem coisas imorais e as recebem. Seriam os deuses estelares responsáveis por isso? Ao responder, Plotino destacava que os deuses estelares não estão conscientes do papel que desempenham. Os resultados da magia são um efeito simpático e supraconsciente do poder dos deuses, do mesmo modo que uma corda produz som quando é tocada. É o mago que precisa ser moral. Para Plotino, como tudo está interligado no Todo, os efeitos da magia perpassam o Cosmo por meio dos deuses estelares. Nós vivemos entre realidades invisíveis.

Apesar de revelar qualidades de magia e clarividência, Plotino via a magia com desaprovação porque ela enreda o homem em desejos mundanos e inferiores, quando ele deveria se desvencilhar deles. A magia pode ser uma força real, mas o sábio não se deixa afetar por ela, porque ela está abaixo dele. O sábio se envolve com os tipos superiores da simpatia, da teurgia e da união com o Supremo. O homem precisa voltar ao seu estado original, anterior à queda. Como? Pela prática da teurgia.

O VEÍCULO ESTELAR

Em seus últimos estágios, o Neoplatonismo sofreu grande influência do "Jâmblico divino", cujas obras, em sua maioria, se perderam. Uma das poucas que se conservaram foi uma defesa da teurgia, intitulada *Sobre os Mistérios*. Nessa obra, Jâmblico afirma que, na busca dos planos superiores, a teurgia é superior à filosofia. Todo conhecimento das Formas é incompleto, sustenta ele, mas a teurgia propicia experiência. Proclo, o intérprete mais recente de maior autoridade do Neoplatonismo, recebeu forte influência da teurgia, que ele considerava "mais excelente do que toda sabedoria humana".[19] A teurgia incluía uma série de atividades para induzir estados de transe semelhantes aos das sessões espíritas modernas, mas envolvia também a prática da meditação.[20]

Proclo escreveu um comentário sobre os *Oráculos Caldeus*, uma obra do século II escrita por um teurgista chamado Juliano, preservada apenas em fragmentos.[21] O comentário de Proclo (também conservado em fragmentos) é de grande interesse porque contém instruções sobre meditação individual, que ele relaciona explicitamente à teurgia. Essa meditação consistia em afastar-se da percepção sensorial, das opiniões instáveis dela decorrentes e dos modos de pensar corriqueiros, com o objetivo de elevar-se às "regiões celestiais" por meio da simpatia. "O esquecimento das razões eternas é a causa que leva a alma a se afastar dos Deuses", escreve Proclo, "e... a lembrança do conhecimento das Formas eternas é a causa que a faz voltar a eles." Proclo acrescenta que os símbolos nos ajudam a lembrar esses reinos superiores. O símbolo, por seu caráter sugestivo, focaliza e dinamiza o corpo estelar, induzindo experiências imaginativas no reino espiritual.

Na teurgia, não conhecemos apenas por meio da percepção sensorial ou do raciocínio ordinário. Nós estabelecemos um *rapport*, um vínculo simpático, entre a nossa razão superior, que contém as formas divinas, e os reinos superiores. Nesse reino da intuição, a identidade da alma individual não está perdida, mas alcança a sua plenitude.

Os neoplatônicos nos transmitem uma ciência holística; é preciso conhecer a intenção e os procedimentos deles para compreendê-los. Eles viam o Cosmo visível e imperfeito e os seres humanos como reflexos vivos do reino invisível e perfeito do além. Os astros ajudam o homem a relembrar o Mesmo, o reino eterno da mente, e o Diferente, o reino mutável da percepção sensorial. Com os ensinamentos neoplatônicos, especialmente a teurgia, o homem pode usar as estrelas como meio para voltar a se lembrar da sua identidade com a estrutura eterna do Ser.

3

A BUSCA DA LIBERDADE ESPIRITUAL

A COSMOVISÃO GNÓSTICA

A cosmovisão alternativa dos antigos gnósticos oferece uma solução surpreendente ao problema do sofrimento e da injustiça no universo.

Stephan A. Hoeller

O gnosticismo é o ensinamento baseado na Gnose: o conhecimento da transcendência a que se chega por meio da intuição e da vivência interior. Embora o gnosticismo se baseie assim na experiência religiosa pessoal, é errôneo acreditar que todas as experiências vividas nessa esfera sejam de natureza gnóstica. É mais exato dizer que o gnosticismo expressa uma experiência religiosa específica, uma experiência que não se exprime através da linguagem da teologia ou da filosofia, mas sim do mito. Com efeito, a maioria das escrituras gnósticas assume a forma de mitos. O termo "mito" não deve ser entendido aqui como "histórias que não são verdadeiras", mas como verdades que são expressas como histórias.

ORIGENS E FUNDAMENTOS DO GNOSTICISMO

O gnosticismo que conhecemos melhor desenvolveu-se entre seitas cristãs nos primeiros séculos da era cristã, até ser contido pela Igreja organizada.

Como o gnosticismo surgiu e como compreendê-lo do modo mais adequado? Durante muito tempo, a resposta normativa e predominante a essas perguntas foi dada pelos Padres da Igreja heresiólogos dos séculos II a IV d.C. Essas fontes, compostas por autores absolutamente hostis aos gnósticos (Irineu, Hipólito, Tertuliano, Epifânio) e alguns moderadamente antagônicos (Clemente e Orígenes), difundiram a idéia de que o gnosticismo era uma heresia cristã, ou seja, um corpo de ensinamentos que representava uma forma divergente e corrompida do cristianismo "autêntico" ou preponderante. Entretanto, essa posição foi vigorosamente atacada, se não totalmente aniquilada, por estudiosos renomados do século XIX, principalmente de nacionalidade alemã. Começando com as obras de F. C. H. Baur, da escola de Tübingen, e ampliada com as pesquisas de Adolf von Harnack, de Richard Reitzenstain e de muitos outros, essa tendência especializada afirmava que o gnosticismo não podia ser considerado uma heresia porque naquela época não havia nada que se pudesse caracterizar como uma ortodoxia normativa, mas tão-somente inúmeras interpretações da religião cristã simultâneas e às vezes concorrentes entre si. O que mais tarde passou a ser conhecido como escolas gnósticas eram simplesmente algumas dessas antigas variantes.

Outra explicação oferecida, decorrente das tendências "paganizantes" de alguns estudiosos, dizia que o gnosticismo era uma forma de paganismo envolta em roupagens cristãs. Para provar essa tese, foram apresentadas algumas evidências internas um tanto superficiais: o gnosticismo era muito menos monoteísta do que o judaísmo ou, mais tarde, do que a vertente predominante do cristianismo; e a ênfase feminina em muitos ensinamentos gnósticos talvez tivesse relação com o culto à deusa egípcia ou grega. Do mesmo modo, o grande destaque do gnosticismo a uma quase-divindade secundária, criadora do mundo, chamada Demiurgo, teve um antecedente nos ensinamentos de Platão e de seus discípulos. Entretanto, sabemos muito bem que filósofos pagãos eminentes, entre eles o neoplatônico Plotino, não pouparam críticas aos gnósticos. Além disso, uma variante pagã do gnosticismo, o hermetismo, existiu paralelamente ao gnosticismo cristão. Essas circunstâncias contradizem a idéia de que os gnósticos eram simplesmente pagãos disfarçados em simulacros quase-cristãos. Certamente o pensamento religioso das culturas pagãs mediterrâneas não estava excluído do ideário gnóstico, mas estava longe de constituir a sua essência.

No entanto, outra tendência, solidamente presente nos estudos do século XIX e inícios do século XX, procurou situar as origens do gnosticismo nas culturas fora da matriz mediterrânea. Pérsia, Índia, o sudeste e o noroeste da Ásia foram considerados como fontes possíveis da tradição gnóstica. Grande destaque foi dado à atitude "dualista" comum aos gnósticos e aos zoroastrianos. O que esses estudiosos negligenciaram foi o fato de que diferenças importantes separam o dualismo zoroastriano da variante gnóstica. O primeiro pode ser considerado um dualismo radical, ao passo que o segundo parece apresentar características mais moderadas. Não se pode negar que existem semelhanças entre o gnosticismo e o hinduísmo, e também o budismo. Essas duas grandes tradições orientais têm um gênero de gnose, denominado *Jnana* em sânscrito, considerado como uma forma salvífica de conhecimento iluminado. Entretanto, não foi descoberta nenhuma trajetória histórica que pudesse apontar a Ásia como berço da tradição gnóstica.

Na segunda metade do século XX, os estudiosos começaram a ver o fenômeno religioso gnóstico como sendo em grande parte de procedência histórica judaica. As pesquisas de Gershom Scholem e especialmente os materiais da biblioteca gnóstica de Nag Hammadi contribuíram substancialmente para essa visão. Scholem relacionou o gnosticismo com o "misticismo do carro celeste" (Mercabá) judaico e com as origens da Cabala. As escrituras que compõem a coleção de Nag Hammadi sugerem uma ligação com correntes secretas, ocultas, no judaísmo que parecem ter existido durante um período relativamente longo, em oposição à ortodoxia oficial do culto sacerdotal de Jerusalém. Os grupos essênios que compuseram os Manuscritos do Mar Morto, como também outros grupos heréticos judeus, podem de fato ter sido responsáveis por grande parte da adesão não somente às escolas cristãs gnósticas mas também a todo o movimento cristão. Precursores desse gnosticismo judaico podem sem dúvida ser percebidos na literatura sapiencial do Antigo Testamento, onde a figura feminina divinizada da Sofia gnóstica aparece numa forma antiga como a majestosa Chokmah de Provérbios, Eclesiastes, Eclesiástico e do Livro da Sabedoria de Salomão.

Em resumo, o contexto histórico indica que o gnosticismo (como passou a ser chamado algumas centenas de anos mais tarde) era originariamente uma espiritualidade esotérica judaica que assumiu uma forma cristã depois da chegada da dispensação cristã. Ele foi posteriormente reprimido por uma ortodoxia autodeclarada que na origem era apenas uma das inúmeras variantes dentro da diversidade de seguidores do grande Mestre de Nazaré. A maioria das fontes originais da tradição gnóstica informa que essa tradição sempre esteve no mundo e que seus principais instrutores e hierofantes foram certos profetas e patriarcas do Antigo Testamento, a começar com Adão e seu filho Set. Embora obviamente de natureza mitológica, essas afirmativas nos revelam verdades muitas vezes mais profundas do que os assim chamados dados objetivos da história. A gnose e o gnosticismo sempre estiveram presentes no mundo e assumiram formas diferentes em diferentes culturas. A tradição gnóstica relacionada com o cristianismo e com a cultura ocidental em geral originou-se na região do Mediterrâneo e mais especificamente na esfera da matriz semítica, mas, como o próprio cristianismo, não era estranha à espiritualidade análoga da Grécia, de Roma e do Egito.

No resumo a seguir, procurarei expressar em prosa o que os mitos gnósticos exprimem em linguagem poética e imagética.

O COSMOS

Todas as tradições religiosas reconhecem que o mundo é imperfeito. Elas diferem nas explicações que dão para essa imperfeição e nas sugestões que oferecem quanto ao que é possível fazer nessa situação. Os gnósticos têm a sua própria visão sobre esse assunto — talvez bastante surpreendente: para eles o mundo é imperfeito porque foi criado de modo imperfeito.

Como o budismo, o gnosticismo começa com a constatação fundamental de que a vida terrena é cheia de sofrimento. Para se manter, todas as formas de vida se alimentam umas das outras, e assim se infligem mutuamente dor, medo e morte (os próprios animais herbívoros sobrevivem destruindo a vida vegetal). Além disso, as assim chamadas catástrofes naturais — terremotos, inundações, incêndios, estiagens, erupções vulcânicas — deixam ainda mais sofrimento e morte em seu rastro. Os seres humanos, com sua fisiologia e psicologia complexas, estão conscientes dessas características dolorosas da existência terrena. Eles também sofrem com a sensação freqüente de que são forasteiros vivendo num mundo imperfeito e absurdo.

Muitas religiões afirmam que os responsáveis pelas imperfeições do mundo são os seres humanos. Para sustentar essa visão, elas interpretam o mito do Gênesis dizendo que as transgressões cometidas pelo primeiro casal humano provocaram uma "queda" da criação, fato que trouxe como conseqüência o presente estado de corrupção do mundo. Os gnósticos respondem dizendo que essa interpretação do mito é falsa. A culpa pelos defeitos do mundo não é dos homens, mas do Criador. Como o Criador é Deus — especialmente nas religiões monoteístas —, essa posição gnóstica parece blasfema e é muitas vezes vista com consternação mesmo por incrédulos.

Argumentos para contestar esse conceito de uma criação e de um Criador imperfeitos foram apresentados com freqüência, mas nenhum impressionou os gnósticos. Os gregos antigos, especialmente os platônicos, exortavam as pessoas a contemplarem a harmonia do universo, de modo que, reverenciando sua grandeza, pudessem esquecer as suas aflições imediatas. Mas como essa harmonia ainda contém os defeitos cruéis, o desamparo e a alienação da existência, para os gnósticos esse conselho tem pouco valor. Nem mesmo a idéia oriental do karma é para eles uma explicação adequada da imperfeição e sofrimento da criação. Na melhor das hipóteses, o karma apenas pode explicar como a cadeia de sofrimentos e imperfeições funciona. Ele não nos diz por que um sistema tão lamentável e perverso deva existir.

Quando o choque inicial da natureza "inusitada" e "blasfema" da explicação gnóstica para o sofrimento e a imperfeição do mundo se dissipa, pode-se começar a aceitar que ela é de fato a mais sensata de todas. Entretanto, para apreciá-la em seu todo, é preciso conhecer a concepção gnóstica da Divindade, tanto na sua essência original como Deus Verdadeiro quanto na sua manifestação aviltada como Deus falso ou criador.

DIVINDADE

O conceito gnóstico de Deus é mais sutil do que o da maioria das religiões. A seu modo, ele une e concilia as perspectivas do monoteísmo e do politeísmo, e ainda do teísmo, do deísmo e do panteísmo.

Na visão gnóstica, existe um Deus verdadeiro, supremo e transcendental, que está além de todos os universos criados e que nunca criou nada no sentido em que normalmente compreendemos a palavra "criar". Embora esse Deus Verdadeiro não tenha moldado ou criado nada, Ele "emanou" ou emitiu de Si mesmo a substância de tudo o que existe em todos os mundos, visíveis e invisíveis. Num certo sentido, portanto, a afirmação de que tudo é Deus pode ser verdadeira, porque tudo consiste na substância de Deus. Do mesmo modo, deve-se também entender que muitas porções da essência divina original foram projetadas para tão longe de sua fonte, que no processo passaram por mudanças prejudiciais. Por isso, venerar o cosmos, a natureza ou criaturas encarnadas equivale a cultuar porções alienadas e corrompidas da essência divina emanada.

O mito gnóstico básico tem muitas variações, mas todas se referem aos Éons, seres intermediários divinizados que existem entre o Deus Verdadeiro supremo e nós. Esses seres, com o Deus Verdadeiro, constituem o reino da Plenitude (Pleroma) onde a potência da divindade opera de modo pleno. A Plenitude contrasta com o nosso estado existencial que, por comparação, pode ser chamado de vazio.

Um dos seres eônios, de nome Sofia ("Sabedoria"), é de suma importância para a cosmovisão gnóstica. Ao longo da sua trajetória, Sofia emanou do seu próprio ser uma consciência defeituosa, um ser que se tornou criador do cosmos material e psíquico, que ele criou à imagem da sua própria natureza imperfeita. Esse ser, inconsciente de suas origens, imaginou-se ser o Deus supremo e absoluto. Como ele tomou a essência divina já existente e moldou-a em diversas formas, ele também é chamado de Demiurgo ou "meio-criador". Há uma metade autêntica, um componente deífico verdadeiro dentro da Criação, mas ela não é reconhecida pelo meio-criador e por seus agentes cósmicos, os Arcontes ou "governantes".

O HOMEM

A natureza humana reflete a dualidade encontrada no mundo: em parte ela foi feita pelo Deus criador falso e em parte consiste na luz do Deus Verdadeiro. A humanidade contém um componente físico e psíquico perecível, bem como um componente espiritual que é um fragmento da essência divina. Em geral, esta segunda parte é simbolicamente mencionada como "centelha divina". A compreensão dessa natureza dual do mundo e do ser humano suscitou para a tradição gnóstica o epíteto de "dualista".

Os homens geralmente ignoram a centelha divina que está dentro deles. Essa ignorância é alimentada na natureza humana pela influência do falso criador e dos seus Arcontes que, juntos, ocupam-se em manter homens e mulheres ignorantes de sua verdadeira natureza e destino. Tudo o que nos faz permanecer apegados às coisas terrenas serve para nos manter escravizados a esses governantes cósmicos inferiores. A morte libera a centelha divina de sua prisão servil, mas se a alma não empreendeu um trabalho substancial de Gnose antes de morrer, é provável que a centelha divina seja lançada de volta às angústias e à escravidão do mundo físico.

De acordo com o gnosticismo, nem todos os homens são espirituais (pneumáticos) e, assim, prontos para a Gnose e a libertação. Alguns são seres mundanos e materialistas (hiléticos), que reconhecem apenas a realidade física. Outros vivem em grande parte na sua psique (psíquicos). Essas pessoas normalmente confundem o Demiurgo com o Deus Verdadeiro e têm pouca ou nenhuma consciência do mundo espiritual que existe além da matéria e da mente.

No curso da história, os homens progridem da escravidão materialista dos sentidos, passando pela religiosidade ética, até chegar à liberdade espiritual e à Gnose libertadora. Como o pensador Gilles Quispel escreveu: "O espírito do mundo em exílio deve passar pelo Inferno da matéria e pelo Purgatório da moral para chegar ao Paraíso espiritual." Esse tipo de evolução da consciência foi antevisto pelos gnósticos muito antes que o conceito de evolução fosse conhecido.

A SALVAÇÃO

As forças evolutivas por si sós são insuficientes, porém, para produzir liberdade espiritual. Os seres humanos estão emaranhados na difícil situação que consiste em ter uma existência física associada à ignorância das suas origens verdadeiras, da sua natureza essencial e do seu destino final. Para se libertar dessa situação, o homem precisa de ajuda, embora também deva contribuir com esforços próprios.

Desde os primórdios dos tempos, Mensageiros da Luz vieram da parte do Deus Verdadeiro para ajudar o homem em sua busca da Gnose. Somente algumas dessas figuras salvadoras são mencionadas na escritura gnóstica; entre as mais importantes estão Set (o terceiro filho de Adão), Jesus e o profeta Mani. A maioria dos gnósticos sempre viu Jesus como a principal figura salvadora (o Soter).

Os gnósticos não vêem a salvação a partir do pecado (original ou outro) mas a partir da ignorância, da qual o pecado é conseqüência. A ignorância — significando aqui desconhecimento das realidades espirituais — só se dissipa pela Gnose, e a revelação definitiva da Gnose é trazida pelos Mensageiros da Luz, especialmente por Cristo, o Logos do Deus Verdadeiro. Não é pelo seu sofrimento e morte, mas por seus ensinamentos e pela instituição dos mistérios que Cristo realizou a sua obra de salvação.

À semelhança de outros, o conceito gnóstico de salvação é sutil. Por um lado, a salvação gnóstica pode facilmente ser confundida com uma experiência individual não intermediada, uma espécie de projeto espiritual do tipo "faça você mesmo". Os gnósticos sustentam que o potencial para a Gnose e, portanto, para a salvação, está presente em cada homem e em cada mulher, e que a salvação não é vicária, mas individual. Ao mesmo tempo, eles também reconhecem que a Gnose e a salvação podem ser — na verdade, devem ser — estimuladas e facilitadas para realmente despertarem na consciência. Essa estimulação é promovida pelos Mensageiros da Luz que, além dos seus ensinamentos, instituem mistérios salvíficos (sacramentos) que podem ser administrados por apóstolos dos Mensageiros e pelos seus sucessores.

É preciso também lembrar que não chegamos ao conhecimento da nossa natureza verdadeira — e de aspectos a ela relacionados — por causa da própria condição da nossa existência terrena. O Verdadeiro Deus da transcendência é desconhecido neste mundo: na verdade, muitas vezes ele é chamado de Pai Desconhecido. Assim, é óbvio que se faz necessária a revelação do alto para que haja salvação. A centelha interior deve ser despertada do seu sono terrestre pelo conhecimento salvador que vem "de fora".

CONDUTA

Se os termos "ética" ou "moralidade" são entendidos como um sistema de regras, então o gnosticismo se opõe aos dois. Esses sistemas normalmente têm origem no demiurgo e têm o objetivo velado de servir aos seus propósitos. Por outro lado, caso se entenda a moralidade como integridade interna que surge da iluminação da centelha interior, então o gnóstico abraçará como ideal essa ética existencial animada pelo sopro do espírito.

Para o gnóstico, mandamentos e regras não salvam; substancialmente, eles não contribuem para a salvação. Regras de conduta podem servir a inúmeras finalidades, inclusive à estruturação de uma sociedade organizada e pacífica e à manutenção de relações harmoniosas em grupos sociais. No entanto, as regras não são relevantes para a salvação, que só é possível através da Gnose. Assim, a moralidade precisa ser vista, acima de tudo, em termos temporais e seculares; ela está sempre sujeita a mudanças e alterações, de acordo com o desenvolvimento espiritual do indivíduo.

Conforme vimos acima, "materialistas hiléticos" geralmente dão pouca atenção à moralidade, ao passo que os "disciplinadores psíquicos" normalmente lhe atribuem grande importância. Em contraste, pessoas "espirituais pneumáticas" quase sempre se ocupam com assuntos mais elevados. Períodos históricos diferentes também exigem atitudes distintas com relação à conduta humana. Assim, tanto o movimento gnóstico maniqueu quanto o cátaro, que se desenvolveram no período medieval, quando a pureza de conduta era considerada como da maior relevância, responderam com o mesmo fervor. O período atual da cultura ocidental talvez se assemelhe em mais aspectos ao da Alexandria do segundo e terceiro séculos. Por isso, parece coerente os gnósticos dos nossos dias adotarem as atitudes do gnosticismo alexandrino clássico, quando questões de conduta pertenciam em grande parte ao foro íntimo do indivíduo.

O gnosticismo inclui inúmeras atitudes gerais relacionadas com a vida: ele estimula o não-apego e a não-conformidade com o mundo, um "estar no mundo mas não ser do mundo"; o abandono do egoísmo; e o respeito pela liberdade e pela dignidade de outros seres. Todavia, cabe à intuição e sabedoria de cada adepto "gnóstico" extrair desses princípios orientações individuais para aplicação pessoal.

DESTINO

Quando perguntaram a Confúcio a respeito da morte, ele respondeu: "Por que você me pergunta sobre a morte quando nem sequer sabe como viver?" Um gnóstico poderia facilmente ter dado a mesma resposta. A uma pergunta semelhante feita no Evangelho de Tomé, de inspiração gnóstica, Jesus respondeu que, através da Gnose, os homens devem chegar a conhecer a realidade divina e inefável do lugar onde tiveram origem e para o qual retornarão. Esse conhecimento transcendental deve chegar a eles enquanto ainda estiverem encarnados na Terra.

A morte não liberta automaticamente do cativeiro nos reinos do Demiurgo. Como já foi mencionado, os que não alcançaram uma Gnose libertadora enquanto ainda estavam encarnados podem ficar presos na existência mais uma vez. É bastante provável que isso possa acontecer através do ciclo de renascimentos. O gnosticismo não dá grande destaque à doutrina da reencarnação, mas está implícito na maioria dos ensinamentos gnósticos que aqueles que não entraram em contato efetivo com suas origens transcendentais enquanto estavam encarnados deverão retornar às condições dolorosas da vida terrena.

Com relação à salvação, ou ao destino do espírito e da alma depois da morte, é preciso ter consciência de que a ajuda está disponível. Valentim, o maior dos mestres gnósticos, ensinava (por volta do século II) que Cristo e Sofia esperam o homem espiritual — o gnóstico pneumático — na entrada do Pleroma e o ajudam a entrar na câmara nupcial da união final. Ptolomeu, discípulo de Valentim, ensinava que mesmo os que não haviam alcançado a condição pneumática, os psíquicos, podiam ser redimidos e viver num mundo celestial localizado na entrada do Pleroma. Na plenitude dos tempos, todo ser espiritual receberá a Gnose e se reunirá com o seu Eu superior — o Gêmeo angelical — habilitando-se assim a entrar no Pleroma. Porém, nada disso é possível sem um esforço ardente para alcançar a Gnose.

GNOSE E PSIQUE: A CONEXÃO PSICOLÓGICA PROFUNDA

Durante todo o século XX, a nova disciplina científica da psicologia profunda alcançou proeminência. Entre os psicólogos dessa corrente que demonstraram um interesse evidente e esclarecido pela Gnose, um lugar de destaque é ocupado por C. G. Jung. Jung contribuiu significativamente para chamar a atenção para a biblioteca de escritos gnósticos de Nag Hammadi na década de 1950, porque ele percebeu a importância psicológica extraordinária das concepções gnósticas.

G. Filoramo, o renomado estudioso do gnosticismo, escreveu: "As reflexões de Jung haviam penetrado há tanto tempo e a tal ponto no pensamento dos gnósticos antigos, que ele os considerava os descobridores da 'psicologia profunda'... A antiga Gnose, ainda que em sua forma de religião universal, num certo sentido prefigurou e ao mesmo tempo ajudou a esclarecer a natureza da terapia espiritual junguiana."[1] À luz de comentários como esse, pode-se perguntar: O gnosticismo é religião ou psicologia? A resposta é que ele pode muito bem ser as duas coisas. A maioria dos mitologemas encontrados em escrituras gnósticas contém relevância e aplicabilidade psicológica. Por exemplo, o Demiurgo criador, cego e arrogante, assemelha-se muito com o ego humano que perdeu contato com a Essência ontológica. Do mesmo modo, o mito de Sofia lembra muito a história da psique humana que perde o seu vínculo com o inconsciente coletivo e precisa ser resgatada pelo Eu. Analogias semelhantes existem em grande profusão.

Muitos ensinamentos esotéricos proclamaram: "Como em cima, assim embaixo." Nossa natureza psicológica (o microcosmo) espelha a natureza metafísica (o macrocosmo); assim, o gnosticismo pode apresentar uma autenticidade tanto psicológica como religiosa. A psicologia gnóstica e a religião gnóstica não precisam excluir-se uma à outra, mas podem ser complementares dentro de uma ordem implícita de totalidade. Os gnósticos sempre sustentaram que a divindade é imanente ao espírito humano, embora não se limite a ele. A convergência do ensinamento religioso gnóstico com a percepção psicológica é assim bastante compreensível em termos dos venerandos princípios gnósticos.

CONCLUSÃO

Alguns autores fazem distinção entre "Gnose" e "Gnosticismo". Essas distinções tanto podem ser úteis como enganosas. A Gnose é, sem dúvida, uma experiência baseada não em conceitos e preceitos, mas na sensibilidade do coração. O gnosticismo, por outro lado, é uma cosmovisão baseada na experiência da Gnose. Por isso, em outras línguas que não o inglês, a palavra *Gnose* é muitas vezes empregada para denotar tanto a experiência como a cosmovisão (*die Gnosis* em alemão, *la Gnose* em francês).

Num certo sentido, não existe Gnose sem gnosticismo, porque a experiência da Gnose inevitavelmente pede uma cosmovisão na qual ela encontra o seu lugar. A cosmovisão gnóstica é experiencial e baseia-se num determinado tipo de experiência espiritual da Gnose. Por isso, poderia alguém dizer, não é possível omitir ou diluir algumas partes da cosmovisão gnóstica, pois se isso fosse feito, a cosmovisão não corresponderia mais à experiência.

A teologia tem sido chamada de revestimento intelectual que envolve o núcleo espiritual de uma religião. Quanto mais essa teologia domina, maior será o perigo de religiões serem abafadas e asfixiadas por seus revestimentos. O gnosticismo não corre esse risco, porque a sua cosmovisão é expressa no mito e não na teologia. Os mitos, incluindo os mitos gnósticos, podem ser interpretados de várias maneiras. A transcendência, a numinosidade, bem como os arquétipos psicológicos, acompanhados de outros elementos, têm uma função importante nessas interpretações. Além disso, essas expressões míticas remetem a verdades profundas que não podem ser negadas.

O gnosticismo pode pôr-nos em contato com essas verdades, porque ele se expressa com a voz da parte mais elevada do ser humano — o espírito. Desse espírito, foi dito: "Ele sopra onde ouve." Essa é a razão por que a cosmovisão gnóstica não desapareceu apesar dos muitos séculos de perseguição.

A cosmovisão gnóstica sempre foi oportuna, pois sempre expressou o "conhecimento do coração" que é Gnose verdadeira. Para os que anseiam por esse conhecimento, o gnosticismo continua sendo uma tradição viva, e não meramente um movimento histórico.

A FACE INTERIOR DAS RELIGIÕES DO OCIDENTE

4

A CABALA E O MISTICISMO JUDAICO

UMA VISÃO GERAL

A tradição mística judaica continua a se renovar através da interpretação criativa da escritura e da prática religiosa.

Pinchas Giller

O que atualmente conhecemos como "Cabala" é a tradição mística do judaísmo clássico. Como movimento e como modo de pensar, ela sempre se viu como a percepção interior primordial do judaísmo rabínico. A palavra hebraica "Cabala" significa literalmente "aquilo que é recebido". Por causa dessa prioridade conferida a ensinamentos transmitidos, alguns círculos cabalísticos antigos desestimularam a criatividade e desqualificaram a experiência religiosa extemporânea como fonte de conhecimento esotérico. No lugar destas, eles repensaram a vasta tradição judaica exotérica até trazer à tona a sua dinâmica interna. Verdades cabalísticas emergem com maior numinosidade quando consideradas no contexto da sua tradição original, porque a Cabala é o produto da reavaliação do universo de símbolos oferecidos pela extensa literatura do período do Segundo Templo (526 a.C.-500 d.C.).

A espiritualidade mística judaica resulta dos paradoxos inerentes ao "mythos" que constitui o judaísmo. Esse mito consiste no conceito do Deus

Único que existe em relação ôntica e histórica com o indivíduo e com a comunidade judaica. Esse mito emerge, com complexidade crescente, na cronologia da Bíblia Hebraica. O Deus familiar, um tanto antropomórfico, do Jardim do Éden manifesta-se para formar uma aliança com Abraão e seus descendentes.

No Monte Sinai, essa relação se torna moral e contratual, com a cláusula sempre repetida (Dt 11,16), "Contudo, ficai atentos a vós mesmos, para que o vosso coração não se deixe seduzir e não vos desvieis para servir a outros deuses, prostrando-vos diante deles..." A adoração de ídolos, a busca da ilusão, é definida como a grande catástrofe potencial da humanidade. A relação de amor descrita por Jeremias (2,2), "Eu me lembro, em teu favor, do amor de tua juventude, do carinho do teu tempo de noivado, quando me seguias pelo deserto, por uma terra não cultivada", torna-se a traição invocada por Oséias (3,1), "Disse-me Iahweh: 'Vai novamente, ama uma mulher que ama um amante e que comete adultério, como Iahweh ama os filhos de Israel, embora estes se voltem para os deuses estranhos..." Essa metáfora erótica de amor e traição é mantida e transformada no erotismo do Zohar e nos escritos de Lúria, duas expressões centrais da Cabala.

Na literatura sapiencial, constituída pelas últimas obras da Bíblia Hebraica, a relação de Deus com o indivíduo se torna ainda mais complexa. O salmista vai da exultação ao desespero. Eclesiastes se pergunta como é possível viver sem a promessa da justiça final. Jó sofre a crueldade caprichosa e arbitrária de Deus. A Bíblia pode ser lida como uma parábola da perda da inocência. Depois de Jó e do Eclesiastes, o passo seguinte só podia ser a rejeição gnóstica desta existência como totalmente má. Longe deste mundo imperfeito, secular, e de suas decepções, talvez se pudesse postular uma divindade pura, sublime.

Esse foi um passo que o judaísmo não deu. Apesar de toda a perda de inocência com relação às possibilidades da vida, o judaísmo jamais renunciou ao potencial redentor deste mundo. Ele não condenou o físico e não "cortou o broto" da santidade na existência presente. Ele jamais poderia aceitar o mito cristão do nobre deus jovem, enviado para redimir o mundo mau, apenas para ser destruído no processo. Sim, a Cabala manteve um flerte prolongado com o mito gnóstico da distinção entre a realidade presente e o reino separado do divino. Entretanto, na cosmovisão cabalista, essa separação não era completa, mas antes uma emanação de Deus através das dez sefirotes, as dimensões ou reinos de existência.

Há muito material suplementar sobre a Cabala disponível em inglês, mas essas obras geralmente não conseguem retratar a natureza interna dessa doutrina. Os estudos modernos da Cabala são dominados pela historiografia, que isola vários períodos históricos ou registra o desenvolvimento de idéias individuais. Nesse tipo de estudo, imagens e símbolos constantes freqüentemente se perdem, embora às vezes sejam mantidos como símbolos psicológicos.

Por exemplo, a relação de amor bíblica entre Deus e Israel pode ter-se transmutado na metáfora erótica do *Mysterium Coniunctionis*, a união das manifestações transcendente e terrena de Deus. Essa idéia tem paralelos na literatura alquímica e mesmo em conceitos cananeus de fertilidade anteriores à Bíblia. Para os judeus que, na sinagoga da Véspera do Sabbath, se levantam para saudar a "Noiva do Sabbath", não faz diferença invocar um símbolo de transformação espiritual como definido pelos estudos de Jung e Neumann. Eles apenas querem intensificar a experiência do Sabbath com a imagem do Eros Divino, celebrar a energia erótica que banha o mundo nessa noite, como tantas vezes descreve o Zohar.

A Cabala, especialmente a tradição hermenêutica do Zohar, originou-se da prática do judaísmo de reinterpretar-se continuamente. O judaísmo farisaico do período do Segundo Templo canonizou a Bíblia Hebraica. Mas ele também estimulou a existência de uma tradição "oral" criativa, amorfa. Essa tradição criativa teve muitas aplicações. Ela podia mudar a interpretação de uma lei particular do Pentateuco, alterando totalmente sua natureza. Ou uma narrativa bíblica podia ser expandida para incluir elementos mais expressivos, lendários. Esse processo de tradição oral é uma batalha que o judaísmo trava contra a alienação com relação às suas próprias raízes, uma alienação que é conseqüência natural da experiência do exílio. Esse método de interpretação bíblica é chamado de Midraxe, e é o principal método literário do Zohar, o texto cabalístico mais importante.

Um exemplo desse processo pode ser a reinterpretação das passagens bíblicas que tratam do Tabernáculo e do culto sacrificial. Quando o Templo de Jerusalém era funcional, essas passagens, que compreendem boa parte dos livros do Êxodo e do Levítico, tinham relevância imediata. Como elas podiam manter essa característica, estando o Templo em ruínas desde um passado distante e os judeus exilados na Europa e no Oriente Médio havia muitos séculos? As tradições midráxicas, com o Zohar em sua maior abrangência, interpretavam as passagens sobre as dimensões do Tabernáculo como relacionadas, de fato, com as dimensões do universo. O Tabernáculo era um paradigma terrestre do cosmos; refletir sobre seus elementos constitutivos era refletir sobre a superestrutura divina.

Essa visão do sentido da escritura produziu uma nova inversão. Os textos que eram notoriamente significativos, que ofereciam orientação ética ou que narravam a história da comunidade judaica, foram relegados a uma posição secundária. Por outro lado, os textos que descreviam algum tipo de relacionamento estático, fossem eles as dimensões do Tabernáculo, os papéis sociais estratificados do livro dos Provérbios ou a imagética de sedução do Cântico dos Cânticos, receberam toda a atenção. As imagens estáticas dessas passagens, associadas à sua relevância atemporal, eram percebidas como os segredos codificados do universo.

Um efeito surpreendente dessa inversão de importância estava no vasto reino do ritual e da prática. De acordo com a percepção mística da lei judaica, os preceitos, ou *Mitzvot*, possuem um caráter esotérico e exotérico ao mesmo tempo. Os Dez Mandamentos e outras prescrições com validade moral manifesta têm uma função exotérica, ao passo que as restrições mais obscuras, como não misturar leite com carne ou não combinar lã com linho, têm uma natureza mais esotérica. Como são menos obviamente deste mundo, os mais obscuros e esotéricos Mitzvot eram potencialmente mais profundos, uma vez que se relacionavam totalmente com outro reino.

Com o objetivo de aprofundar essa compreensão esotérica da Bíblia, surgiu uma escola de Midraxe Cabalístico, representada pelo Zohar e pela literatura com ele relacionada. O próprio Zohar alcançou a condição de cânone pouco depois de ser compilado. Por fim, passagens do Zohar foram incluídas na liturgia da sinagoga, a homenagem mais excelsa que a tradição judaica confere à sua literatura. A mensagem subliminar do Zohar é que a experiência mística mais elevada está na criação inspirada da exegese da Bíblia. Não por acaso, essa percepção se harmoniza com os valores judaicos mais conservadores, segundo os quais o estudo e a propagação da Torá é a atividade redentora fundamental.

Uma segunda forma de expressão cabalística veio da tradição profética, extática, inerente ao judaísmo bíblico. Mesmo no período bíblico, o êxtase profético extemporâneo provocava certa consternação, embora o próprio Moisés almejasse: "Oxalá todo o povo de Deus fosse profeta, dando-lhe o Senhor o seu Espírito!" (Nm 11,29). A profecia mântica, popular, deu sinais de desaparecimento no início do período do Segundo Templo, com tentativas rabínicas explícitas de extirpá-la da imaginação do povo (Mishnah Sotah 9,12). A tradição do êxtase místico continuou em círculos fechados, entre um grupo conhecido como os "descendentes do Carro" (Yordei Mercavah). A imagética dessa tradição combinava a visão do carro celeste de Ezequiel 1 com a idéia de subida/descida a câmaras e palácios celestiais graduais. Curiosamente, inúmeros hinos da tradição Mercabá sobreviveram na liturgia oficial e são cantados em milhares de sinagogas a cada Sabbath.

A tradição mântica reapareceu, ou talvez se regenerou espontaneamente, nas obras do místico do século treze, Abraham Abulafia. A hermenêutica mística do Zohar também estava sendo compilada nessa época, e inicialmente as duas tradições se viram em oposição uma à outra. Sistemas medievais subseqüentes de Cabala procuraram combinar esses elementos intelectuais e extáticos, particularmente nas tradições de Tsfat (Safed), a pequena cidade galiléia que serviu de refúgio para a Cabala depois da expulsão dos judeus da Espanha em 1492. Em Tsfat, sistematizadores da Cabala, como os rabinos Moshe Cordovero e Isaac Lúria reuniram as formas hermenêutica e extática em sistemas unificados. Atualmente, as escolas cabalísticas médio-orientais, lituanas e hassídicas que sobreviveram possuem sistemas funcionais de meditação e uma vasta literatura teórica.

Desde a Idade Média, os cabalistas freqüentemente se envolveram em conflito com proponentes do racionalismo religioso. Nesse conflito, a mente consciente, racional, do filósofo muitas vezes colide com o inconsciente simbólico do místico. No judaísmo, os cabalistas geralmente prevaleceram, quase sempre subordinando e subvertendo as conclusões dos filósofos.

Maimônides, o aristotélico espanhol do século XII que sintetizou todo o judaísmo rabínico em suas obras jurídicas e filosóficas, opunha-se ferreamente ao antropomorfismo, a visualização de Deus em termos físicos. Com efeito, era uma atitude autenticamente judaica da parte dele defender a abstração da idéia da unidade de Deus. Infelizmente para Maimônides, essa noção do Deus Uno tendia a desfazer os próprios paradoxos que ela continha. A Bíblia complicava ainda mais a questão com imagens como a da humanidade sendo criada "à sua imagem, na forma da imagem da Sua estrutura" (Gn 1). O editor da Idra Rabbah (Grande Assembléia), a passagem mais evidentemente antropomórfica do Zohar, acrescentou o seguinte comentário:

> Para remover os obstáculos do caminho dos interessados, para os quais a luz da Cabala ainda não brilhou, que o ouvinte ouça, e o vidente veja que todas as palavras que o piedoso rabino Shimon Bar Yochai trouxe para este livro sagrado, como "marrom do crânio", "cabelos da cabeça", "crânio", "narinas do ancião", "ouvidos", "mãos", "pés", e assim por diante, dos recipientes físicos e outras imagens com que ele descreveu o Deus Bendito, especificamente na Sagrada Grande Assembléia e na Sagrada Pequena Assembléia (pois nesses lugares essas descrições são especialmente profusas); todas elas indicam dimensões e esferas, e conceitos internos, cerebrais. Todos os membros sobre os quais os sábios formaram eufemismos são para a imaginação indicações de coisas ocultas e obscuras, não de alguma coisa física ou material, não permita Deus, porque não há imagem entre o Santo Uno e nós mesmos, em nenhum sentido, e especialmente não na esfera física. Que Deus nos livre do erro, Amém, Seja feita Sua Vontade! (Zohar 3,127b).

Para Maimônides, Deus não tinha forma física, e era proibido imaginá-lo nessa forma. Para o cabalista, era aceitável representar os atributos de Deus em termos físicos, desde que fosse uma compreensão adequada de algo que estava além de toda expressão corpórea. Esse raciocínio convoluto já era, na verdade, uma prática judaica aceitável. Qualquer judeu sabe que Deus não tem forma física, mesmo quando ele se senta para a ceia pascal e recita: "Éramos escravos na terra do Egito e o Santo Abençoado nos libertou com mão poderosa e braço estendido."

Uma segunda área de conflito entre o judaísmo filosófico e o místico estava no fundamento lógico das Leis da Torá. Para o racionalista, as leis da Torá têm o objetivo de aperfeiçoar o caráter humano. Sem essa base racional, as leis têm uma função comemorativa. Por exemplo, a proibição de comer sangue (Dt 12,23) é explicada por Maimônides, no *Guia dos Perplexos,* como uma prescrição para evitar um determinado rito pagão em que o sangue era comido cerimonialmente. O oponente cabalista de Maimônides,

Nachmanides, oferece uma interpretação diferente em sua explicação do Levítico 17,11 ("porque a alma da carne está no sangue"):

> Ninguém com uma alma deve consumir outra alma (isto é, sangue), porque todas as almas pertencem a Deus, a alma humana e a alma animal são Suas, a mesma coisa acontece com elas no fim, a morte desta é igual à morte da outra, todas elas possuem um só espírito... O que é comido volta no corpo do que come. Se um homem comesse a alma de outra criatura, ele absorveria toda a grosseria e estupidez dessa criatura.[1]

Como místico, Nachmanides distingue um poder malevolente na substância proibida. Como mencionado acima, a Cabala geralmente via os Mitzvot aplicados às realidades presente e transcendente simultaneamente. O racionalismo filosófico, com o seu compromisso com a realidade presente acima de tudo, dificilmente podia competir. Pela época da Renascença, o Zohar e os escritos de Lúria estavam em ascensão, ao passo que o *Guia dos Perplexos* em geral não era encontrado. Restou para o judaísmo filosófico voltar à cena na metade do século XIX, quando a sociedade européia julgou conveniente emancipar os judeus e aceitá-los, temporariamente, como parte da comunidade ocidental.

Atualmente, parece que o racionalismo religioso está novamente em decadência. O Ocidente é vítima de um surto de fundamentalismo milenar. Círculos escatológicos no cristianismo, no judaísmo e no islamismo entretêm-se com a idéia do advento de um apocalipse, cada grupo presumindo que emergirá, incólume, dos escombros. Ao mesmo tempo, o judaísmo americano, há muito despojado do seu conteúdo simbólico, mítico, vê seu contingente diminuir rapidamente.

O Museu Israel, em Jerusalém, abriga uma sinagoga de madeira, da Europa oriental, totalmente preservada. Todas as outras sinagogas iguais a ela foram destruídas pelos nazistas na década de 1930. Nas paredes e no teto, todo o bestiário e aviário do Midraxe e da Cabala brinca e se diverte: Leviatã, a Serpente Primal do Mundo, o Unicórnio e o Dragão — a população esquecida do inconsciente coletivo judeu. Uma nova geração recuperará a visão cabalística da realidade? Espero que a cosmovisão cabalística possa sobreviver como um fator pelo qual a humanidade compreenda a preciosidade da sua existência.

5

O MISTICISMO DO ENSINAMENTO CRISTÃO

O Cristianismo centra-se no relacionamento pessoal com Deus. Mas ele implica também um trabalho interior que tem por objetivo a divinização de quem busca.

Theodore J. Nottingham

A palavra "esotérico" é em geral mal compreendida. Muitas vezes ela é usada para designar grupos de certo modo secretos ou ocultos. Contudo, o seu significado essencial pode ser traduzido por "interior". Ela faz parte dos círculos concêntricos definidos como exotérico, mesotérico e esotérico — que vão da forma exterior ao ensinamento interior. Com essa compreensão do termo, é possível relacionar a idéia de esoterismo com a de misticismo, que também denota o trabalho de transformação interior no âmago dos ensinamentos espirituais.

No estudo dos ensinamentos interiores de uma religião como o Cristianismo, é necessário ir além dos dogmas oficiais transmitidos pelo catecismo, pela escola dominical e pelos cursos de teologia. Houve desde o princípio uma compreensão interior dos ensinamentos que precisava ser revelada. Jesus disse aos seus discípulos: "A vós foi dado o mistério do Reino de Deus; aos de fora, porém, tudo acontece em parábolas" (Marcos 4,11).

O ENSINAMENTO

O Cristianismo não é a veneração de uma figura de culto. O Cristianismo é o processo mesmo que transforma um ser humano num outro *Christos*, um filho desperto do Criador. Talvez poucas pessoas alcançarão, como Cristo, o grau de unicidade com as forças cósmicas que deram origem a todas as coisas, mas isso pode ser porque poucas estão dispostas a se sacrificar e a amar tão totalmente quanto Ele. Todos podemos ser templos do espírito, novas criações libertadas da nossa pequenez e cegueira e infundidas com o poder de abençoar o mundo. Mas como é pequeno o nosso anseio por essa condição em comparação com todas as outras distrações, comodidades e seduções que se nos apresentam a todo instante!

O ensinamento cristão descreve tanto a crucificação quanto a ressurreição. Essas palavras não são apenas metáforas nem simplesmente denotam eventos que aconteceram num passado distante. Mais do que isso, elas remetem a conceitos que se aplicam ao ego humano — o maior obstáculo ao nosso desenvolvimento.

O ego está alicerçado em forças naturais primitivas (o instinto de sobrevivência, o egocentrismo infantil), em comportamentos inconscientes (imitação dos pais, influência do ambiente) e na imaginação (fantasias do tipo "eu sou importante"). O ego é um impostor que causa todo o nosso sofrimento e relacionamentos distorcidos com as outras pessoas.

Cristo diz: Corte as amarras, livre-se da sua falsa identidade, não olhe para trás; ou, na linguagem do evangelho, "Venda tudo o que tem e siga-me". Esse é um ensinamento radical, direto e definitivo. Ao mesmo tempo, ele envolve compaixão ativa, esperança inabalável e alegria arrebatada. Ele abrange o yin e o yang, a morte e o renascimento reconhecidos por todos os visionários como a essência da própria realidade.

Ascetas austeros e seguidores fanáticos muitas vezes violaram a pureza desse antigo ensinamento. Mas é fácil descobrir o reflexo autêntico de uma vida em Cristo entre os melhores representantes do Cristianismo, como Francisco de Assis, Tereza d'Ávila e, em nossos dias, Thomas Merton. Os grandes santos e místicos amavam a Deus e, por isso, todos os seres. Um deles, o monge do século XII Bernardo de Claraval, expressou a natureza do trabalho interior cristão com sublime simplicidade: "A medida do amor é amar além da medida."

VIGILÂNCIA

Uma das chaves para abrir a porta da nossa verdadeira natureza está no elemento mais comum da nossa psique — a atenção. Os primeiros mestres cristãos a consideravam fundamental para o desenvolvimento espiritual.

Uma definição simples da atenção seria dizer que ela é a concentração da nossa energia num tema de interesse. Todos sabemos instintivamente quando essa força interior surge e desaparece. Podemos lembrar dos tempos de escola a freqüência com que percebíamos a atenção dispersa, divagando por reinos da fantasia ou pelo cenário do outro lado da janela. Na idade adulta, talvez tenhamos percebido a necessidade de desenvolver esse "músculo" da concentração para manter-nos envolvidos numa tarefa. Muitas pessoas não se deram conta de que esse mesmo poder intangível da atenção é essencial para o despertar espiritual. Se a deixarmos dissipar-se nas incontáveis distrações da vida, descobriremos que a nossa energia vital se esvairá, tornando-se inútil para a tarefa mais importante de uma existência consciente.

À maioria de nós falta a autoconsciência necessária para compreender com clareza a dignidade do ser humano. Desde o motorista que dirige pela rua mais absorto em fantasias do que atento à vida dos pedestres até o pai desatento que humilha o filho, essa falta de atenção interior é a causa dos nossos contínuos tropeços.

A consciência de si mesmo e a subseqüente descoberta do Divino são raras no comportamento humano, pois exigem energia. Nós desperdiçamos grande parte do "ouro" psíquico da nossa atenção em coisas que vão desde inquietações até explosões de raiva. Esse desperdício pode esgotar o suprimento de energia de um dia inteiro, assim como o tagarelar constante, os devaneios e as preocupações.

A vigilância exige que prestemos atenção aos pensamentos, aos impulsos e aos desejos que rivalizam por expressão e satisfação. Essa mesma atenção pode impedir que assumam o controle. Com esse esforço, desenvolvemos o autodomínio e construímos alicerces firmes para a transformação interior.

Não conseguiremos realizar nada se não estivermos seguros e atentos ao nosso objetivo. Não seremos úteis a nós mesmos nem a outras pessoas se formos constantemente jogados de um lado para outro pelas ondas do caos interior. Obtemos uma "visão clara" quando nos elevamos acima dos pensamentos e dos sentimentos que se debatem dentro de nós. Essa não é meramente uma estratégia psicológica, mas uma forma de abrir espaço para o influxo de um poder superior.

Cristo, compreendido não como um homem da região montanhosa da Judéia, mas como a encarnação do núcleo consciente de toda criação, expressa em termos claros a importância de entrarmos em contato com o nosso centro interior: "Aquele que permanece em mim e eu nele produz muito fruto" (João 15,5).

Permanecer em Cristo não é uma questão de crença religiosa, mas de sintonia com a própria natureza da realidade. Como afirmou o padre e teólogo belga Louis Evely, "O maior ato de libertação de Jesus foi ter-nos libertado da religião! Ele queria que todos tivéssemos acesso livre, direto e prazeroso a Deus".

Esse acesso é livre, mas exige esforços específicos da nossa parte, e o primeiro deles é a *vigilância do coração*, tão fundamental para o ensinamento interior do Cristianismo primitivo e monástico.

O DESAPEGO COMO PRESENÇA ILUMINADA

Os mestres espirituais de toda a tradição cristã ensinam que aprender a não reagir a estímulos externos é um passo necessário para o desenvolvimento interior. Essa recomendação não significa um relacionamento frio e indiferente com a vida. O desapego, como compreendido na tradição mística, é o afastamento, não da vida, mas das nossas emoções incontroladas.

Os ensinamentos dos grandes mestres do Cristianismo ortodoxo reunidos na *Filocalia* oferecem métodos específicos para desenvolver esses poderes interiores. Voltada para dentro, a atenção exerce vigilância sobre imagens vindas de fora e sobre pensamentos que brotam de dentro. A consciência persistente assegura que esses dois estímulos sejam impedidos de influenciar ainda mais o nosso comportamento. Depois que uma imagem entra em nós, ela facilmente se transforma em ação.

Os antigos mestres relacionam as seguintes capacidades desenvolvidas por meio da atenção interior:

- Vigilância do intelecto
- Observação contínua das profundezas do coração

- Quietude da mente não perturbada nem mesmo por pensamentos aparentemente bons
- Capacidade de esvaziar a mente de todo pensamento

Assim protegido, o coração pode dar origem a pensamentos de natureza mais consciente. A realidade externa agora chega a nós sem passar pelos filtros da expectativa, dos preconceitos e dos julgamentos que toldam a nossa visão. Os especialistas em conflito interior dizem que precisamos travar essa guerra com uma vontade unidirecionada e unificada que disperse fantasias. O intelecto deixa então de persegui-las "como uma criança iludida por um mágico" (*Filocalia*, dito 105).

Os mestres afirmam ainda que essa vigilância nos dá um conhecimento antes inacessível ao nosso intelecto, quando ainda estávamos "caminhando nas trevas das paixões e dos atos obscuros, no esquecimento e na confusão do caos" (*Filocalia*, dito 116).

A MORADA DO INCRIADO

As antigas escrituras, fundamento do Cristianismo, convidam-nos a sondar o mistério e o poder daquele que chamamos de Deus. Elas dizem que essa força criadora do universo, desconhecida mas sempre presente, responde-nos individualmente. Mas acrescentam que é preciso estabelecer um contato pessoal para que possamos participar dessa nova consciência: "Eu vivo, mas já não sou eu que vivo, pois é Cristo que vive em mim" (Gálatas 2,20).

Essas palavras expressam a indescritível intimidade possível entre os seres humanos e Deus. A experiência desse encontro produz uma transformação que é a entrada numa outra dimensão da realidade, conhecida como vida eterna. "Ora, a vida eterna é esta: que eles conheçam a ti, o único Deus verdadeiro, e aquele que enviaste, Jesus Cristo" (João 17,3).

Evelyn Underhill (1875-1941), uma das grandes autoridades em espiritualidade cristã, define o misticismo como "o anseio pela realidade, a disposição a não se satisfazer com um nível de consciência puramente animal ou puramente social".[1] Esse é o primeiro estágio no desenvolvimento de uma consciência mística. O misticismo exige um esforço incansável na concentração do pensamento, da vontade e do amor sobre as realidades eternas que em geral são ignoradas. É preciso uma atitude de atenção, mais bem descrita como um estado de prece.

Underhill escreve que

> os reajustes que tornam essa atenção natural e habitual são uma fase no conflito interior do homem pela redenção da consciência de seus apegos inferiores e parciais. A pressão para baixo é incessante, e só conseguem resistir-lhe os que estão absolutamente conscientes dela e dispostos a sacrificar interesses e satisfações inferiores às exigências da vida espiritual.[2]

O caminho místico é, portanto, um processo de sublimação que leva o eu a atingir níveis mais elevados do que os estados de consciência comuns. Mas essa não é uma jornada egoísta. À medida que o místico se aproxima da fonte da verdadeira vida e participa das energias criadoras do divino, ele se capacita a exercer uma atividade maior em benefício dos seus semelhantes. Entre os místicos da tradição cristã encontramos missionários, profetas, reformadores sociais, poetas, fundadores de instituições, servidores de pobres e de doentes e conselheiros da alma.

Em seu livro *Practical Mysticism*, Underhill diz que o "místico não é apenas um eu empreendendo uma busca solitária da Realidade. Ele pode, deve e busca somente como um membro do corpo todo, desempenhando por assim dizer a função de um órgão especializado. O que ele faz, faz por todos".[3]

Sabemos pelas obras dos místicos que uma consciência assim tem o poder de elevar os que a possuem a um plano de realidade que nenhuma luta, nenhuma crueldade, nenhuma catástrofe pode perturbar.[4] Esse "santuário interior" é o ponto onde Deus e a alma se tocam. No século XIV, John Tauler, discípulo de Meister Eckhart, referiu-se a esse plano como "o solo da alma". Catarina de Siena falou da "morada interior do coração", Teresa D'Ávila o conheceu como o "castelo interior" e João da Cruz o descreveu como a "casa em repouso no escuro e no refúgio". Essas metáforas sugerem no centro do nosso ser uma morada secreta que permanece incessantemente unida ao ato criador de Deus. O eu em sua natureza mais profunda é mais do que ele mesmo. Mergulhar em si mesmo significa, em última análise, ir além de si mesmo.

Com todo o seu estudo e experiência, Underhill nos dá uma das mais belas definições da essência do trabalho esotérico: "O misticismo é o caminho para a união com a Realidade. O místico é uma pessoa que realizou essa união num grau maior ou menor; ou que busca essa realização e acredita nela."[5]

Não se pode separar a história da religião cristã da história dos seus místicos, pois as suas doutrinas representam a experiência desses místicos traduzida em dogmas. A linguagem da Igreja relacionada com o renascimento, a filiação divina, a regeneração e a união com Cristo é toda ela de origem mística: todas as palavras derivam de experiências concretas, não da especulação. Essas experiências não são propriedade exclusiva de pessoas espiritualmente sensíveis. No estado de receptividade humilde, todo espírito humano pode apreender uma realidade maior do que ele mesmo.

Um mestre que no século passado influenciou de modo muito especial a evolução espiritual do Ocidente com ensinamentos esotéricos foi George Ivanovich Gurdjieff (1866?-1949). Ele descreve um dos principais problemas da busca mística: "O ensinamento cristão diz claramente que se deve amar todos os homens. Mas isso é impossível. Contudo, é uma verdade absoluta que é necessário amar. Primeiro é preciso ser capaz, só então se pode amar. Infelizmente, com o tempo, os cristãos de hoje só retiveram desse ensinamento a segunda metade, amar, e perderam de vista a primeira, a religião que deveria tê-la precedido."[6]

Ao longo da história do Ocidente, o Cristianismo deu ênfase ao objetivo da vida humana e negligenciou os meios pelos quais esse objetivo pode ser alcançado. O resultado foi uma certa personalidade e comportamento reconhecíveis que são mais uma imitação do que o efeito de uma transformação interior verdadeira. Jacob Needleman, grande colaborador da jornada espiritual moderna, pergunta em seu livro *Lost Christianity*: Qual é a ponte que pode levar uma pessoa do estado de submersão em emoções egoístas para aquele modo incomparável de vida conhecido pelo termo simples de "amor a Deus"?

FÉ E CRENÇA

Fazemos parte de uma cultura em que a religião é mais uma questão de palavras, exortações e filosofia do que de uma orientação prática para viver diretamente a verdade dos seus ensinamentos. Métodos e exercícios, como os que encontramos nos escritos dos Padres do Deserto dos séculos III e IV, ofereceram no passado a possibilidade de um desenvolvimento que transcendia os princípios de uma psicologia centrada no eu. Mas a nossa era, em seu desdém por tudo o que não esteja totalmente à disposição da mente racional, os rejeitou.

Em conseqüência desse preconceito, a reação sagrada da fé que emana de um nível superior dentro de nós passou a ser confundida com um tipo de "crença" que Needleman chama de "um dos numerosos mecanismos egotistas da mente que parecem servir apenas para levar as pessoas a acreditarem que estão certas e que tudo vai acabar bem".[7]

Maurice Nicoll, um dos mestres representativos do esoterismo como transformação psicológica interior, apresenta uma réplica: "A fé é um esforço interior contínuo, uma alteração contínua da mente, dos modos habituais de raciocínio, dos modos habituais de pensar, dos modos habituais de encarar as coisas, das reações habituais. Agir com fé é agir além dos limites das idéias e razões que o lado sensorialmente conhecido do mundo construiu na mente de todos."[8]

A dicotomia entre saber e crer se apóia no fato de que aquilo que o intelecto pensa pode contradizer aquilo em que o coração acredita. O Cristianismo sempre admitiu que o pensamento por si só não consegue mudar a natureza humana. Os ensinamentos de Cristo não oferecem apenas uma explicação da vida, mas, antes, meios de tornar a vida diferente. É um fato evidente que, mesmo cultivando pensamentos elevados, podemos não ser capazes de viver de acordo com o que sabemos ser verdadeiro.

Enquanto a nossa vida emocional continuar a mesma, cheia de autojustificação e negatividade, nenhum pensamento do mundo, por mais elevado que seja, mudará a nossa natureza essencial. Não é que a mente não possa alimentar um pensamento de Deus, mas sim que esses pensamentos em si mesmos não conseguem mudar nada em nós. É necessária alguma coisa mais. Segundo a tradição, existe em nós uma força que nos impulsiona para a Verdade, mas essa força não é o pensamento nem a emoção. É essa força que a palavra "fé" quer simbolizar, mas ela não pode ser equiparada à simples convicção emocional.

Thomas Merton diz que a fé não é uma emoção nem uma opinião. "A fé não é um mito pessoal que você não pode dividir com ninguém e cuja validade objetiva não diz respeito a você, nem a Deus, nem a mais ninguém."[9] Para Merton, a fé não ignora a mente, mas a aperfeiçoa. "Ela põe o intelecto nas mãos da Verdade que a razão não consegue apreender por si só."[10] O ato de fé é também um contato, uma comunhão de vontades. Merton observa que, no estado de fé, vivemos a experiência da presença de Deus. "Fé é a abertura de um olho interior, os olhos do coração, que são preenchidos com a presença da luz Divina."[11]

Algo precisa ser despertado em nós, algo que é de caráter muito pessoal — o florescer holístico do nosso eu verdadeiro — e que ao mesmo tempo está livre da mera subjetividade, algo intensamente nosso e contudo livre da tirania do ego. Esse é o cerne do ensinamento esotérico.

ENSINAMENTOS SOBRE A ALMA

Um dos grandes equívocos da tradição cristã exotérica é pressupor a presença de uma alma já formada e em plena atividade. A alma, no entanto, não é uma entidade fixa, mas uma energia real que é ativada nas experiências da vida diária. O pressuposto de uma alma em forma acabada na natureza humana fez com que identificássemos os nossos pensamentos e emoções do dia-a-dia com a parte mais elevada de nós mesmos e, assim, ao esforço errôneo de tentar aperfeiçoar o nosso ser através do aperfeiçoamento dos nossos pensamentos e emoções. O crescimento espiritual, contudo, não é mero resultado do desenvolvimento intelectual ou emocional. Existe um outro estado de ser a se alcançar, uma outra qualidade de percepção que revela novos aspectos da realidade.

Todas as tradições religiosas insistem na necessidade de uma mudança de foco espiritual e de uma sintonização da alma toda com o que está além e acima de nós, ou seja, um redirecionamento de todo o nosso ser para coisas espirituais. Como as coisas espirituais são simples, *recolhimento* é uma simplificação do nosso estado de espírito. Ele nos propicia o tipo de paz e de visão a que Jesus se refere quando diz: "Se o teu olho estiver são, todo o teu corpo ficará iluminado" (Mateus 6,22).

O ensinamento cristão se refere ao recolhimento como algo mais do que um simples voltar-nos para o nosso mundo interior. Esse método não significa necessariamente negação das coisas externas. O recolhimento nos torna conscientes do que é mais importante no momento do tempo em que vivemos. Quando o eu exterior é submisso e obediente ao eu interior, a alma está em harmonia consigo mesma, com as realidades à sua volta e com Deus. Quando não estamos presentes a nós mesmos com a ajuda do recolhimento, temos consciência apenas do modo de ser que se orienta para as coisas criadas e, assim, perdemo-nos nelas. O recolhimento harmoniza o eu exterior com o eu interior e nos dá acesso ao Espírito.

Karlfried Graf Dürckheim, mestre espiritual e psicoterapeuta alemão, nos dá um exemplo dessa condição. Ele diz que o simples ato de regar uma flor pode ser realizado apenas porque a planta precisa de água. Mas esse ato também pode ser feito por amor. O momento então transforma-se de uma atividade trivial numa experiência profunda e memorável que nos leva à presença da realidade espiritual tanto dentro de nós quanto no mundo material.

Essa manifestação de amor, porém, só é possível na medida em que a pessoa transmite a verdade a todo o seu ser. Isso requer uma certa dose de autodomínio e de um comprometimento inabalável.

Os mestres de sabedoria do Cristianismo primitivo desenvolveram um método de estudo de si mesmo de valor incalculável. Esses anciãos iluminados dizem que a "tentação" (ou as influências dos nossos pensamentos fragmentados que procedem tanto do mundo interior quanto do mundo exterior) ocorre da seguinte maneira:

- Ela começa inocentemente com uma simples *sugestão* em forma de palavra ou imagem.
- Se a alma se comunica com ela, ocorre o *consentimento*, quando, nas palavras de João Clímaco, "o objeto se aloja por longo tempo na alma, que se acostuma com ele".
- Finalmente, ocorre a *captura*, quando o coração é arrastado involuntariamente; o pensamento externo torna-se então a força dominante na psique.

A sabedoria excelsa desses antigos místicos revela que a atenção interior constante é possível por meio de uma forma de prece incessante. Essa é a base de um estado de consciência superior que põe a pessoa em contato com a eternidade no âmago do momento que passa.

TEOSE

No centro da tradição ortodoxa oriental, enraizada nas primeiras conquistas do Cristianismo, existe uma palavra muito misteriosa: *teose*. Toda a espiritualidade da Igreja primitiva girou em torno dessa palavra.

Teose significa divinização. Os Padres Orientais pregavam que Deus assumira forma humana para divinizar a humanidade. Eles não queriam dizer com isso que os seres humanos podem participar da substância divina, mas que podem sentir as energias divinas do relacionamento e da comunhão.

A divinização é uma relação de amor suscitada pela Encarnação. *Teose*, nesse contexto, significa participar da natureza divina. Essa transformação, ou renascimento, envolve uma imersão nas profundezas da realidade e uma confrontação com todas as formas de ilusão em nós mesmos e na sociedade. O caminho para Deus passa a ser um caminho de escuridão e mistério em que todos os conceitos humanos são vistos como relativos.

A Igreja primitiva acreditava firmemente nesse caráter incognoscível de Deus. Para Gregório de Nissa, não somente a essência de Deus, mas a própria essência de uma formiga é incognoscível. É unicamente naquela escuridão em que Moisés entrou no monte Sinai que podemos aproximarnos de Deus. Nós conhecemos através do "não-saber". Aqui, o ensinamento esotérico cristão e a espiritualidade oriental estão em sintonia.

Os cristãos geralmente esquecem que, embora o testemunho do Novo Testamento seja cristocêntrico, o próprio Jesus era teocêntrico. Sempre foi tendência da Igreja divinizar Jesus na doutrina, na arte e nos cânticos. Ao fazê-lo, os cristãos muitas vezes sucumbiram aos perigos de um culto à personalidade que quase perdeu de vista o fato implícito de que Deus é tudo em todas as coisas. Jesus é então considerado como uma espécie de figura cultual em contraposição a outras figuras religiosas. Mas o encontro entre o divino e o humano em Jesus Cristo não deve ser distorcido e transformado num confronto entre o Cristianismo e as religiões não-cristãs.

Teose é tanto uma mudança quanto uma recuperação daquilo que é mais profundo e pessoal em nós mesmos. O primeiro nascimento é uma preparação para o segundo nascimento, que é o despertar espiritual da mente e do coração. Essa é a consciência que nos leva para além do nível do ego individual. O renascimento místico não é um acontecimento isolado, mas uma renovação interior contínua que ocorre muitas vezes na nossa vida. Não só crescemos em amor, mas nos transformamos em amor.

A cruz simboliza o poder supremo de Deus de transformar derrota em triunfo através do amor sacrificial. Como a vida é o espírito, o poder, a energia e a manifestação de Deus, a morte deve ser vista como outro estado do ser em que o espírito continua a viver em Deus. A Ressurreição é o elo entre os dois, possibilitando a quem é transformado pela purificação interior a passar pela experiência da percepção consciente do eterno. Seja ela chamada de Cristianismo esotérico, místico ou interior — essa é a centelha original que irrompeu do acontecimento histórico do século I d.C. e que ainda transforma pessoas até os dias de hoje.

6

SUFISMO

UM CAMINHO PARA A PLENITUDE HUMANA

O sufismo não exige renúncia à vida que o mundo oferece.
É mais correto compreendê-lo como um caminho
que nos torna mais plenamente humanos.

Kabir Helminski

Se você chegasse a uma encruzilhada e as setas indicassem "Vida" e "Deus," que direção você tomaria? Quantas pessoas não acreditam que o caminho para a realidade divina segue a direção oposta ao da vida humana? Quantas não desenvolveram patologias porque escolheram o caminho que as afastou da vida, que as distanciou da sua própria condição humana? Para mim, o que torna o sufismo instigante é o sentido do humano que o permeia, a integração que ele efetua entre a conquista espiritual mais elevada e uma vida humana plenamente vivida. Para o sufi, a realização do divino é a realização plena do humano.

O sufismo veio se configurando ao longo dos últimos mil e quatrocentos anos no ambiente da revelação alcorânica, a mais recente das principais tradições sagradas. Seu poder espiritual procede da iluminação recebida pelo profeta Maomé e é transmitido através de uma linhagem esotérica verificável. Seu estilo e modo de ser vêm do exemplo de vida (*sunnah*) e das palavras (*hadith*) de Maomé.

No sufismo clássico, a revelação alcorânica e o *sunnah* do profeta fornecem a matriz em que o ser humano amadurece e chega à completude. Os seguidores dessa tradição acreditam que a Realidade que buscamos também está à nossa procura e oferece orientações em forma de revelações e ensinamentos inspirados. Eles acreditam que o buscador sincero será guiado passo a passo pelo seu Senhor (em árabe, *Rabb*, que também significa "educador"). Assim, o sufismo consiste num equilíbrio entre a orientação revelada e a experiência espiritual individual.

Quando cheguei ao sufismo, eu me considerava "especializado" em religião convencional havia muito tempo e acreditava que entrara no caminho da espiritualidade experiencial. No entanto, o que encontrei no sufismo, especialmente como o vivi no Oriente Médio, abalou a minha indiferença com relação às idéias do profetismo e da revelação e ajudou-me a ser mais receptivo ao Islã e ao Alcorão. Durante mais de quinze anos de questionamentos e experiências, aos poucos passei a aceitar que o Alcorão é uma manifestação autêntica da Inteligência Divina, ou, em suas próprias palavras, "um guia para a humanidade" (2,185), uma revelação que é inteligível e aplicável a qualquer meio histórico, geográfico ou cultural.

> Veja, há nisso realmente um lembrete para todos aqueles cujo coração está bem desperto e que submetem os seus ouvidos com consciência.
>
> Não procurarão, então, compreender este Alcorão? Se ele tivesse vindo de alguma pessoa e não Deus, eles certamente teriam encontrado nele muitas contradições internas.[1]

O SUFISMO COMO SÍNTESE

O sufismo é um impulso espiritual e histórico vital que vem dirigindo e integrando as energias espirituais de milhares de pessoas há mais de quatorze séculos. É um equívoco vê-lo como uma tradição oriental ou mesmo médio-oriental. Sua pretensão espiritual à universalidade se fundamenta numa compreensão do Alcorão como síntese inspirada e convergência de revelações anteriores. Sua pretensão histórica à universalidade se assenta em seu poder de assimilar as conquistas espirituais das culturas de toda a região, desde a Espanha até a África, Arábia, Turquia, Irã, Índia, China e centro e sudeste da Ásia.

O sufismo integra o Oriente e o Ocidente, as dimensões impessoal e pessoal do Espírito. Como as tradições orientais, ele reconhece a importância da contemplação profunda e da consciência meditativa, e muito além das aparências vê a unicidade essencial do Ser. Como as tradições ocidentais, ele reconhece a importância de uma relação profundamente pessoal com o Divino e do amor e ajuda prática aos nossos semelhantes e ao mundo natural.

O sufismo é um caminho que destaca a presença individual, a afeição humana, a beleza estética, o caráter prático das coisas e o amor divino. Ele está em harmonia com a natureza humana e não coloca em campos antagônicos a conquista espiritual e a vida individual, social ou familiar. Ele não vê o isolamento, o ascetismo, o celibato, o monasticismo, o parasitismo social ou o profissionalismo religioso como necessários ou úteis à obtenção da maturidade espiritual. O modelo sufi de iluminação não é o sábio recluso que rompeu os seus laços com o mundo nem o mestre iluminado que foi glorificado e é cultuado por seus seguidores. O sufi não considera a espiritualidade como uma profissão ou uma especialização separada da vida. Com grande probabilidade, o sufi é uma pessoa casada, tem filhos e em geral tira o seu sustento do exercício de uma profissão socialmente útil. O sufi, seja homem ou mulher, não acumula poder ou riqueza pessoais através de atividades espirituais, mas encarna as qualidades de quem serve e se mantém oculto. "Um sufi é um punhado de poeira passada por uma peneira e depois umedecida com algumas gotas de água. Pisado, ele não machuca nem enlameia o pé do transeunte."[2]

O sufismo se desenvolveu em muitas dimensões: social, cultural, estética, científica. Os centros sufis (*tekkes, dergahs* e *khaneqas*) eram tipicamente lugares de aprendizado contínuo. Não apenas ofereciam orientação e assistência espiritual, mas eram também centros culturais e intelectuais que introduziam os valores e as conquistas culturais mais eminentes em suas respectivas sociedades.

O falecido Jalaluddin Celebi, até a sua morte chefe da Ordem Mevlevi e descendente de Jalaluddin Rumi, fundador da ordem, nasceu e foi criado num *tekke* Mevlevi em Alepo, na Síria. Ele me descreveu as suas lembranças preciosas desse lugar, onde a espiritualidade florescia lado a lado com o aprendizado, a arte e a agricultura, e onde os sons da música, da conversação e da oração eram ouvidos de todos os recintos. Segundo suas palavras, podia-se freqüentemente ouvir um *dede,* um grande violinista, tocando as composições clássicas da tradição Mevlevi, mas também Bach e outros compositores ocidentais, com lágrimas rolando pelas faces. Essa comunidade Mevlevi também era avançada em suas atitudes, muitas vezes introduzindo inovações tecnológicas, como tratores, rádios e telefones na comunidade maior.

Mais de mil anos atrás, os sufis criaram associações profissionais que espiritualizaram as artes e os ofícios do mundo islâmico e cujos princípios, de forma mais secularizada, se espalharam mais tarde pela Europa. Os princípios do cavalheirismo, ou do serviço heróico, também têm origem numa fonte mística islâmica, as Ordens Futtuwah, e foram igualmente levados para a Europa. Grupos sufis foram responsáveis pela recuperação da agricultura na Ásia central depois da devastação mongol no século XIII. No Império Otomano, a Ordem Mevlevi contribuiu com muitos dos mais belos exemplos de desenho e caligrafia, música clássica e literatura. Atualmente, os sufis estão em ação dando sua contribuição inestimável nos campos dos direitos humanos e da solução de conflitos, nas fronteiras da consciência e da psicologia transpessoal, nas artes e em obras sociais.

UM MODO DE VIDA HUMANO

O sufismo se compõe de essência e de forma. Sua essência é um estado de mente amorosa. Esse estado de mente amorosa e iluminada é sustentado e integrado por um modo de vida que é sua forma. O sufismo envolve verificação interior, um empirismo espiritual, mas não é apenas isso. É prática espiritual orientada pela revelação, uma revelação que, além disso, sugere uma vida humana normativa. No Ocidente, esse talvez seja o seu aspecto menos compreendido, especialmente nos dias atuais, em que a cultura secular, liberal, não oferece nenhum sistema de valor em particular além da tolerância baseada nas relatividades de todos os sistemas de valor.

No Ocidente, o sufismo foi às vezes retirado do contexto e entendido superficialmente em termos de métodos e técnicas, idéias, cerimônias e estados. Outras tradições sagradas passaram por processo semelhante: o budismo, por exemplo, é com freqüência reduzido a uma técnica de meditação, enquanto a sua norma religiosa, o Nobre Caminho Óctuplo, ocupa um plano secundário. Ver o sufismo como um sistema de técnicas que levam a estados de êxtase é entendê-lo apenas parcialmente. Não podemos roubar o fogo. Precisamos entrar nele. "Setecentos mestres sufis falaram sobre o Caminho, e o último disse a mesma coisa que o primeiro. As palavras talvez tenham sido diferentes, mas a intenção de todos eles era uma só. O sufismo é o abandono da afetação. E de todas as afetações, nenhuma pesa mais do que a sua 'identidade-eu'."[3]

O sufismo pode ser visto como um programa de recuperação para os viciados no eu separado. É teoricamente possível vencer esse vício sem nenhum programa, mas a força do vício é facilmente subestimada e muitas vezes negada. Vencê-lo pode ser como tentar subir num muro alto: todos os esforços podem resultar em fracasso se não se tem uma escada de comprimento adequado com os degraus em bom estado.

O sufismo clássico envolve um modo de vida, um padrão de submissão que inclui ablução, oração e jejum regulares, além das qualidades que ele considera como normativas para a vida humana, incluindo afeição, gentileza, paciência, generosidade, hospitalidade, sobriedade, modéstia, inteligência e moderação. Práticas retiradas desse contexto são na melhor das hipóteses incompletas e na pior podem contribuir com a doença mais do que com a cura, aprofundando o vício do apego ao eu.

Os sufis, especialmente os da Ordem Mevlevi, criaram um sistema de desenvolvimento humano com base no amor e que aplica o poder do amor para despertar e transformar os seres humanos. Rumi ensinou que todo ser humano tem o potencial de aprender perfeitamente a arte de amar. Com o contexto sufi típico de um grupo, ou família espiritual, os sufis Mevlevi criaram um ambiente em que o amor humano era tão forte que se elevava naturalmente ao nível do amor cósmico. "Ishq olsun", dizem eles: "Que se torne amor." Eles cultivam uma amabilidade e um refinamento em que o amor fermenta e se transforma num vinho de alta qualidade. Eles incentivam o serviço pela humanidade como expressão do amor que sentem. E aceitam uma disciplina rigorosa para manter o fogo do amor ardendo intensamente.

O carregador vai até a pesada carga e a toma dos outros,
sabendo que os fardos são a base
de coisas cômodas e amargas, predecessoras de prazer.
Veja os carregadores se debatendo com a carga!
É o modo dos que vêem a verdade das coisas.
O paraíso está rodeado de coisas de que não gostamos;
o fogo do inferno está rodeado de coisas que desejamos.[4]

Apesar de mesmo algumas das maiores mentes terem afirmado que o amor é um mistério total, incognoscível, o sufismo sugere que há um conhecimento de amor que precisa desesperadamente ser compartilhado, e que de fato nenhum outro conhecimento é mais valioso e essencial. Por um lado, Rumi disse: "Tudo o que eu disse sobre o amor, quando o amor chega, eu tenho vergonha de dizer." Por outro lado, se o amor é o poder absoluto no universo e em nós, nada tem prioridade maior. Pode ser que o fracasso numa determinada área seja essencialmente um fracasso de amor.

O UNIVERSO DO AMOR

Do ponto de vista sufi, este universo é uma expressão de amor. Vivemos num oceano de amor, mas como ele está muito próximo de nós, às vezes precisamos de um choque que nos lembre da sua presença permanente. Esta história serve de ilustração: Alguns peixes disseram a um peixinho que ele não podia viver sem água, o que o deixou cheio de medo. Ele nadou até a sua mãe e, tremendo, falou-lhe dessa substância sem a qual eles morreriam. A mãe explicou: "Água, meu querido, é esse meio em que nadamos."

Quando entramos neste mundo, passamos pela experiência de um esquecimento profundo. A ambição, a lida e a arrogância deste mundo podem parecer uma armadilha cruel. Mas, depois que reconhecemos a importância fundamental do amor, tudo o que acontece é parte do processo de despertar para o fato de que o amor nos trouxe para cá, que somos amados por uma Realidade invisível benéfica e que a essência do nosso ser é amor. O amor está procurando descobrir a si mesmo; na verdade, todo o propósito e sentido da criação é descobrir o segredo do amor.

Começamos a ver o poder infinito do amor como a causa maior no universo, e pouco a pouco passamos a servi-lo. Para que possamos servir, o amor precisa firmar-se no conhecimento. Amor sem conhecimento é perigoso. Tendo só amor, podemos queimar a nós mesmos e aos outros; podemos nos tornar lunáticos. O amor é um poder tão extraordinário e complexo, e o ser humano tem uma capacidade tão grande para ele, que desconsiderá-lo por ser um mistério incognoscível é como ficar paralisado diante do fogo e dizer que não sabemos o que é, como começou ou o que fazer com ele.

Amor é mistério e conhecimento. Além disso, é um mistério que nos falou sobre si mesmo na forma de revelações e exemplos que alteraram profundamente o curso da história humana.

Para o sufi, Maomé é o exemplo supremo. Sem Maomé, que é chamado de "Alcorão vivo," todo o espírito do sufismo seria inconcebível. Graças à sua influência, o impulso do Islã ergueu-se do que fora a água estagnada da Arábia para fomentar uma civilização imensa baseada na igualdade humana, na justiça social e na lembrança divina. No Ocidente, em geral não temos consciência da importância histórica da civilização islâmica e do quanto ela foi fundamental para instituir os princípios da justiça e da igualdade, para promover a pesquisa científica e para garantir a tolerância religiosa por mais de mil anos. Nessas áreas ela sobrepujou outras civilizações, pelo menos até seu declínio relativamente recente nos últimos séculos. Foi Maomé quem outorgou à comunidade muçulmana o magnetismo e a inspiração que deram origem ao seu elevado nível de cultura.

Ali, genro do profeta, a quem foram confiados os segredos do sufismo, preservou essas palavras que ele ouviu de Maomé:

A meditação em Deus é o meu capital.
A razão e uma lógica irrepreensível são a raiz da minha ação.
O amor é o fundamento da minha existência.
O entusiasmo é o veículo da minha vida.
A contemplação de Alá é a minha companheira.
A fé é a fonte da minha força.
A tristeza é a minha amiga.
O conhecimento é a minha arma.
A paciência é a minha veste e virtude.

A submissão à Vontade Divina é o meu orgulho.
A verdade é a minha salvação.
A adoração é a minha prática.
E na oração está a serenidade do meu olhar
e a minha paz de espírito.[5]

Maomé, exemplo de uma vida de amor, tornou-se o modelo de todos os sufis; o estudo das suas palavras e ações sempre foi fundamental no currículo sufi. Os sufis, por sua vez, expandiram o impulso do profeta numa expressão ainda mais explícita de amor.

O sufi procura desvelar e apreender os princípios pelos quais podemos cooperar com esse poder do amor. Podemos religar nossas vontades isoladas à vontade do amor. É possível abrir-nos à experiência do amor através da prática da submissão ativa. ("Islã" significa literalmente "submissão".)

Submissão ativa significa ser receptivo à inteligência do Espírito e viver de acordo com ela. Essa submissão é o estado natural do eu essencial, livre do egoísmo, da ansiedade e do medo. Com essa submissão ao Espírito, o ser humano descobre as suas capacidades mais puras e nobres e chega a um equilíbrio entre a receptividade espiritual e a atividade energética com relação à sua vida no mundo.

O oposto a essa submissão é a ansiedade neurótica e o viver compulsivo, aceitos como normais atualmente. Como nos separamos do Espírito, inchamos com orgulho falso e desequilibramos o mundo. Os nossos corpos e mentes, os nossos relacionamentos e a ecologia inteira estão sofrendo as conseqüências.

A ESCOLA DO AMOR

O grande sufi turco do século XIII, Yunus Emre, disse: "Vamos conhecer a fundo esta ciência e ler este livro de amor. Deus instrui; o Amor é a Sua escola."[6]

Talvez a coisa mais importante que o sufismo pode oferecer seja a compreensão sempre mais profunda de que somos todos alunos na escola do amor, mesmo que demoremos a admitir esse fato. É espantoso como podemos ser teimosos e lentos para perceber isso, e como ainda assim o esquecemos com a maior facilidade. Esquecemos sempre que consideramos os nossos próprios desejos e objetivos como mais importantes do que os sentimentos e a felicidade das pessoas que amamos. Esquecemos sempre que culpamos os outros e perdemos de vista que tudo o que estamos tentando aprender nesta escola do amor é o amor.

Todos fomos um verdadeiro fracasso no amor. Esse é o nosso ponto de partida consciente. Podemos praticar meditação e buscar conhecimento espiritual durante anos e ainda assim não perceber a importância fundamental do amor. De fato, a mais sutil de todas as formas de egoísmo surge quando tentamos ser "mais espirituais" do que os outros. Mas o amor perdoa mesmo isso.

Eu não sei realmente se este mundo moderno está mais distante da verdade do que muitas civilizações que o precederam. Entretanto, grande parte do que ocupa a nossa atenção parece ficção, levando-nos a uma vida ilusória, ao egoísmo e à solidão. Por trás da nossa ansiedade está uma falta de sentido e de propósito, uma falta de amor. Se não olharmos com os olhos do amor, não conseguiremos ver as coisas como elas são.

Uma das experiências mais dolorosas para qualquer pessoa é reconhecer que os seres humanos, em sua maioria, tomam a si mesmos como objetivo exclusivo e como centro dos seus pensamentos, sentimentos e atividades. Pode ser aterrador para uma alma sensível viver num mundo em que cada indivíduo está tão ocupado tentando alcançar os próprios objetivos, que as necessidades humanas verdadeiras acabam sendo espezinhadas. Para a maioria das pessoas, mesmo o "amor" é principalmente uma forma de satisfação egoísta. E para muitos de nós a espiritualidade começa como um modo de nos sentirmos bem com relação a nós mesmos. Entretanto, esse modo autocentrado de ser é exatamente o "pecado" do qual todas as tradições espirituais autênticas nos salvariam.

É irrelevante o que realizamos, o reconhecimento que obtivemos, o que possuímos; não há nada mais doce do que amar — não necessariamente ser amado, mas apenas amar. Quanto mais amamos, mais ricos ficamos. Nada é mais belo ou sagrado do que o impulso de amor que sentimos por um amigo, por uma criança, pelos pais, pelo cônjuge. Nada seria mais doce do que a capacidade de amar em toda a parte e sempre.

Um dos conceitos essenciais do sufismo é *adab*, cortesia espiritual, respeito, senso do que é apropriado. Através de *adab* o buscador começa a dissolver parte do seu egoísmo. *Adab* não é formalidade; ele ajuda a criar o contexto em que desenvolvemos nossa humanidade nessa escola do amor. Cada situação e relação têm o seu *adab* correspondente: relações entre os buscadores que estão a caminho, relações com os membros da família e com os mais velhos, relações com o xeique que orienta o buscador. Cada nível de ser tem o seu *adab*. Entrar na presença da Verdade também tem o seu *adab*.

A assimilação de *adab* foi fundamental para a minha própria experiência do sufismo. E foi uma das primeiras coisas que o nosso xeique enfatizou quando o sufismo estava sendo apresentado aos ocidentais. "Ajudá-los a aprender *adab*", dizia ele.

Quando se começa a tomar consciência dos benefícios e das possibilidades de *adab*, torna-se espantosamente claro quanto a cultura contemporânea perdeu em nome de certa liberdade e individualidade hipotéticas. Por contraste, *adab* significa assumir responsabilidade total por si mesmo, pelos próprios pensamentos, sentimentos e ações. Alguns princípios de *adab* podem ser enunciados do seguinte modo:

Ser íntegro, sincero e verdadeiro.
Ter consciência dos próprios defeitos e lamentá-los, em vez de criticar as imperfeições dos outros.
Fazer tudo o que se faz por amor a Alá, não para obter recompensas ou por medo de castigo.
Livrar-se das preocupações, inquietudes, vaidades e ambições do mundo.
Ser indiferente aos elogios ou às críticas das pessoas em geral.
Ignorar qualquer estado extraordinário que ocorra durante o culto ou a prática.
Adotar uma atitude de humildade e invisibilidade apropriadas em público e nas reuniões dos dervixes.
Fazer tudo tendo em vista o bem dos irmãos e irmãs conforme os recursos de que se dispõe.
Sanar possíveis mágoas causadas a outros e corrigir qualquer mal-entendido no prazo de três dias, se possível.
Saber que manifestações de raiva ou de alegria excessiva não produzem nenhum bem.

Ser paciente com as dificuldades.

Ser indiferente a favores ou benefícios para si mesmo, mesmo ao "receber o que lhe é devido".

Libertar-se de todas as formas de inveja e ambição espiritual, incluindo o desejo de liderar ou de ensinar.

Tornar as práticas pessoais internamente sinceras mais do que externamente manifestas.

Ampliar os próprios conhecimentos sobre o sufismo (incluindo o Alcorão, *hadith* e a sabedoria dos santos).

Lutar com o próprio ego na mesma proporção em que ele impede de seguir o *adab* adequado, e perceber que o maior aliado é o amor.

Ter um xeique a quem se ama e por quem se é amado, e alimentar essa relação.

Como disse o xeique Tosun Bayrak al-Jerrahi, "Por difícil que possa ser encontrar um xeique perfeito, é ainda mais difícil ser um dervixe mínimo" (isto é, um estudante humilde do sufismo).

Para onde tudo isso nos leva? Este poema de *O Jardim Amuralhado da Verdade*, escrito por Hakim Sanai no século XII, nos oferece a essência do sufismo e um antegozo do estado de completude:[7]

Enquanto a razão ainda está rastreando o segredo,
terminas a tua busca no campo aberto do amor.

O caminho não consiste em palavras nem em atos:
somente a desolação pode deles advir,
nunca alguma construção permanente.

Amabilidade e vida são as palavras
do homem que trilha seu caminho em silêncio;
quando ele fala não é por ignorância,
e quando cala não é por preguiça.

Meu amigo, tudo o que existe
existe por intermédio dele;
a tua própria existência é uma mera pretensão.

Basta de tolices! Perde-te,
e o inferno do teu coração se transformará em céu.
Perde-te, e tudo poderá ser realizado.
O teu egoísmo é um potro selvagem.

Dissolve-te nessa busca:
arrisca a tua vida e a tua alma
no caminho da sinceridade;
esforça-te para passar do nada ao ser,
e embriaga-te com o vinho de Deus.

Quebraste a tua lealdade,
ainda assim ele mantém a sua para contigo:
ele é mais fiel contigo
do que o és contigo mesmo.
Ele criou os teus poderes mentais;
mas o seu conhecimento ignora
o canal do pensamento.
O conquistador do amor é aquele
a quem o amor conquista.

Quando chegares ao mar,
deixa de falar sobre o riacho.
Não há dualidade no mundo do amor:
o que significa toda essa conversa de "tu" e "eu"?

OS ENSINAMENTOS SECRETOS

7

A BUSCA DO MAGO

SÍNTESE DA TRADIÇÃO OCIDENTAL DA MAGIA

A magia tem sido alvo de muitas suspeitas ao longo dos séculos.
Qual é a sua verdadeira finalidade e intenção?

Thomas D. Worrel

AS ORIGENS PRÉ-HISTÓRICAS DA MAGIA

As origens da magia estão profundamente enterradas na infância remota da raça humana. As pessoas que viviam naqueles tempos primitivos estavam mais envolvidas nos meandros da natureza e mais conscientes das nuances e mudanças sutis do seu ambiente do que nós estamos hoje. Elas não só conheciam muito bem os poderes das plantas que nutriam, condimentavam, curavam ou matavam, mas também viam características semelhantes e mais complexas de poderes e atributos nos animais e no mundo em torno delas. O dia-a-dia as tornava conscientes das categorias básicas da natureza: a terra e os sólidos, a água e os líquidos, os ventos e a respiração misteriosa, o fogo e o calor dos seres vivos. Abaixo da superfície da Terra, no mar e no céu havia forças misteriosas que pareciam ter poder e influência sobre toda a Terra e seus habitantes. O céu lhes indicava em que época do ano se encontravam e o que estava por vir. As plantas e os animais se comportavam de acordo com as orientações do céu; o poder celeste era assombroso. O Sol parecia o mais poderoso dos astros, pois não se podia sequer fitá-lo sem sofrer conseqüências graves. Quando o Sol se aproximava, o mundo ganhava vida; quando ele se afastava, o mundo começava a definhar. A Lua tinha poderes ocultos misteriosos com relação à noite, às marés oceânicas, às fêmeas e ao clima. Cinco outras luzes no céu (os planetas) deslocavam-se num padrão singular enquanto as demais estrelas moviam-se como uma coisa só em alguma esfera ainda mais distante.

As origens da magia devem estar nessa matriz. Digo isso porque muitos desses mesmos elementos encontram-se na tradição da magia ocidental, na sua evolução desde os tratados mais antigos até as teorias atuais. A magia sistematizou uma observação e um conhecimento das características e poderes das forças naturais e das tentativas de comunicação com as inteligências sobrenaturais existentes além delas. A estrutura central do trabalho de magia sempre se baseou no esquema dos quatro elementos, nos sete planetas e nas estrelas fixas, como também nos poderes e inteligências que eles personificam ou representam.

Quando entramos no período histórico, vemos claramente que práticas mais antigas começaram a ser registradas. Existem registros antigos de várias culturas e alguns dos mais importantes procedem da antiga civilização egípcia. Mesmo os aspectos da magia que não tinham relação direta com o Egito eram muitas vezes considerados oriundos dessa terra misteriosa. O antigo Egito e as civilizações circunvizinhas assinalam, assim, o início da formulação da magia na civilização ocidental. Daí em diante, a magia foi se sistematizando, desenvolvendo e aperfeiçoando continuamente à medida que absorvia novas informações.

Com o advento dos hieróglifos, os meios de registro e de transmissão dessas informações passaram por grandes avanços. Ao longo da história do antigo Egito, encontramos evidências cada vez mais numerosas de documentos sobre magia, de amuletos, de encantamentos de todos os tipos e de atos praticados por magos. Merecem destaque os conceitos de reinos no além-túmulo e o uso de encantamentos para facilitar o acesso a esses reinos e para lidar com as entidades que ali vivem. Veremos muitas dessas idéias presentes em práticas de magia posteriores.

CARACTERÍSTICAS E DEFINIÇÕES DO UNIVERSO DA MAGIA

O que entendemos por magia e a que nos referimos quando usamos a expressão "tradição ocidental da magia"? Sem dúvida, não estamos falando das técnicas de prestidigitação e dos truques que conhecemos como magia de palco. A magia, como definida aqui, refere-se às práticas cerimoniais e ritualísticas usadas com fins específicos, geralmente dentro de um contexto espiritual. Antes de aprofundar algumas definições, convém analisar o contexto em que a magia se insere e os pressupostos que sustentam a sua prática.

Três dos mais importantes componentes estruturais do universo da magia devem incluir: (1) um universo vivo hierarquicamente estruturado; (2) a presença de elos ou interligações entre todas essas partes vivas e de correspondências com elas; e (3) a crença de que o mago, por meio de cerimônias e práticas ritualísticas, tem acesso às forças que estão por trás das manifestações da natureza, comunica-se com essas forças, tem influência sobre elas ou é por elas influenciado.[1]

O primeiro conceito importante é que a natureza e o universo inteiro são entidades vivas ou cheias de vida em todas as suas partes e aspectos. Um aspecto desse conceito é que a natureza se divide em graduações que vão desde os fenômenos mais externos e aparentemente infinitos da natureza até a unidade mais interior do mundo divino. A natureza não só tem reinos como o mineral, o vegetal, o animal e o humano, mas também comporta reinos interiores ou espirituais. O mundo é multidimensional e multiestratificado.

O segundo conceito importante é a idéia das inter-relações e correspondências que existem entre diferentes áreas e níveis do mundo vivo. Nosso universo é uma imensa rede de ligações entre as diferentes dimensões. Essas ligações são às vezes explicadas como se derivassem do Mundo das Formas platônico, cuja presença eterna infiltra-se através de miríades de mundos até a manifestação de diferentes combinações. Ou, em outras palavras, níveis "inferiores" de manifestação ligam-se a outros níveis superiores e mais espirituais. Essas interligações e correspondências sutis servem como passagens entre os vários planos. Como essas correspondências existem também na mente humana, o mago tem a capacidade de acessá-las.

O terceiro componente necessário é o meio de acesso disponível ao mago cerimonial. Assegurados os dois primeiros componentes acima descritos, ainda é necessário que o mago (1) tenha acesso ou alguma ligação com esses reinos, e (2) possa influenciar ou ser influenciado pelos poderes e espíritos, depois de feita a ligação. O meio particular em questão é o próprio mago. Sob esse aspecto, o conceito hermético de que o homem é um microcosmo do grande cosmo passa a ter grande relevância. Ele entra em cena refletindo os dois componentes anteriores: o de que o ser integral do homem é multidimensional e hierárquico de um modo semelhante ao da natureza e o de que existem interligações e correspondências em todas as partes do seu ser que o vinculam a aspectos ressoantes no macrocosmo.

O mago usa rituais, preces, encantamentos, instrumentos simbólicos, desenhos e outros objetos, além de música, dança e gestos, para despertar sua consciência e abri-la para esses reinos espirituais geralmente ocultos. A arte e o ofício da magia, portanto, consistem em criar e aproveitar todos esses elementos para realizar o propósito do mago.

Essas idéias preparam o terreno para trabalhos de magia de todos os tipos — os de nível mais elevado e mais baixo, os espirituais e os mundanos. Com esse modelo, já podemos entrever a possibilidade de uma magia simpática (a tentativa de afetar uma coisa por meio de outra a ela associada) e de uma magia imitativa.

Uma outra faceta da definição de magia, necessária para o nosso propósito, é a teurgia. Teurgia deriva do grego *theourgia*, onde *theos* significa deus e *ergos* significa trabalho, ou seja, "trabalho de Deus". Uma definição bastante comum é: "Teurgia é o conhecimento da teoria e da prática necessárias para nos ligarmos aos deuses e espíritos, não só por meio de uma compreensão maior, mas também de ritos concretos e objetos materiais que põem em ação influências divinas onde e quando queremos."[2] Essa definição não reflete tudo o que a teurgia representa. Teurgia não é apenas comunicação ou ligação com entidades mediadoras; seu objetivo último é ascender à esfera dos deuses, se não do próprio Deus. O propósito da teurgia é muito semelhante ao da yoga, no sentido de que o ápice dos ritos mais avançados leva a consciência a um estado de êxtase. Em algumas formas de teurgia, o objetivo fundamental é um tipo de união mística com Deus.

Com essas definições, podemos começar a examinar o desenvolvimento da magia e especialmente da teurgia no mundo ocidental.

CONTRIBUIÇÃO DOS GREGOS À TRADIÇÃO DA MAGIA

Embora possamos constatar formulações muito antigas do desenvolvimento da magia no antigo Egito, é no período greco-romano que a magia, ou a teurgia, emerge como uma espiritualidade coerente e homogênea. As várias correntes religiosas e filosóficas que se manifestaram durante esse período parecem ter impulsionado seu desenvolvimento a níveis ainda mais elevados. Podemos ver claramente nessa época o surgimento do esquema recorrente dos quatro elementos, dos sete "planetas" e da esfera fixa.

A doutrina filosófica dos quatro elementos nasceu com o filósofo grego Empédocles (século V a.C.), que escreveu: "Aceitando quatro elementos diferentes, ou as 'raízes de todas as coisas', podemos explicar a mudança natural como resultado da combinação, da separação e da reaglutinação de entidades indestrutíveis. Evidentemente, permanece algo ilusório sobre a aparência caleidoscópica da mudança... Na realidade, só ocorre a reunião, a separação e a recombinação de entidades permanentes."[3]

Embora a existência dos sete luminares errantes fosse conhecida de todos, o modo como eram ordenados variava de cultura para cultura. Uma ordem fixa acabou sendo formulada e esteve em vigor até ser suplantada pelo paradigma heliocêntrico, embora seja usada ainda hoje para fins de magia. Jim Tester, especialista em letras clássicas, informa que:

> A ordem chamada "caldaica", indubitavelmente grega e astronômica, derivou dos períodos de rotação dos planetas em torno da eclíptica e, assim, suas distâncias presumidas com relação à Terra eram: Lua, Mercúrio, Vênus, Sol, Marte, Júpiter, Saturno. É essa ordem, padronizada desde o século II a.C., que é usada na astrologia grega.[4]

Mais tarde vemos essa mesma ordem planetária imposta à Árvore da Vida cabalística. No entanto, foi num período ainda mais antigo que as idéias relacionadas com a esfera fixa foram padronizadas. Tester esclarece que "os doze signos de Áries a Peixes parecem ter começado a servir de padrão no final do século V a.C., não antes, e a primeira menção a doze signos análogos, em oposição às constelações (de extensões diferentes no céu) ocorreu em 419 a.C.".[5]

Por volta da data do nascimento de Jâmblico, um neoplatônico da Síria (240-325 d.C.), muitas correntes de pensamento mais antigas já haviam lançado raízes na mente pagã clássica. Da sabedoria do Egito aos neopitagóricos e aos neoplatônicos, os diversos conceitos da base matemática do universo, da imortalidade da alma, do tema mítico da queda e da reintegração da alma, da progressão das almas depois da morte, do processo de intermediação através dos mundos hierárquicos representados pelos planetas e pelos astros estavam todos bem estabelecidos.

Os escritos de Jâmblico nos oferecem uma visão coerente e completa da teoria e da prática da magia cerimonial. Na verdade, eles são alguns dos materiais mais antigos disponíveis que situam o lugar do ato de magia como busca espiritual no contexto filosófico. Jâmblico expandiu a filosofia neoplatônica com a inclusão de ensinamentos pitagóricos e de princípios religiosos egípcios e pagãos, além dos *Oráculos Caldeus*. Os *Oráculos* eram importantes em muitos círculos filosóficos. Eles são uma coleção de versos hexâmetros do final do século II d.C. que teve enorme influência. Desses versos restam hoje apenas fragmentos, coligidos a partir dos muitos autores que os citaram. Não obstante, sabemos que eram considerados como revelações imbuídas de autoridade a que era tributado grande respeito. Todos esses elementos ajudam a recompor o sistema de Jâmblico referente à magia.

Para Jâmblico, a teurgia é o modo pelo qual a alma pode participar do divino. Ela é o veículo que conduz a alma de volta à ordem celeste e à alma do mundo. Praticando os ritos corretos, o mago podia pôr em sintonia os poderes dentro dele com os poderes do cosmo, e assim ter acesso ao Demiurgo. O Demiurgo é definido desse modo: "Deus, *Demiurgos*, não é o criador da matéria, mas quando a recebe, como eterna, ele a modela em formas e a organiza de acordo com proporções numéricas."[6] Num certo sentido, ele é o arquiteto ou o projetista do universo.

A crença era de que o Demiurgo criava a alma com proporções harmônicas específicas e símbolos divinos. As proporções eram idênticas às vistas no céu, mas distorciam-se no processo da encarnação. Os ritos teúrgicos restituíam-lhes a sintonia apropriada. As proporções harmônicas eram ativas na alma, mas os símbolos permaneciam inativos até que o mago conseguisse despertá-los pela prática da teurgia. Determinadas ações ritualísticas ativavam certos poderes na alma que lhe possibilitavam reunificar-se com os poderes celestiais. Esses poderes ativados levavam a alma a uma sintonia mais profunda com a Vontade cósmica, transformando assim o teurgista num veículo dos deuses. À medida que essa sintonia ficava mais forte, a alma reconhecia o seu lugar no universo. Essa era a maneira de unir o microcosmo com o macrocosmo.[7]

Como a magia produzia esse despertar? Podemos tomar os ritos planetários como exemplo. Durante muito tempo acreditou-se que os sacerdotes egípcios usavam as vogais de modos específicos em seus hinos. Gregory Shaw, em seu livro sobre Jâmblico, no qual se baseia grande parte do conteúdo que precede, escreve que "Jâmblico acreditava que as sete vogais eram da mesma natureza dos sete deuses planetários".[8] Shaw também relata que "Jâmblico usava o termo *rhoizos* para descrever os sons emitidos pelas estrelas, cujos intervalos serviam de base para cânticos e melodias de caráter teúrgico".[9] E era pela entoação de nomes e vogais nos ritos que a alma podia participar da "energia" dos deuses e elevar-se à esfera deles. Ou, inversamente, criar as condições para que os deuses descessem até o mago.

Depois da interdição e da demolição das escolas e santuários pagãos, e com o aumento do poder da Igreja, a prática da magia dissipou-se na bruma da Idade das Trevas, junto com muitas outras coisas do Ocidente latino. Seu ressurgimento foi lento, quase sempre em indivíduos extraordinários e em pequenos grupos, mas ela sobreviveu sob várias formas, geralmente como folclore.

Um grande reflorescimento na história da tradição ocidental da magia ocorreu no início da Renascença italiana na cidade de Florença. Como na época de Jâmblico, várias tradições religiosas e filosóficas importantes começaram a convergir nesse período. Muitas redescobertas prepararam o terreno para o rejuvenescimento da tradição da magia. As obras de Marsilio Ficino e de seus discípulos, amigos e patronos exerceram um impacto tão forte sobre o pensamento mágico europeu que, de algumas formas, suas repercussões ainda se fazem sentir nos dias de hoje. A seguir, vamos examinar a obra de Ficino e acompanhar algumas influências que procederam de sua academia florentina, inspirando vários magos de épocas posteriores.

O RESSURGIMENTO DA MAGIA COM MARSILIO FICINO

Na Florença do século XV, governada pela grande dinastia Medici, Marsilio Ficino (1433-1499) tornou-se um dos mais influentes filósofos da Europa. Ele iniciou vários projetos de tradução com o patrocínio de Cosimo de Medici e concluiu as traduções dos *Hinos de Orfeu* e dos *Aforismos de Zoroastro* até 1462, o *Corpus Hermeticum* em 1463 e Platão até 1469. Entre 1484 e 1492, ele traduziu e comentou Plotino (as *Enéades*), Porfírio, Jâmblico e Proclo. Sua obra teve ampla repercussão e influência. Na introdução a uma coletânea de cartas publicadas de Ficino, o organizador diz que "A academia de Ficino despertou a Europa para o profundo significado da tradição platônica" e que "foi Ficino, mais do que qualquer outro, que extraiu de Platão, de Plotino e de obras herméticas o conceito de que parte da alma individual é imortal e divina — um conceito de suma importância para o Renascimento".[10] Cosimo pôs à disposição de Ficino a sua residência em Careggi, nas redondezas de Florença, onde ele fez as traduções, promoveu debates e ministrou aulas.

Marsilio Ficino não foi apenas filósofo e sacerdote, mas também mago. Consta que ele aprendeu magia com os seus próprios experimentos, como autodidata. Parte dos seus conhecimentos deve ter sido adquirida com certa facilidade, por ser acessível, mas outros foram obtidos com os trabalhos de tradução. D. P. Walker presume que

> Pietro d'Abano e outros autores medievais que escreveram sobre magia, como Roger Bacon, Alkindi, Avicena e "Picatrix", provavelmente são fontes importantes para os talismãs de Ficino e para invocações aos planetas. Mas muito mais importantes são certos textos neoplatônicos: *De Sacrificiis et Magia*, de Proclo; *De Misteriis* e *Vita Pythagorae*, de Jâmblico; *De Abstinentia*, *Hermetica*, e especialmente *Asclepius*, de Porfírio. Ficino traduziu ou parafraseou a maioria desses textos.[11]

Como é comum entre os magos, Ficino era também astrólogo. Uma das principais características de suas obras é o seu interesse pela saúde da alma, uma área em que ele podia valer-se dos seus conhecimentos astrológicos. No prefácio ao livro de Thomas Moore sobre a psicologia astrológica de Ficino, Noel Cobb descreve o entendimento de Ficino a respeito da alma:

> A Psique, como Alma do Mundo, ... permeia todas as coisas; tudo manifesta a interioridade e a profundidade da alma. Os planetas refletem suas metáforas interiores. Eles também são pessoas com temperamento, fisionomia, estilos de linguagem e de ação que estabelecem relacionamentos complexos entre si ... Os Deuses corporificam-se, astronomicamente, nos planetas, mas psicologicamente em mitos e na textura fenomenológica do mundo sensível. A psicologia de Ficino concebe a divindade em cada coisa, Deus em cada acontecimento.[12]

Para compreender melhor a magia de Ficino, é recomendável recorrer à terminologia mais moderna da psicologia profunda. Os ritos planetários promovem uma reciprocidade vivificadora e contínua com os arquétipos divinos na psique — os equivalentes planetários nas profundezas da mente. Referindo-se a Ficino, Joscelyn Godwin diz que ele "recitava os seus poemas órficos para pôr o seu espírito em movimento e assim abrir-se para as influências dos planetas benéficos, transportadas pelo ar sutil. Ficino acreditava que essas operações de magia musical só produziam resultado porque o próprio homem encontra-se num estado natural de ressonância com as forças superiores".[13]

As idéias de Ficino foram aprofundadas por outros magos, como Giordano Bruno, que adotava artifícios mnemônicos complexos para desenvolver a vontade e a imaginação nessas mesmas direções. "O sistema de memória de Bruno relacionado com a magia representa, assim, a memória de um Mago, alguém que tanto conhece a realidade além da multiplicidade das aparências por ter conformado a sua imaginação às imagens arquetípicas, como adquire poderes por meio dessa compreensão. Esse sistema descende diretamente da interpretação neoplatônica de Ficino das imagens celestiais, mas levada a um extremo muito mais audacioso."[14]

A influência de Ficino foi realmente grande e espalhou-se por toda a Europa. Grandes místicos e magos de gerações posteriores pertencem à sua linhagem.

INFLUÊNCIAS EXERCIDAS PELO CÍRCULO DE CAREGGI

Muitos intelectuais iam a Florença para atualizar-se. Um deles foi Giovanni Pico della Mirandola (1463-1494), considerado o primeiro cabalista não-judeu da Renascença. Pico foi aluno e amigo de Ficino. Foi ele quem iniciou o processo de fusão da filosofia hermética e neoplatônica com as escrituras, depois de estudar a Cabala, introduzida na Itália pelos judeus espanhóis que fugiam da Espanha. Pico é considerado o primeiro cabalista cristão.

Johann Reuchlin (1455-1522) recebeu influência de Pico e foi professor de direito (um jurista e especialista em legislação entre os mais famosos da sua época), humanista e estudioso de filologia clássica e de filosofia. Ele também era versado em latim, grego e hebraico. Reuchlin é considerado o primeiro não-judeu a escrever um livro sobre Cabala — *De Arte Cabalistica* (1517).

Outro autor influenciado por Pico foi Francesco Giorgi (1466-1540), que reuniu num sistema coerente o neoplatonismo, o neopitagorismo, os ensinamentos de Hermes Trismegisto, a Cabala, os anjos, os planetas, harmonia e número e o simbolismo arquitetônico de Vitrúvio. Suas obras foram mais tarde estudadas por John Dee, mago inglês da Renascença.

Todos esses homens exerceram grande influência. Um exemplo importante da extensão dessa influência é o relacionamento de Reuchlin com João Tritêmio. Tritêmio (1462-1516) foi um monge da Ordem Beneditina. Saindo de casa na juventude, ele viajou pelo mundo e acabou se associando a Reuchlin. Elevado posteriormente à posição de abade, ele foi um estudioso ávido e formou uma biblioteca com aproximadamente duas mil obras. Ele sabia grego e hebraico (ajudado por Reuchlin) e estudou Pitágoras, o hermetismo e a Cabala. Embora sua obra só fosse publicada depois de 1606, ela já era conhecida e lida em forma de manuscrito havia muito tempo. Ele foi o autor do principal manual renascentista de Cabala prática ou de conjuração dos anjos. Também Tritêmio teve grande influência sobre John Dee.

Em 1509, Tritêmio recebeu a visita de Cornélio Agripa (1486-1535), que já havia sido influenciado pelo *De Verbo Mirifico*, de Reuchlin.[15] Consta que Agripa ficou profundamente impressionado com Tritêmio, do que provavelmente se desenvolveu um relacionamento mestre-discípulo. A obra *Três Livros de Filosofia Oculta*, escrita por Agripa, é considerada, desde a sua publicação, a que lançou os fundamentos de toda a magia ocidental. Algumas sociedades de magia ainda publicam partes dessa obra como "texto secreto"!

Deve estar claro que as influências exercidas pela academia florentina de Marsilio Ficino tiveram um enorme impacto. Muito pouca coisa da estrutura subjacente da magia atual é diferente do que foi compilado nesse período. A terminologia foi mudada e atualizada, com a inclusão de termos da psicologia moderna, e certas técnicas foram aperfeiçoadas, mas, no geral, essa tradição de magia continua notavelmente sólida.

Houve muitos avanços posteriores que deram mais ímpeto à tradição da magia e a enriqueceram ainda mais. Muitos desses avanços deveram-se à formação de várias sociedades que atraíram estudantes de magia ou promoveram sobejamente essa arte, ao menos em algumas de suas formas. Um dos avanços mais interessantes é a sistematização e o aperfeiçoamento maiores da técnica da magia, paralelamente à inclusão de ritos de iniciação, os quais resultaram em vários sistemas substanciais de magia.

O SURGIMENTO DAS SOCIEDADES DE MAGIA

No início do século XVII, dois manifestos e uma breve alegoria rosacrucianistas foram publicados na Alemanha. Consta que esses documentos causaram alvoroço considerável e acabaram levando à fundação de várias fraternidades e sociedades rosacrucianistas. Temos aqui o início do movimento dos rosa-cruzes. Essas sociedades praticavam um tipo de cristianismo místico acrescido das artes esotéricas da Cabala, da magia, da astrologia e da alquimia. No restante desse século e no início do seguinte (e ainda hoje), grupos de rosa-cruzes formaram-se e dissolveram-se, publicaram e se corresponderam, até se consolidarem numa tradição com características próprias.

Nas primeiras décadas do século XVIII, descobrimos que várias lojas maçônicas especulativas já haviam se formado e atraíam um interesse cada vez maior. Em 1717, os franco-maçons ingleses formalizaram a sua sociedade organizando um sistema de Grande Loja em que lojas até então independentes foram reconhecidas e sancionadas sob a supervisão de uma Loja Matriz. Seja como conseqüência dessa estruturação ou por algum outro motivo, a franco-maçonaria tornou-se muito conhecida e se difundiu por muitas partes da Europa. A razão por que isso é importante para a tradição da magia pode não ser muito clara, mas qualquer que seja a interpretação que se faça do simbolismo maçônico, o fato é que ele atrai os praticantes de magia.

Em pouco tempo, novos graus maçônicos (rituais) estavam sendo introduzidos e desenvolvidos. Muitos desses novos graus começaram a propagar no ambiente maçônico ensinamentos cabalísticos, ritos cavalheirescos, alusões alquímicas, numerologia pitagórica e simbologia egípcia e rosacrucianista. Parece que essas inclusões, em grande parte, nunca passaram de ensinamentos teóricos, mas não há dúvida de que muitos membros da fraternidade maçônica eram também membros de sociedades mais práticas que realizavam rituais de magia e praticavam alquimia. Foi nesse ponto que a combinação de rituais de magia e de ritos de iniciação mais se desenvolveu e evidenciou.

Constatamos que essa mesma tendência continuou no século XIX. É, porém, na segunda metade desse século que vemos a tradição da magia receber novo ímpeto, com inúmeras personalidades fortes e sociedades influentes. No centro encontramos nomes como o francês Alphonse Louis Constant (1810-1875), mais conhecido como Eliphas Lévi, e Helena P. Blavatsky (1831-1891), nascida de pais alemães na Ucrânia. Madame Blavatsky foi uma das fundadoras da Sociedade Teosófica, da qual participaram muitos organizadores de outros grupos de magia e misticismo. As obras de Lévi influenciaram inúmeros ocultistas que depois fundaram a "Ordem Hermética da Aurora Dourada" ou a ela se juntaram.

O grande feito da Aurora Dourada foi a realização de uma síntese completa e da sistematização do conteúdo da magia para o desenvolvimento espiritual. Essa sociedade em particular e os grupos e membros que continuaram sua tradição tiveram mais impacto sobre os sistemas de magia de hoje do que qualquer outra sociedade. Podemos incluir entre eles escritores como William Westcott, S. L. MacGregor Mathers, W. B. Yeats, A. E. Waite, Aleister Crowley, Dion Fortune, Paul F. Case e Israel Regardie. No século XX, esses escritores basicamente definiram a prática e a doutrina da magia para o mundo ocidental.

Atualmente, existem vários grupos que continuam o trabalho da Ordem Hermética da Aurora Dourada e de outras sociedades que se formaram no final do século XIX, algumas praticamente desconhecidas por terem anteriormente desenvolvido um trabalho mais reservado. Nesse início do século XXI, podemos muito bem perguntar-nos qual poderá ser o próximo estágio do desenvolvimento da magia. No mundo em que vivemos hoje, um mundo em que as comunicações e os sistemas de transporte põem o planeta todo praticamente ao alcance da mão, em que Oriente e Ocidente aproximam-se como nunca antes, em que novas descobertas aprofundam a nossa compreensão das culturas antigas e em que novos conhecimentos da ciência e da natureza surgem a cada dia, é simplesmente impossível imaginar qual possa ser a resposta.

8

O TARÔ INEXPLORADO

Quais são as verdadeiras origens desse oráculo misterioso?

Chas S. Clifton

As constantes publicações de novos baralhos e livros sobre o Tarô tornam este sistema divinatório um dos "textos" mais influentes do esoterismo ocidental, fato que não o impede, porém, de continuar figurando entre os menos examinados. Muitos autores que escrevem sobre Tarô são eles próprios esoteristas e não têm interesse pelos seus aspectos históricos; alguns chegam inclusive a opor-se a análises históricas. Envolvidos com os aspectos eternos do Tarô, usando-o para desenvolver sistemas de divinação, para aperfeiçoamento pessoal, meditação e interpretações cabalísticas, eles deixam de fazer as perguntas certas sobre as raízes do Tarô, preferindo situá-las num passado indefinido e nebuloso, onde iniciados paramentados percorrem em procissão corredores iluminados por tochas. Entretanto, as prováveis raízes históricas do Tarô já são suficientemente misteriosas para que ainda se queira acrescentar-lhes algum fertilizante. A sua história relaciona a Peste Negra do século XIV com os desfiles da Terça-feira Gorda de Nova Orleans e associa o jogo de pólo ao simbolismo fálico.

Infelizmente, esse texto espiritual perene com as suas muitas manifestações não tem recebido a atenção que devia por parte dos historiadores tanto da arte como da religião, e é exatamente esse tipo de enfoque interdisciplinar que se faz necessário para entender os seus vários níveis. O que desejo fazer aqui é simplesmente descrever as cartas em suas linhas gerais, mostrar as várias "histórias" que lhes foram atribuídas e sugerir as abordagens que mais provavelmente poderão corresponder à verdade. (Desse modo, estou evitando totalmente a questão da adivinhação e o uso das cartas de Tarô como guias para qualquer espécie de exercício de magia. Toda ligação entre a mente e o cosmos que possibilita a adivinhação pode ocorrer independentemente da história e da antiguidade do sistema divinatório. Eu apenas faço objeção quando alguém afirma que existe uma história espúria do Tarô por trás da sua utilização como sistema divinatório.)

Quando consideramos o Tarô pelo que ele é aparentemente, examinamos um mapa mental do período em que a Idade Média italiana e francesa estava no auge da Renascença — uma época, sugiro, que de fato nos é mais desconhecida e intelectualmente mais incompreensível do que tendemos a imaginar.

A combinação de familiaridade e "estranheza" do Tarô é estimulante. Ele junta as cinqüenta e duas cartas de jogo que a maioria das pessoas conhece com quatro "cartas da corte", os cavaleiros, para formar um total de cinqüenta e seis cartas, e então acrescenta vinte e duas cartas com figuras diferentes, também chamadas de "trunfos", "triunfos" ou "chaves". Esse segundo grupo constitui o que os ocultistas geralmente denominam Arcanos Maiores (ou "Grandes Segredos"); por extensão, as outras cartas são os Arcanos Menores. Uma questão que perturba os historiadores é se os dois arcanos se desenvolveram junto ou separadamente; até o momento, opiniões abalizadas sugerem que os quatro naipes dos Arcanos Menores tiveram origem no mundo islâmico, talvez nos reinos muçulmanos da Índia setentrional ou do Egito, ao passo que os Arcanos Maiores tomaram forma na Europa.

Uma grande barreira para compreender o Tarô historicamente é que os baralhos mais comuns atualmente foram "melhorados" por vários ocultistas dos séculos XIX e XX, como Eliphas Lévi (Alphonse Louis Constant), Papus (Gérard Encausse), A. E. Waite, Aleister Crowley, Paul Foster Case, e C. C. Zain (Elbert Benjamine).

Estes, por sua vez, seguiram a orientação de Antoine Court de Gébelin, um clérigo protestante francês, que parece ter sido o primeiro ocultista a ver as cartas como algo mais do que um instrumento de jogo e de adivinhação.

Por volta de 1781, ele as anunciou como repositório da antiga sabedoria egípcia: para os intelectuais da época, o Egito era cheio de fascínio e mistério, e a descoberta da Pedra Roseta, que levou à compreensão da escrita hieroglífica, só ocorreria muitos anos mais tarde.

Os sucessores de Court de Gébelin, como Lévi, ansiosos por compatibilizar o Tarô com a astrologia, com o alfabeto hebraico ou com as suas próprias revelações pessoais, redesenharam e rearranjaram as cartas, ressaltando alguns aspectos e reduzindo outros. Entre os baralhos que refletem essas influências estão o de Rider-Waite, os Tarôs dos Construtores do Ádito e da Golden Dawn, o Tarô Aquariano (desenhado por David Palladini), e o "Livro de Tot" de Crowley. (Praticamente o único Tarô tradicional disponível que não foi "melhorado" é o "Tarô de Marselha" francês, desenhado por volta de 1748, mas baseado em desenhos do século XVI.)

Se o primeiro contato do estudioso ocorre com um desses baralhos, ele pode facilmente perder de vista os elementos familiares e ater-se aos estranhos. Certamente as cartas pareceriam expressar uma perspectiva mágico-religiosa bem diferente do cristianismo exotérico ocidental. Não surpreende que, para alguns autores, as cartas incorporem ensinamentos de antigas escolas de mistério ou então de hereges medievais mais recentes, e neste caso os cátaros, com suas tendências gnósticas, são sempre um possível ponto de partida favorito.

Com exceção das cartas trunfo numeradas do Papa, do Julgamento e do Diabo, o Tarô não contém imagens cristãs. Não há Pai, Filho, Espírito Santo e nem santos e sacramentos. Em vez disso, as cartas mostram uma mistura de dirigentes seculares (e em alguns baralhos camponeses e artesãos), abstrações como Justiça e Temperança, e símbolos cósmicos como o Sol e a Lua.

Ignorando os mistérios que deveriam pesquisar, alguns ocultistas desenvolveram fantasias elaboradas sobre as cartas. Por exemplo, a astróloga Doris Chase Doane atribuiu o Tarô aos profetas Daniel e Ezequiel e acrescenta (em itálico enfático no original), "*quem escreveu o Apocalipse baseou-se totalmente no Tarô*". Do seu predecessor C. C. Zain, fundador da Igreja da Luz, com sede em Los Angeles, ela obteve a "tradição hermética" de que a parte subterrânea da Grande Pirâmide é um templo de iniciação em cujas paredes estão penduradas tabuletas que representam as mesmas figuras das setenta e oito cartas do Tarô, mais outras trinta que são ainda mais esotéricas.

Zain queria situar as origens do Tarô 35.000 anos atrás nas terras místicas da Atlântida e de Mu. Ele acreditava que as cartas sintetizavam as imagens do inconsciente universal e por isso produziam bons resultados como meio de adivinhação. A sua Igreja da Luz lançou cartas "egípcias" próprias, continuando a tradição de "melhoramento" das cartas.

Segundo outra lenda muito conhecida, por volta de 1200 um grupo de filósofos ocultistas árabes se reuniu na cidade marroquina de Fez e decidiu condensar toda a sua sabedoria num conjunto de figuras. As massas ignorantes usariam essas figuras para jogos de cartas e assim assegurariam sua sobrevivência até que estudantes dotados do futuro pudessem absorver os seus verdadeiros significados.

Na história do Tarô, toda conexão é lícita. Por exemplo, como há cinqüenta e seis covas preenchidas em Stonehenge, conhecidas como Aubrey Holes, e cinqüenta e seis cartas nos Arcanos Menores, para um ocultista como Stephen Franklin os dois não apenas podem mas *devem* ser relacionados. (Franklin, que associa as cartas com figuras astrológicas baseado em fontes pitagóricas, hindus e chinesas, ficaria arrepiado em ser chamado de ocultista, mas no sentido estrito do termo ele o é.)

Todas essas explicações têm um ponto em comum: elas atraem por acréscimo. Em outras palavras, quanto mais coisas elas conseguem agregar ao Tarô — numerologia pitagórica, alfabeto hebraico, física das partículas, hexagramas do I-Ching, pirâmides maias, egípcias, atlantes, o Tao Te Ching, Stonehenge, os ciganos, os jogos de gamão e de xadrez, os asterismos lunares da astrologia hindu — "mais verdadeiras" e "corretas" elas são.

Eu suspeito que essa profusão de "histórias" tenha surgido como reação ao suposto aparecimento do Tarô "do nada" na Europa do século XIV tardio. É mais fácil remontar às origens dos ciganos do que às do Tarô.

No Volume I da sua *Encyclopedia of Tarot,* Stuart Kaplan, presidente do U.S. Games Systems, faz várias referências a jogos e passatempos de fontes romanas clássicas, cristãs primitivas e cristãs medievais para demonstrar que nenhuma delas menciona jogos de cartas — e quando se tratava de denunciar jogos de azar populares, os polemistas cristãos raramente deixavam de tirar vantagem, por assim dizer. Não apenas isso, as *Arabian Ni-*

ghts do século XIV e vários manuscritos sânscritos antigos sobre esportes e jogos não mencionam cartas de jogar, escreve Kaplan. O prolífico poeta e biógrafo do século XIV Francesco Petrarca, que viveu de 1304 a 1374 no norte da Itália e no sul da França, escreveu um tratado sobre jogos de azar sem mencionar as cartas. Mas pode ser significativo que a sua última obra importante tenha sido um longo poema alegórico intitulado *I Trionfi,* quer dizer, "Os Triunfos" (trunfos).

Os triunfos celebrados por Petrarca são o Amor, a Castidade, a Morte, a Fama, o Tempo e a Eternidade, cada um visto como tendo sua influência sucessiva sobre a vida do homem ideal. Eles não são exatamente iguais aos trunfos do Tarô, mas com um pequeno esforço podem ser comparados com eles, especialmente porque a carta chamada Os Enamorados em baralhos modernos também foi desenhada como "Amor". (Os outros triunfos podem ser Temperança, Morte, A Roda da Fortuna, e O Mundo, dependendo de como a pessoa os lê.) Mais importante, essa obra do meado de 1300 mostra como um dos principais artistas literários italianos da época esteve ligado à noção de alegoria, e como os próprios trunfos maiores são todos alegóricos. A cultura da época estava impregnada de alegoria, diferentemente da descrição direta. (Vemos essa oposição mais tarde nas diferenças entre a pintura italiana "alegórica" e as obras mais detalhadas dos mestres holandeses.)

O próprio Petrarca sobreviveu a um dos eventos divisores de águas da história européia, um evento que, acredito, deixou a sua marca no Tarô: a Peste Negra. Entre os anos de 1347 e 1351, a maioria das regiões sofreu uma ou mais erupções da peste bubônica, uma doença bacteriana de ação rápida propagada por mordidas de pulgas, por perdigotos de pessoas infectadas e, em alguns casos, pelo contato direto entre membranas mucosas e partes do corpo contaminadas, como os dedos. Ela foi assim designada devido à aparência escuro-arroxeada de muitas vítimas após a morte por falência respiratória.

Incapazes de entender de onde a praga surgia ou de como se alastrava, os europeus geralmente reagiam de uma maneira entre duas. Eles se convenciam de que se tratava de um castigo de Deus pelos pecados que haviam cometido, ou então, já que a vida era cada vez mais incerta, resolviam que deviam desfrutá-la enquanto pudessem. A primeira reação produziu um novo tipo de teatro religioso, enquanto a segunda estimulou o jogo de azar e outros prazeres.

Na sua história do século XIV, *A Distant Mirror*, Bárbara Tuchman observa que sob a influência de ondas recorrentes de peste bubônica, desenvolveu-se um "sermão de rua" sobre o tema da Morte Niveladora. Grupos de fiéis representavam a *dança macabra* (também usada como tema para xilogravuras e pinturas) mostrando a Morte levando representantes de todas as classes da sociedade: camponeses robustos, mães jovens, cavaleiros orgulhosos, monges humildes, bispos opulentos, e assim por diante. As apresentações também podiam incluir sermões chamando ao arrependimento. Os anos de peste de seiscentos anos atrás nos deixaram a imagem da Morte como um esqueleto sorridente, empunhando a sua foice para "ceifar" um campo de corpos, a imagem representada na décima terceira carta trunfo da maioria dos baralhos de tarô tradicionais. (Supostamente, ela é também a ancestral das criações semicômicas de esqueletos que os mexicanos compram para o dia 1º de novembro, *El dia de los muertos*.)

Essa carta também foi considerada como um ancestral da figura da Morte retesando um arco; essa figura é esculpida em madeira e transportada numa carroça pelos *Penitentes*, uma fraternidade religiosa hispânica do norte do Novo México e do sul do Colorado. Marta Weigle, autora de uma obra completa sobre os Penitentes, sustenta que o trunfo A Morte não somente inspirou a figura entalhada, mas foi ele próprio tirado do *I Trionfi* de Petrarca, porque no poema e na carroça a Morte é uma figura feminina (os Novos Mexicanos às vezes se referiam a ela como "Doña Sebastiana"). Creio que essa é uma relação improvável, dado o isolamento cultural da região nos primórdios do século XIX, quando as fraternidades de Penitentes tiveram o seu maior desenvolvimento; é mais provável que Petrarca, os desenhistas do Tarô e os fundadores das fraternidades católicas hispânicas leigas se baseassem numa tradição cultural comum.

De todas as cartas, talvez seja a imagem do trunfo A Morte a que fixa mais firmemente o Tarô num passado histórico preciso. Kaplan escreve que é nas décadas posteriores à peste que começam a aparecer referências a cartas em documentos europeus. Ele se refere a vários sermões escritos e a leis urbanas que proíbem jogos de cartas por razões morais no final dos anos 1300. Uma denúncia famosa de jogo de cartas que supostamente possibilitou um "retrato do mundo" é atribuída a Johannes von Rheinfelden, um monge alemão que escreve em torno de 1377. Infelizmente, as evidências para essa data são duvidosas; o sermão do monge pode ter sido escrito mais tarde, segundo Kaplan. Mas as cartas são mencionadas negativamente num documento legal bernês de 1367, num decreto florentino de 1376 e num decreto parisiense de 1397.

Nem sempre é possível dizer se as denúncias se referem ao baralho de cinqüenta e duas cartas, ao de cinqüenta e seis cartas ou aos trunfos. Um ponto, porém, é bastante certo: esses documentos são anteriores à chegada dos ciganos na Europa ocidental e não mencionam as cartas em associação com os ciganos. Os ciganos, uma casta de músicos e trabalhadores em metal, migraram para o oeste, vindos da Índia, por razões desconhecidas. Eles estavam na Pérsia no século XI e chegaram ao sudeste da Europa no início do século XIV, de acordo com a *New Encyclopaedia Britannica.* Alcançaram a Europa ocidental no século XV (Paris em 1427, por exemplo), com os seus líderes portando cartas papais forjadas que os faziam passar por cristãos egípcios exilados pelos muçulmanos (daí o nome de "egípcios") e solicitando aos governantes locais que os ajudassem. Com toda probabilidade, alguns ciganos medievais praticavam quiromancia ou outras formas de adivinhação, mas as evidências sugerem que eles encontraram as cartas na Europa e as adotaram, e não que as trouxeram do seu país natal, como Raymond Buckland propôs num artigo de 1990. A época está suficientemente próxima para ser sugestiva, mas as datas estão erradas.

Vários historiadores do Tarô postularam uma ligação muçulmana egípcia que não tem nada a ver com os ciganos, porém. Durante o período em questão, o Egito era governado por dinastias mamelucas (do árabe *mamluk*, ou "escravo branco" [não africano], descendentes de escravos convertidos ao islamismo que progrediram até ocupar postos militares e de governo). Depois da revolta vitoriosa contra a dinastia Arab Ayyubid, os mamelucos controlaram o Egito de 1250 a 1517, quando foram derrotados pelos turcos; mesmo assim eles continuaram como dirigentes locais e soldados até ser subjugados por Napoleão em 1798 e mais tarde massacrados ou exilados pelos turcos otomanos que retomaram o poder.

Sabemos que os Mamelucos (ou Mamluks) tinham cartas de jogar, e vários elementos pictóricos dos Arcanos Menores sugerem influência islâmica. Uma delas é a tendência dos primeiros baralhos a mostrar o naipe de espadas como as cimitarras curvas preferidas pelos guerreiros muçulmanos. Além disso, os baralhos primitivos muitas vezes mostram o naipe de bastões ou paus como varas curvas. Em baralhos posteriores (como o de Rider-Waite) essas varas se tornaram bastões retos, freqüentemente com folhas brotando deles e com algumas interpretações atribuindo-lhes uma conotação fálica. O historiador de cartas Detlef Hoffman sugeriu que esses bastões eram originariamente varas de pólo do tipo usado quando o jogo foi inicialmente desenvolvido pelos cavaleiros persas mil anos atrás ou mais. (Diferentemente dos tacos adotados atualmente, os primeiros bastões de pólo provavelmente eram curvos, mais parecidos com os bastões de hóquei.) Os europeus medievais não os reconheciam nas cartas de jogar como bastões de pólo; o pólo só se tornou popular fora da sua terra natal depois que oficiais ingleses aprenderam a jogá-lo no nordeste da Índia nos anos de 1800. Como não tinham motivo para mostrar varas curvas, os artistas europeus as endireitaram e as desenham assim desde então.

Uma terceira pista menos importante vem do baralho Visconti-Sforza, um baralho de estilo gótico pintado no meado de 1400 para uma família de aristocratas de Milão e que assume a forma de cinqüenta e seis pequenas cartas e vinte e dois trunfos, mais *Il matto,* o Louco. Michael Dummett, autor de um livro sobre o Tarô Visconti-Sforza, observa que os *dinari* ou moedas ("pentáculos" no baralho Waite) são pintados como moedas douradas, enquanto os *dinari* da época eram moedas de cobre. Entretanto, dinares de ouro circulavam no mundo islâmico; a palavra "dinar" é árabe, apesar da raiz latina.

Esses historiadores concordam com o fato de que os trunfos são europeus. Para Dummett, eles têm origem na "romântica e prazerosa corte d'Este, de Ferrara", uma cidade próxima de Bolonha, no norte da Itália. A família ducal d'Este criou uma corte renascentista renomada por seu amor à literatura e à cultura; um dos duques fundou a Universidade de Ferrara em 1391.

Tratar de cada trunfo de uma perspectiva histórica exigiria um livro inteiro, por isso analisarei aqui apenas alguns. Apesar dos esforços de ocultistas como Crowley para relacionar a ordem dos trunfos com o alfabeto hebraico, é importante compreender que o número de trunfos em diversos baralhos antigos variou consideravelmente, alguns chegando a perto de 100. Além de qualquer função educacional que os trunfos possam ter tido, as pessoas os usavam para um jogo denominado *tarocchi* (plural) ou *tarocco* (singular), um passatempo da mesma categoria geral do *bridge*. Dummett diz que o nome foi registrado pela primeira vez em 1516 e que o *tarot* francês foi inicialmente escrito como *tarau*. Antes disso, um termo italiano comum era *carta da trionfi*. Essa variedade é suficiente, acredito, para refutar a preferência dos ocultistas do século XIX de considerar o "Tarot" como um anagrama de Torá ou do latim *rota* (roda).

Os trunfos italianos originais tinham uma qualidade menos esotérica do que os dos baralhos de Waite e de Crowley. O que eles sugerem é o universo mental confuso de uma pessoa esclarecida da classe alta do período: parte cristão, parte europeu secular, e em parte movido por estímulos de interesse pela Roma e Grécia clássicas que deram à Renascença ("renascimento") o seu nome.

Conseqüentemente, os trunfos contêm idéias religiosas (Morte Niveladora, Julgamento Final) temperadas pelo interesse medieval pela vida após a morte, por dirigentes seculares como o Imperador e a Imperatriz, pela astrologia na personificação do Sol e da Lua e pelas virtudes pagãs clássicas: Força, Temperança, Justiça. A Morte, Trunfo 13, pode estar relacionada com a religiosidade medieval tardia, mas a Roda da Fortuna, Trunfo 10, acolhe a sabedoria prática de que "tudo o que sobe deve descer". O Papa está presente, mas também a Papisa, mais tarde disfarçada na Grã-sacerdotisa.

O baralho tradicional francês de "Marselha" impresso recentemente representa-a de duas maneiras: a carta, retratando uma freira paramentada e usando a coroa papal tríplice, é denominada "A Papisa/A Grã-sacerdotisa".

Ela também contém um possível aspecto histórico: Dummett e Kaplan levantam a hipótese de que a Papisa é a Irmã Manfreda, uma parenta da família Visconti que foi eleita papa pelos hereges guglielmitas (nome derivado de Guglielma da Boêmia) e queimada na fogueira por volta de 1300. (Esses hereges seguiam o ensinamento de Joaquim de Flora de que uma nova "era do Espírito Santo" estava próxima e acreditavam que Manfreda era a encarnação do Espírito Santo.) A presença da Papisa no baralho enfureceu de modo particular os dominicanos caçadores de hereges que denunciaram as cartas nos anos de 1400.

Outros trunfos que mudaram com o passar do tempo incluem O Eremita, originalmente chamado de *Il Vecchio*, "O Velho," uma figura do Pai Tempo segurando uma ampulheta, enquanto O Enforcado, freqüentemente interpretado como uma pessoa recebendo a iniciação no ocultismo (muitas vezes sincretizado com Odin suspenso no freixo cósmico para obter sabedoria), era originalmente chamado de O Traidor. Pendurar traidores executados de cabeça para baixo é um costume italiano antigo; o cadáver do ditador Benito Mussolini, por exemplo, foi pendurado de cabeça para baixo num poste de iluminação em Milão depois da derrocada do seu governo fascista.

Outra carta significativa na história do Tarô é O Carro, que tem relação com a idéia dos Triunfos. Originalmente uma celebração pública e desfile em homenagem a um general vitorioso, um "triunfo" no período medieval passou a fazer parte do festival pré-quaresmal (Carnaval), com a figura de um bobo, rei ou general puxado pelas ruas numa carroça ou carro, explica Bill Butler no *Dictionary of the Tarot*. Isso prefigura os desfiles atuais da Terça-feira Gorda, qualquer parada em cidades pequenas ou um evento como a "Festa da Floração da Cerejeira". Pelo fim dos anos 1400, o artista alemão Hans Burgkmair desenhou uma série de figuras triunfais que seriam usadas num desfile público em homenagem ao Santo Imperador Romano Maximiliano I. Embora a celebração não tenha se realizado conforme planejado, Butler observa correspondências entre aqueles desenhos e os trunfos do Tarô, dizendo que eles tiveram origem "nas mesmas lendas e costumes dos tempos medievais, como o Tarô".

O Louco, que os ocultistas seguidamente comparam com o "buscador", foi às vezes representado mais como um homem insano ou como um selvagem das florestas, uma figura significativa na imaginação do período medieval tardio e da Renascença.

Para ter uma idéia da perspectiva mental da pessoa (ou pessoas) que criou os Arcanos Maiores, podemos consultar obras como a de Henry Cornelius Agrippa, *The Philosophy of Natural Magic* (também intitulada *Of Occult Philosophy*), escrita em torno de 1530. Nesse contexto, convém repetir o comentário de Tim O'Neill: "[Os magos da Renascença] não apenas falavam literalmente uma língua diferente, mas também tinham uma visão de mundo muito distinta da que predomina hoje." Aquela cosmovisão era essencialmente platônica ou neoplatônica; Agrippa se proclamava orgulhosamente um seguidor de Platão. Ele começava com uma afirmação neoplatônica sobre o modo como o cosmos é construído, um "mundo tríplice" consistindo nas esferas Elementar (os quatro elementos: fogo, terra, ar e água), Celestial (o cosmos interpretado através da astrologia), e Intelectual (relacionada às forças divinas). Grande parte da obra de Agrippa consistia em classificar (mais do que em observar) o mundo natural: por exemplo, entre os pássaros, atribuindo o cisne e o pombo a Vênus, e corvos, abutres e aves de rapina geralmente a Marte. O jovem advogado, pois essa era a sua profissão, parece ter escrito uma enciclopédia do ocultismo contendo em abundância anéis mágicos, os quatro humores (temperamentos), espécies de adivinhação, "fascinação" e outros poderes psíquicos e, evidentemente, o alfabeto hebraico. Apesar de boa parte da obra de Agrippa tratar do mundo natural, ela não é história natural. Os seus pássaros, feras e pedras semipreciosas não são eles mesmos, mas símbolos, ou sinalizadores, inseridos em sistemas simbólicos, à semelhança do modo como a astrologia usa estrelas e planetas não como elementos do mundo natural, mas como ponteiros de um complicado relógio cósmico.

Como homem da Renascença, Agrippa descreveu sua obra como "uma doutrina da antiguidade, que ninguém, ouso dizer, tentou até agora recuperar". Acredito que os Arcanos Maiores, ou os trunfos maiores, fazem parte da mesma perspectiva de maneira menos autoconsciente típica de um século mais remoto. Na metade ou no fim dos anos 1300 alguém, em Ferrara ou em algum outro lugar, estava realmente tentando colocar "o mundo" num baralho de cartas — um mundo de linguagem, de símbolos, de fragmentos de cristianismo, de neoplatonismo e de concepções populares. Muito provavelmente essa pessoa (ou pessoas) era um leigo ou um clérigo afeito às coisas seculares que via o mundo de modo filosófico e literário, consciente da alegoria, não ímpio mas também não ortodoxo à maneira medieval.

De algum modo — e esse é um outro mistério verdadeiro — os trunfos maiores se misturaram com os Arcanos Menores, que na Europa foram codificados numa divisão quádrupla (ainda que alguns baralhos não europeus tivessem cinco naipes, por exemplo). Essa divisão quádrupla refletia a remotíssima divisão indo-européia da sociedade em sacerdotes, aristocratas guerreiros e criadores de gado/agricultores, aos quais é acrescentada a classe mais recente dos comerciantes. Em termos das cartas do Tarô moderno, essas classes são as espadas (aristocratas), as copas (sacerdotes), os paus (agricultores) e os ouros (comerciantes).

Sem dúvida, os Arcanos Maiores constituem a essência do Tarô, e eu acredito que uma análise profunda desses Arcanos no contexto do hermetismo do período medieval tardio ou da Renascença seria verdadeiramente esclarecedora. Não há necessidade de procurar câmaras imaginárias debaixo da esfinge de Gaza: há mistério suficiente mais perto de nós.

9

ESCADA PARA O LABIRINTO

AS DIMENSÕES ESPIRITUAIS E PSICOLÓGICAS DA ASTROLOGIA

Os planetas representam forças que temos dentro de nós?
Eles são administradores benéficos da ordem cósmica ou carcereiros da psique?
Essas questões intrigam os astrólogos desde a antiguidade.

Priscilla Costello

De todos os estudos esotéricos, a astrologia é o menos compreendido e valorizado atualmente. Preterido pela ciência e banalizado pela mídia, a sua beleza, sabedoria profunda e valor para o esoterista moderno se revelam para alguns poucos apenas. Entretanto, não é possível envolver-se profundamente com a alquimia, com a magia cerimonial ou com os estudos cabalísticos sem o concurso da astrologia.

A astrologia, que calcula as posições e os movimentos dos corpos celestes e os correlaciona com acontecimentos na Terra, é provavelmente o estudo mais antigo da humanidade. Mas as suas aplicações evoluíram através dos tempos. Em termos simples, antigamente a astrologia se revestia de uma dimensão espiritual; no século XX, ela assume um caráter principalmente psicológico. Os antigos viam uma escada ligando o céu e a Terra, os principais degraus sendo as sete esferas planetárias; atualmente, a imagem mais apropriada é a do labirinto: a jornada é empreendida no *interior* de si mesmo, em busca do eu, ao encontro de seres ou situações arquetípicos que correspondem às energias planetárias.

A COSMOVISÃO DOS ANTIGOS

"Escada" é uma metáfora adequada, porque a dimensão espiritual da astrologia antiga refletia a cosmovisão da época. Os céus e a Terra eram a obra em expansão progressiva de uma inteligência criadora cuja energia ainda infundia o mundo manifesto. Era natural então ver nos eventos celestes e terrestres sinais da intenção divina. Assim como o universo se desdobrava desde as dimensões invisíveis até as visíveis numa grande cadeia interligada, do mesmo modo os portentos do dia de hoje prenunciavam os acontecimentos do amanhã. Assim, a astrologia baseada em presságios é a forma mais antiga e universal de arte.

Durante milhares de anos, todas as civilizações conhecidas (na Mesopotâmia, Índia, China, Egito, América Central e do Sul, Grécia e Roma, entre outras) registraram ciclos solares, lunares e planetários. No início, os registros podiam ter objetivos agrícolas, pois a sobrevivência do homem dependia da fertilidade da terra. Mas a astrologia também pode ser anterior à revolução agrícola do Neolítico: Alexander Marshack especula que padrões de rabiscos e seqüências de sinais gravados em osso e pedra datados de trinta mil anos atrás representam fases da Lua e que, bem antes do que até então se pensava, os seres humanos faziam anotações e mantinham registros do tempo.[1]

Havia, sem dúvida, como há hoje, diferença na resposta a essas observações. Os simples ou menos esclarecidos podiam temer um eclipse ou o aparecimento de um cometa, mas os filósofos compreendiam que estavam contemplando o corpo de Deus.

Então o objetivo mudou e se expandiu. Na Mesopotâmia, já no período 1800-1750 a.C. (possivelmente antes até) eram feitas observações para determinar o destino de toda a tribo ou do país inteiro pelos movimentos dos planetas, considerados seja como moradas de deuses e deusas seja como sendo eles mesmos divindades. A compilação mais antiga desses presságios é *Enuma Anu Enlil*, datada da metade do segundo milênio a.C. Observadores perceberam correlações entre padrões planetários repetidos (como o ciclo absolutamente regular de oito anos de Vênus) e acontecimentos políticos, econômicos ou sociais. Esse tipo de correlação ainda é feito na astrologia mundana moderna (do latim *mundus,* "mundo"), que recorre a fenômenos celestes como eclipses, solstícios e equinócios para realizar prognósticos.

O enfoque sofreu novo deslocamento, provavelmente em algum momento da metade do primeiro milênio a.C., para a astrologia de horóscopo. O instrumento mais importante aqui é um mapa calculado para um momento específico no tempo e no espaço. Esse mapa é construído com o objetivo de definir momentos favoráveis para agir, para responder perguntas sobre o futuro ou para dar informações sobre a vida e o destino do indivíduo. Essa modalidade surge muito tempo depois da primeira, e a data, local e história precisos do seu desenvolvimento são controversos. A tradição a atribui aos caldeus ou aos babilônios mais recentes (cerca de 600 a.C.), e subseqüentemente "caldeu" passou a ser um termo bastante vago para denotar alguém que atuava como astrólogo.[2]

Embora o mapa do nascimento mais antigo preservado, escrito em caracteres cuneiformes sobre tabuletas de argila, date de 29 de abril de 410 a.C.,[3] a astrologia de horóscopo só alcançou seu desenvolvimento pleno em torno do início da Era Comum. Tudo indica que a sua síntese foi feita no Egito Helenístico, talvez em Alexandria. Como o cadinho alquímico em que diferentes elementos eram "cozidos", o Egito era o lugar onde se misturavam a estrela babilônica e a ciência do calendário, a filosofia grega e elementos nativos antigos e novos (como as estrelas fixas, o uso de signos zodiacais como casas, aspectos ou relações angulares entre planetas, regentes e a "sorte").

E o que as pessoas desse período faziam com essa astrologia que acabara de nascer? Primeiro elas avaliavam a viabilidade e a expectativa de vida de uma criança (um aspecto muito mais preocupante do que hoje) e os indícios relacionados com a sua vida futura. Uma diferença perceptível em comparação com práticas mais antigas estava em que os mapas do passado eram feitos para os reis. Agora, qualquer pessoa podia consultar um astrólogo e ter seu mapa interpretado. Essa situação é coerente com a nova ênfase direcionada ao indivíduo que havia começado no período grego clássico.

Esse tipo de avaliação da vida do indivíduo não é de todo diferente em seu propósito (embora seja substancialmente diferente na prática) da astrologia moderna. Mas, para os astrólogos antigos, a sua arte estava inserida num grande esquema filosófico da criação, da estrutura e do funcionamento de todo o universo. Encontramos essa visão descrita em mistérios antigos, em escritos gnósticos, no material hermético antigo e no neoplatonismo. Ela volta à tona no Renascimento, nas obras de Cornelius Agrippa e nos diagramas detalhados de Robert Fludd. Ela ainda persiste em idéias esotéricas sobre planos superiores e seres espirituais.

A ESCADA DO CÉU E DA TERRA

O que constitui a estrutura da escada? De acordo com esse esquema, do vasto e insondável Uno (a Divindade) emerge um Deus com um nome: Beleza, Verdade, Amor, Pleroma, *Ain Sof*, ou aquele que se queira dar-lhe. E desse Deus emanam em seqüência as esferas das estrelas fixas e os sete planetas: Saturno, Júpiter, Marte, Sol, Vênus, Mercúrio e a Lua (dispostos na "ordem caldéia," isto é, na ordem da sua velocidade conforme vistos da Terra). Abaixo da Lua está o mundo sublunar, um reino criado pela mistura dos quatro elementos (fogo, ar, água e terra), cujas combinações instáveis são responsáveis pela mutabilidade do mundo manifesto.

A alma, de natureza divina, desce dos reinos superiores através das esferas planetárias e se encarna. Conseqüentemente, para iluminar-se ou mesmo para libertar-se totalmente da encarnação é necessário subir pelo caminho que se desceu. Esse ensinamento parece ter uma origem muito antiga. Nós o encontramos explicitamente formulado em *As Três Estelas de Set*, um dos muitos escritos gnósticos descobertos no Alto Egito em 1945: "O caminho de subida é o caminho de descida."[4] Mas quase exatamente as mesmas palavras aparecem muito antes num dos aforismos fragmentários de Heráclito, filósofo grego do final do século VI e início do século V a.C.

Esse caminho de subida foi introduzido em alguns mistérios antigos, especificamente nos mistérios romanos de Mitra. Fortemente influenciados pelo deus persa Mitra, esses mistérios chegaram a Roma por meio dos piratas fenícios durante o século I a.C. Por volta do século II d.C., o mitraísmo estava bem estabelecido. Esses mistérios, exclusivos para os homens, primeiro submetiam o aspirante a provações, e em seguida o levavam a percorrer as etapas de purificação, iniciação e celebração. O apologista pagão Celso descreve o caminho mitraico ascendente: "Há uma escada com sete portões e no topo um oitavo portão. O primeiro portão é de chumbo, o segundo de estanho, o terceiro de bronze, o quarto de ferro, o quinto de uma liga de metais, o sexto de prata e o sétimo de ouro."[5]

Incidentalmente, deve-se dizer que as correspondências que Celso estabelece entre as esferas planetárias, os portões e os metais não são habituais. Ele inverte a seqüência costumeira, que normalmente começa com ouro ou prata, e inicia com o chumbo (que corresponde a Saturno). Tradicionalmente, a ordem é prata (Lua), mercúrio (Mercúrio), cobre (Vênus), ouro (Sol), ferro (Marte), estanho (Júpiter), e chumbo (Saturno), na ordem das órbitas planetárias conforme vistas da Terra. Os magos e os alquimistas usam essas correspondências na preparação de talismãs e amuletos ou em trabalhos de laboratório.

A descrição de Celso de uma escada com sete portões é comprovada por evidências arqueológicas. Num mitreu em Óstia, Itália, o piso é organizado em sete estações decoradas com símbolos condizentes. Estes representam sete graus de iniciação, começando com *Corax* ("Corvo") e terminando com *Pater* ("Pai"). Eles constituíam os correspondentes mundanos das esferas superiores.

A iniciação em cada um dos sete graus certamente implicava que o aspirante tivesse alcançado, e possivelmente dominado, o nível correspondente. Não está claro se os iniciados mitraicos realmente tinham a experiência mística dessas posições (como se poderia ter hoje no trabalho de magia com a Árvore Cabalística, por exemplo). Entretanto, existem descrições de jornadas extáticas através dessas esferas em textos gnósticos egípcios, especialmente em *Zostriano* e no *Discurso sobre a Ogdóade e a Enéade*.

O *Discurso* está composto em forma de diálogo entre um guia espiritual e um aspirante que já se preparou para a experiência mística dos níveis superiores. Ele pede ao seu instrutor: "[Meu pai], ontem prometeste [-me que conduzirias] a minha mente [ao] oitavo e depois que me conduzirias ao nono. Disseste que essa é a ordem da tradição" (*Discurso* 1,1-7). Pode-se deduzir que o aspirante passou pelos níveis inferiores, pois ele diz: "Já chegamos ao sétimo, porque somos piedosos e caminhamos na tua lei. E a tua vontade cumprimos sempre" (56,27-9). Isso certamente soa como se ele tivesse cumprido as exigências de Saturno, regente do sétimo nível, associado com a ordem cósmica.

Finalmente, os dois chegam ao oitavo e ao nono níveis, onde, além da mutabilidade dos sete mundos inferiores, eles percebem o imutável.

> Rejubile-se com isso! Pois o poder que deles procede, que é luz, já chega a nós. Pois eu vejo! Eu vejo profundezas indescritíveis. Como te direi, meu filho?... Como [descreverei] o universo?... Eu vejo aquele que me tira do puro esquecimento. Tu me dás poder! Eu vejo a mim mesmo! Eu quero falar! O medo me impede. Encontrei o princípio do poder que está acima de todos os poderes, aquele que não tem princípio. Eu vejo uma fonte borbulhante de vida... Eu vi! A linguagem não é capaz de revelar isso. Pois toda a ogdóade, meu filho, e as almas que nela estão, e os anjos, cantam um hino em silêncio. E eu, Mente, compreendo. (*Discurso* 57,28-33, 58,1-22)

A oitava esfera, também mencionada nos mistérios mitraicos, é a esfera das estrelas fixas. Ela é análoga ao mundo divino por causa da sua natureza relativamente imutável. Os sete níveis abaixo, reinos dos planetas (literalmente "errantes"), cujas órbitas variam e cujo movimento ora avança ora recua, representam o mundo mutável. Olhar para os céus de estrelas dispersas, por entre as quais vagueiam os planetas, é ver o mutável imposto ao imutável, uma experiência dramática da natureza paradoxal da existência.

Chegamos agora a um problema de grande complexidade. Em sua forma idealizada, a escada representa um *continuum* em desdobramento perfeito, com níveis sucessivos em harmonia com a Vontade do Uno e em afinidade um com o outro. Mas basta observar o mundo para ver que existem aspectos da natureza ("cruel e implacável"*), laias de pessoas (criminosos e assassinos) e acontecimentos inexplicáveis (incêndios, furacões, inundações e fome) que são incompatíveis com essa perfeição.

Tudo indica que é preciso decidir: O mundo é belo e bom, criação de um Deus único e bom? Ou é um lugar de escravidão, corrupção e limitação, dominado pelos poderes das trevas? Caso se adote a primeira alternativa, é preciso explicar a presença do mal, do sofrimento e da morte no mundo. Essa condição se deve a uma ruptura na criação (como o "rompimento das cascas" na Cabala de Lúria), que não é culpa de ninguém, mas simples-

* "... *Nature, red in tooth and claw.*" Verso do poema de Tennyson *In Memoriam A.H.H.*, de citação bastante freqüente. (N.T.)

mente conseqüência da pressão de energias em expansão? Ou deve-se a algum julgamento errôneo da humanidade em algum momento da criação ("pecado original")? Ou ainda, como pensavam os gnósticos, isso acontece porque o mundo material é uma cópia inferior do mundo divino, um mundo gerado por um deus de segunda categoria imitando um padrão mais elevado, mais perfeito, mas incapaz de fazê-lo corretamente?

Os escritos herméticos narram uma bela história para explicar essa questão. O Homem perfeito, sendo semelhante ao Criador, também queria "fazer coisas por si mesmo". Ele lançou-se através da armadura das órbitas das esferas planetárias e viu a Natureza.

> E a natureza, vendo a beleza da forma de Deus, sorriu com amor insaciável pelo Homem, mostrando o reflexo dessa mais bela forma na água e a sua sombra na terra. E ele, vendo essa forma semelhante à sua própria na terra e na água, amou-a e quis aí habitar. E a intenção transformou-se imediatamente em ação; e ele veio habitar a matéria sem razão. E a Natureza, ao receber aquele por quem se apaixonara, envolveu-o com seu abraço, e eles se tornaram uma coisa só, pois ardiam de amor.
>
> É por isso que o homem, diferentemente de todas as outras criaturas vivas da Terra, tem uma dupla natureza. Ele é mortal pelo seu corpo, imortal pelo Homem de substância eterna. Ele é imortal e tem poder sobre todas as coisas, mas sofre a condição dos mortais, pois está submetido ao Destino.[6]

O PAPEL DOS PLANETAS

Além de ser uma questão filosófica crucial, o problema do mal tem conseqüências importantes para a astrologia. As tradições antigas estão divididas sobre a natureza dos espíritos planetários, algumas vendo-os como benéficos, outras como maléficos. Eles são, como entendem os gnósticos, sequazes do deus falso ou Demiurgo que perversamente atrapalham o aperfeiçoamento da alma? Ou são servos do Altíssimo? A resposta depende do ponto por onde passa a linha limítrofe entre os mundos imutável e mutável.

Na maioria dos ensinamentos antigos, inclusive os herméticos, as esferas planetárias situam-se inamovíveis dentro dos limites do divino. Elas são descritas como "os sete Governadores, que envolvem nas suas órbitas o mundo sensível; o seu governo se chama Destino".[7] Isto é, elas são os agentes da Vontade Divina.

O gnosticismo é a principal exceção a esse ensinamento, e é provável que a visão negativa da astrologia tenha origem em grande parte nessa tradição. Os gnósticos situavam os regentes planetários nos mundos mais baixos ou inferiores, tornando-os assim agentes do deus falso. (Também é verdade que quando o cristianismo superou o paganismo, os escritores cristãos desacreditaram os deuses e deusas pagãos, alguns dos quais tinham nomes de planetas.)

Uma explicação do mal com origem na tradição gnóstica é a que expõe Isidoro, "filho" (se biológico ou espiritual não está claro) do grande mestre gnóstico Basílides (do início à metade do século II d.C.). Num tratado denominado *Sobre a Alma Acrescida (ou Adicionada),* Isidoro descreve como a alma pura desce do mundo divino e recebe "apêndices" em cada esfera planetária, de modo que a sua bondade inata assume as paixões características de cada planeta. São esses desejos primitivos e animalescos que impelem a alma a pecar. Eles são progressivamente deixados para trás à medida que a alma sobe para as esferas superiores.

Uma descrição muito semelhante aparece no livro hermético *Poimandres,* em que as qualidades especificamente negativas de cada esfera planetária são abandonadas como roupas velhas no caminho de ascensão.

> E assim o homem se eleva através da estrutura dos céus. E à primeira zona do céu [a Lua] ele abandona a potência de crescer e de decrescer; à segunda zona (de Mercúrio), os conluios da malícia; à terceira (de Vênus), a concupiscência que leva os homens ao engano; à quarta (do Sol), a arrogância dominadora; à quinta zona (de Marte), a ousadia ímpia e a audácia precipitada; à sexta zona (de Júpiter), a busca inescrupulosa da riqueza; e à sétima zona (de Saturno), a mentira sempre pronta a fazer o mal. Então, despido de tudo o que o acumulara a estrutura dos céus, ele entra na substância da oitava esfera, agora possuindo apenas a sua própria potência.[8]

Se os planetas se situam no mundo perfeito, porém, o homem, à medida que se eleva, assume ou ativa qualidades positivas relacionadas com os planetas. Em vez de dominar os sete pecados mortais, ele acrescenta as sete virtudes. O *Poimandres* também exalta os "sete governadores" e nos lembra que "a Mente Criadora operou com o Verbo, e envolvendo as órbitas dos Governadores e girando-as com movimento veloz, pôs a circular os corpos que criara". O Homem, fruto da Mente "que é Vida e Luz", leva "em si mesmo toda a ação dos Governadores; e os Governadores se apaixonaram por ele, e cada um lhe deu parte da sua própria natureza".[9]

NO SÉCULO XX

Essa interpretação da ação das esferas planetárias não é somente positiva, mas é também uma interpretação psicológica particularmente antiga da astrologia. Existem energias planetária tanto *dentro* como fora do homem. Embora a astrologia exotérica dos dois últimos milênios tenha buscado respostas para questões mundanas sobre profissão, saúde e relacionamentos, no século XX, a partir de Dane Rudhyar e Marc Edmund Jones, a astrologia começou a integrar-se às correntes intelectuais caudalosas do tempo e a revestir o seu simbolismo com a linguagem da psicologia profunda. Ela começou a desenvolver a idéia-semente dos planetas interiores.

A psicologia que se entende melhor com a astrologia é a de C. G. Jung.[10] Na psicologia de Jung, os planetas e outros fatores cósmicos transformam-se em arquétipos. O horóscopo se torna simultaneamente um instantâneo do céu no momento exato do nascimento e um corte transversal diagramático da psique interna do indivíduo. O mapa em si é um tipo de mandala, um círculo mágico que contém fatores universais (entre eles o Sol, a Lua e os planetas), mas num arranjo que é absolutamente único para o indivíduo.

Nesse tipo de astrologia, os planetas adquirem maior importância porque são condutores de energia psíquica. Como Jung explicou: "A astrologia consiste em configurações simbólicas do inconsciente coletivo, que é objeto de estudo da psicologia; os planetas são os deuses (e deusas), símbolos das forças do inconsciente."[11] Interpretados psicologicamente, eles são necessidades ou impulsos que instigam o indivíduo a pensar, falar ou agir de uma determinada maneira. Antigamente, a pessoa diria que era inspirada por um deus ou por uma deusa.

Os planetas contêm possibilidades contraditórias em si mesmos. Marte, por exemplo, é uma energia primitiva de ação agressiva que pode se expressar por meio do desejo sexual, da raiva ou da competitividade. Como energia primal de afirmação do ego, a sua natureza pode ser impetuosa, egoísta e mesmo destrutiva. Adequadamente direcionada, porém, ela infunde a ambição necessária para realizar ou a coragem para enfrentar e superar obstáculos. A sua qualidade essencialmente incivilizada se revela na representação de Marte como deus da guerra. Ele se encontra invariavelmente no campo de batalha, exceto numa história em que se diverte com Vênus — um verdadeiro encontro de opostos!

(É uma digressão fascinante observar que o horóscopo de Sigmund Freud contém um Marte triplo isolado — expressão que o astrólogo adota para dizer que essa energia está muito enfatizada. No mapa de Freud, Marte também colide com Saturno, representando convenção e moralidade. Não surpreende que as teorias que ele desenvolveu girassem em torno da energia psíquica primitiva e egoísta, o id, continuamente controlada pelo superego crítico, paternalista — uma projeção do seu próprio dilema interno.)

Um ponto a que Jung voltava continuamente é o repetido simbolismo astrológico do número e o seu significado. No horóscopo redondo adotado depois do Renascimento, os eixos principais de um mapa, as linhas vertical e horizontal que cruzam no centro, criam quatro setores. Assim, existe um quadrado aproximado dentro da sua circunferência. Ora, "a quadratura do círculo" era uma charada matemática popular dos tempos antigos, um disfarce para uma questão filosófica de certa perplexidade. Como o círculo é uma figura imensurável baseada no *pi*, só é possível desenhar aproximadamente um quadrado igual a ele. Como Robert Lawlor escreve em *Geometria Sagrada*,

> Entretanto, a Quadratura do Círculo é de grande importância para o geômetra-cosmólogo porque para ele o círculo representa o espírito-espaço puro, não manifesto, enquanto o espaço representa o mundo manifesto e compreensível. Quando uma igualdade aproximada é desenhada entre o círculo e o quadrado, o infinito é capaz de expressar as suas dimensões ou qualidades através do finito.[12]

O principal símbolo astrológico contém, então, o mistério do invisível se tornando visível. O horóscopo é uma tentativa de representar o eu ilimitado manifestado numa dimensão espaço-tempo e, desse modo, leva um significado profundamente espiritual que se perdeu na maioria daqueles que o contemplam.

Do centro da mandala podem irradiar não apenas oito, mas doze linhas. O número doze predomina na astrologia, primeiro porque o zodíaco é dividido em doze signos, e segundo porque o horóscopo é dividido em doze setores de experiência da vida conhecidos como casas. Como observou Jung, doze como número

> é quatro vezes três. Acho que aqui tropeçamos novamente no axioma de Maria, aquele dilema peculiar de três e quatro, que analisei muitas vezes antes porque ele tem função importante na alquimia. Eu arriscaria dizer que temos de levar em conta aqui uma tetrameria (como na alquimia grega), um processo de transformação dividido em quatro estágios de três partes cada um, análogo às doze transformações do zodíaco e à sua divisão em quatro.[13]

Jung estava certo no sentido de que a progressão do zodíaco desde o primeiro signo, Áries, até o último, Peixes, abrange o ciclo arquetípico completo da existência humana, desde a sua primeira manifestação como centelha da vida até a sua re-imersão no oceano cósmico.

O número doze representa o término de um processo no tempo ou de uma totalidade em geral: doze meses num ano, os doze dias do Natal, doze pessoas num júri, e assim por diante. (Talvez originalmente uma pessoa de cada signo estivesse representada num corpo de jurados, de modo que o espectro todo da natureza humana fosse convocado para julgar num tribunal de justiça.) Os quatro setores principais do mapa astrológico são divididos em três segmentos cada um, criando uma imagem cujo significado é semelhante ao da Cidade Quadrangular, com os seus doze portões, descritos no Livro do Apocalipse. Sem dúvida, ela é a Cidade de Deus.

Os signos do zodíaco são também arquétipos, representados por símbolos como o caranguejo, o touro, os gêmeos ou os dois peixes nadando em direções opostas. Cada um representa um tipo de personalidade pura, com algumas características típicas, positivas e negativas.

Essas associações aumentaram porque cada signo é produto de três ritmos sobrepostos. O primeiro é um ritmo duplo, o de yang e yin, ou positivo e negativo. Áries é masculino; Touro, o signo seguinte, é feminino; e assim por diante. O ritmo triplo tem relação com qualidades de energia: energia cardeal ou de iniciação, energia fixa ou de estabilização, e energia mutável ou de mutação. (Relacione essas energias com as estações. O primeiro mês da primavera dá origem às qualidades dessa estação; o segundo mês é o do seu florescimento pleno; o terceiro mês mantém esse florescimento, mas inicia uma transição para o seguinte.)

O ritmo quádruplo é o dos quatro elementos, a base da teoria dos quatro humores cujas proporções no corpo humano determinaram qual dos quatro temperamentos básicos a pessoa manifestaria. Assim, cada signo é uma mistura única de energias que interagem entre si, encarnando uma combinação de um, dois, três e quatro — os números fundamentais do sistema de Pitágoras.

Por exemplo, o signo de Gêmeos é yang, mutável e ar — a mais ativa, mutável e animada de todas as combinações. Sua expressão arquetípica é o *puer aeternus:* alegre, despreocupado e travesso. Sua imagem é a de dois meninos gêmeos, e a sua ação tem probabilidade de ser instável, superficial e às vezes até ardilosa. Seu regente planetário é Mercúrio, cuja correspondência mitológica é o Trapaceiro.

Gêmeos também tem uma contraparte, o signo que se opõe a ele na roda zodiacal e que participa com as qualidades compensatórias. Com a integração das polaridades representadas por signos opostos, o indivíduo chega ao equilíbrio no centro. O oposto de Gêmeos é Sagitário: masculino, mutável e ardente. Enquanto Gêmeos é superficial, Sagitário é profundo. Gêmeos significa a "mente inferior", voltada a trivialidades e à interação social. A esfera de ação de Sagitário é a "mente superior", dada a ponderar sobre idéias abstratas e a procurar a verdade definitiva.

Se Gêmeos, em sua vivacidade, infantilidade e curiosidade, é semelhante ao Louco, a sabedoria, a maturidade e a natureza filosófica de Sagitário fazem dele o Sábio. E quando o Sábio é visto como o Louco e vice-versa, os dois se tornam uma coisa só, e então celebra-se o casamento dos opostos. É possível que a carta O Louco — que pode ser colocada tanto no início como no fim do baralho do Tarô — se refira primeiro ao Louco inconsciente e depois ao Louco sábio, que agora tem a experiência da vida representada pelo espectro completo do baralho.

A astrologia, com as suas camadas de significado matemático, mitológico e esotérico, é assim uma linguagem mais rica do que a psicologia. Contudo, a astrologia tem ainda outra dimensão — a do tempo. Pode-se usar um horóscopo para gerar um cronograma das etapas de desenvolvimento na vida. Enquanto uma mandala pode ter a forma de uma cruz, de uma flor ou de uma roda, o horóscopo se assemelha muito mais a uma roda. O seu movimento natural (não fosse ele um retrato congelado num determinado momento do tempo) seria no sentido horário. A cada quatro minutos de tempo a roda diária gira um grau, medido a partir do horizonte.

Essa roda girante (que hoje se pode acompanhar quase momento a momento na tela do computador) se torna a roda da vida através de técnicas astrológicas como a das progressões. Num tipo de progressão, cada dia após o nascimento corresponde a um ano da vida do indivíduo. Os planetas e os quatro eixos do mapa se movem para a frente, criando novas relações de um para com o outro, e para com o mapa natal original. Em termos psicológicos, essas novas configurações se correlacionam com ativações de complexos internos e acontecimentos externos previsíveis na vida.

Dos quatro níveis de um ser humano aceitos pelo esoterismo (espiritual, mental, emocional e físico), a psicologia convencional se dedica principalmente a dois: o mental e o emocional. Somente com Jung e com outros pensadores da mesma linha, como Roberto Assagioli e Abraham Maslow, é que a dimensão espiritual começou a ser incluída.

Tanto Jung quanto outros psicólogos renomados no movimento da "psicologia transpessoal" dos anos 1960 começaram a se dedicar à esfera do espírito ou alma, reconhecendo a legitimidade dos dons psíquicos, de estados elevados de consciência e de experiências além dos limites normais de tempo e espaço. Mesmo assim, essas formas de psicologia normalmente não enfatizam o propósito espiritual fundamental comunicado pela imagem da escada — o retorno da alma à Divindade, de onde emanou. De fato, mesmo a psicologia transpessoal, como a astrologia, só pode ser o proverbial "dedo apontando para a Lua." Nenhuma delas é uma religião, e também não incluem as técnicas e rituais místicos para alcançar esse objetivo mais elevado.

A psicologia continua a evoluir em direção ao espiritual; resta à astrologia fazer o mesmo, redescobrindo as suas raízes espirituais. Esse objetivo pode receber um grande impulso de um projeto denominado Project Hindsight, cuja intenção é traduzir ou retraduzir todos os manuscritos gregos e um número bastante grande de manuscritos latinos sobre astrologia. Impulsionado por um grupo que originalmente incluía Robert Hand, o tradutor de grego Robert Schmidt e o astrólogo medieval Robert Zoller, o projeto produziu várias dezenas de opúsculos com obras de escritores antigos tão importantes como Vétio Valente, Manílio e Cláudio Ptolomeu. O projeto não está apenas iluminando a astrologia grega e romana tradicional como era praticada dois mil anos atrás, mas também está revelando semelhanças (bem como diferenças) com a astrologia hindu.

Como resultado, a matriz filosófica e espiritual em que a astrologia antiga foi inserida pode vir novamente à luz, e a arte como a conhecemos pode renascer. O labirinto moderno, com a sua geografia incerta, pode ser combinado com a escada antiga, de modo que as direções para cima e para dentro se encontrem. Ao "Como em cima, assim embaixo" se juntará o "Como dentro, assim fora". Outra imagem pode substituir essas duas, porque a metáfora da escada infelizmente tende a reforçar o viés religioso dos últimos dois mil anos: o de que em cima é bom e embaixo é mau.

No entanto, o labirinto também é unidirecional. Talvez uma figura mais apropriada seria um mapa representando tanto o território interno como o externo. Descrevendo as profundezas psíquicas percorridas na busca analítica, ele aponta ao mesmo tempo para as dimensões superiores pelas quais a alma passa. Esse mapa é o horóscopo em si, que pode representar a paisagem interna e o mundo externo. Ele abrange a escada e o labirinto. Ao contemplá-lo, detemo-nos como o "bravo Cortés"*, no topo do penhasco em Darién, embevecido diante do imenso cosmos, onde o Sol, a Lua e as estrelas narram a sua história da nossa jornada para este mundo, através dele e para além dele.

---

* "stout Cortes", imagem que integra a última estrofe do conhecido poema de Keats "*Much have I travelled in the realms of gold*". (N.T.)

10

SOFIA
DEUSA DA SABEDORIA

A Redescoberta do Feminino Divino na espiritualidade ocidental.

Caitlín Matthews

O APELO DA SABEDORIA

Vou dizer-vos o que é a Sabedoria e qual a sua origem;
não vos esconderei os mistérios,
vou-me reportar ao começo da criação,
dando-a a conhecer claramente.

— SABEDORIA DE SALOMÃO 6,22

É assim que o autor desconhecido do apócrifo Sabedoria de Salomão inicia a descrição da Senhora Sabedoria, Sofia. Na verdade, faz muito tempo que ela está obscurecida no Ocidente; já é hora de descobrir formas eficazes de manifestar todos os aspectos dessa figura misteriosa em nosso mundo.

Como Sofia resultou de um trançado de fios helênicos, judaicos, filosóficos e gnósticos, e porque, como Senhora Sabedoria, ela é desde um passado remoto a preservadora da cultura bíblica, houve uma relutância compreensível em vê-la como um arquétipo esotérico prático. Alguns consideram Sofia uma espécie de personificação tênue ou rarefeita da sabedoria, de condição inferior a Deus, que se revestiu de aspectos e atributos de muitas deusas pagãs.

Entretanto, a necessidade de chegar a uma linguagem e simbologia comuns como meios de expressão para falar sobre a Deusa e para compreendê-la é um dos maiores desafios que enfrentamos no momento presente. Nos últimos dois mil anos no mundo ocidental, Deus tem sido imaginado e invocado como divindade masculina. E embora, antes disso, deuses e deusas coexistissem em muitas religiões, como ainda acontece em outras partes do mundo, no Ocidente perdemos a facilidade de operar num sentido bideísta. Serão necessárias muitas décadas, se não séculos, antes que a consciência de grupo aceite o Feminino Divino.

No entanto, o ressurgimento da Deusa no século XX começou a derrubar as barreiras conceptuais erguidas pela religião ortodoxa e pelo conservadorismo social. Pela primeira vez em dois milênios, a idéia de uma deusa como eixo central da criação está ressoando positivamente. Embora a figura da Deusa permanecesse eclipsada até este século, ela não ficou inativa, mas esteve agindo como fermento na massa do pão de cada dia. Os mistérios de origem da Deusa fundamentam desdobramentos espirituais posteriores geralmente associados às esferas esotéricas das religiões ortodoxas. É especialmente na figura da Deusa da Sabedoria que esses mistérios foram transmitidos até o nosso tempo, percorrendo muitos caminhos incomuns e inesperados.

Significativamente, os principais místicos de todos os credos entenderam a Senhora Sabedoria como a ponte entre a vida cotidiana e o mundo do eterno, muitas vezes entrando em harmonia profunda com o propósito da Sabedoria. Mas embora esses místicos, como a abadessa medieval Hildegard de Bingen ou o sufi Ibn'Arabi, dificilmente sejam considerados "devotos da deusa" no sentido feminista, eles entretanto mostram que os canais para o Feminino Divino permaneceram abertos e foram mediados por muitos dos assim chamados credos patriarcais de modos às vezes bastante surpreendentes.

Eu acho que Sofia ou Sabedoria reúne tanto a forma prática como a transcendente do Feminino Divino — a Deusa em si. (Neste artigo, uso Sofia e Sabedoria indiferentemente, sem levar em consideração a herança particular gnóstica e bíblica de Sofia.) Essa visão se diferencia de todos os outros estudos da Sabedoria que a vêem como uma figura alegórica ou subsidiária do Masculino Divino — Deus. Precisamos saber que a Sabedoria não é *parte* de nenhum esquema deísta; ela é *central* à nossa compreensão da espiritualidade. E embora muitos a invoquem com objetivos tão variados como a criação de um sacerdócio feminino dentro do cristianismo ou como inspiração de feministas na busca de uma visão mais ampla da Deusa, Sofia é, ao fim e ao cabo, a sua própria essência: a levedura que permeia a criação, o ímpeto criador e a completude da vida.

A maior força de Sofia é que ela transcende o dualismo que vem confundindo a nossa sociedade ocidental desde o fim das eras pré-clássica e clássica, quando a Deusa se manifestou pela última vez como entidade poderosa de plenitude. Entretanto, ironicamente, a própria Sofia, em quase todas as culturas, apareceu sob dois arquétipos polarizados: como filha espoliada de Deus, errando pelas estradas em andrajos, ou como uma virgem transcendentalmente adorável cuja auto-estrada são as estrelas. Não obstante, qualquer que seja a forma em que ela tenha aparecido, seu apelo foi no sentido de praticar novamente a sabedoria compassiva segundo a qual a vida deve ser vivida. O modo como a humanidade veio respondendo a esse apelo é uma história de grande complexidade e assombro.

A DEUSA NEGRA

A Sabedoria está ao alcance da mão, sempre ocupada com o seu trabalho. Mas o mundo ocidental sempre esteve tão envolvido com seus próprios problemas que apenas algumas pessoas incomuns tiveram tempo de falar sobre a sua existência. Eruditos, clérigos e filósofos se apropriaram de Sofia e a revestiram com uma linguagem esotérica tão exagerada que mal se consegue reconhecê-la. Sabedoria recebe títulos impossíveis: Mãe dos Filósofos, *das Ewige Wiebliche* (o Eterno Feminino), *Sedes Sapientiae* e outras denominações semelhantes não inspiram confiança. Seres assim são inatingíveis: eles estão todo o dia sentados em tribunais ou em palácios, envolvidos em comissões sobrecarregadas e conselhos de governo. Dificilmente são acessíveis nessas formas.

E, no entanto, os que mais apreciam a Sabedoria são os simples e iletrados, que se dirigem a ela tão naturalmente como recorrem às suas próprias mães, porque ela realmente os ajuda de formas que a filosofia e outros estudos arcanos não o fazem. Eles se sentem à vontade com a Sabedoria porque ela já viu e ouviu tudo antes; ela tem o mesmo rosto sofrido dos que lhe elevam suas súplicas, porque ela oferece sabedoria verdadeira, não a que é oferecida pelos mistificadores, que é só palavrório e contra-senso.

C. S. Lewis corrobora essa visão com grande perspicácia ao narrar de modo magistral a história de Psique em *Til We Have Faces*. Nessa narrativa, a severa irmã de Psique, a rainha Orual, foi ao templo da deusa Ungit, onde recebeu a incumbência de doar uma estátua nova da deusa. Ela vê uma camponesa prostrada diante da antiga pedra que até então fora a única representação da deusa.

> "Ungit a confortou, filha?", perguntei.
>
> "Oh sim, senhora rainha", respondeu a mulher, com o rosto quase brilhando, "oh sim. Ungit me deu muito conforto. Não existe deusa igual a Ungit."
>
> "Você sempre reza para *essa* Ungit", eu disse (apontando para a pedra informe) "e não para *aquela?*" Aqui indiquei a nossa nova imagem, alta e esbelta em suas vestes... a coisa mais adorável que a nossa terra já vira.
>
> "Sempre para esta, rainha", ela respondeu. "A outra, a Ungit grega, não compreenderia as minhas palavras. Ela é apenas para os homens nobres e instruídos. Não há consolo nela."[1]

Precisamos descer às raízes da Deusa da Sabedoria e revelar os seus muitos disfarces, seja sua face transcendente, repleta de estrelas, ou sua face comum, primeva. As velhas pedras enegrecidas veneradas no passado como deusas e as virgens cristalinas da espiritualidade esotérica não são tão semelhantes, porque ambas representam Sofia nos extremos arquetípicos da sua aparência. Nenhuma das imagens é melhor ou mais requintada do que a outra; Sofia não está interessada em juízos qualitativos, mas no que produz resultados. Assim, ela adota a forma que mais se aproxima do nosso coração.

A Deusa da Sabedoria aparece em quase todas as culturas e sociedades. Ela se distingue claramente por suas qualidades únicas e representações simbólicas: ela se dedica à sobrevivência e maturação de toda a criação. Ela se diferencia de muitas formas populares do Feminino Divino porque quase sempre aparece como a Deusa Negra. Ela é preta porque é primordial e, como Ísis, mantém sua glória velada. Muitas vezes ela assume a aparência de uma feiticeira, de uma viúva idosa ou de uma mulher esbulhada. Mas ela é principalmente a mantenedora da sabedoria terrestre e celeste e a guardiã de suas leis. No outro extremo do arquétipo, Sabedoria como Sofia é gloriosamente bela, jovem, eterna, mediadora da espiritualidade transcendente.

Essas aparências polarizadas — como Feiticeira ou como Rainha do Céu — são os dois lados da mesma moeda, de um poder arquetípico. Assim como o carvão e o diamante são ambos carbono — a substância básica da vida — do mesmo modo a Deusa da Sabedoria manifesta o seu poder através de aspectos aparentemente opostos. A Deusa da Sabedoria está dentro de todos nós.

A primeira personificação do Feminino Divino tem as características da Terra, é como a própria Terra. As mães-Terra primais da pré-história, as mães-montanha que esculpem a Terra, os meteoritos negros venerados como deusas — é nessas formas que a nossa raça conhece inicialmente a sabedoria primal da Deusa da Terra. A Terra que é o nosso lar e nossa morada se torna, na Sofiologia, um símbolo mítico primal da presença de Sofia — ilustrado por sua manifestação como Shekinah, a morada sagrada do Divino sobre a Terra. Ela é a guardiã de todo o criado, porque ela ajudou a criá-lo, aparecendo em *Provérbios* como co-criadora do universo, sempre ao lado de Deus como uma colaboradora muito ocupada.

Sofia manteve abertos os canais de comunicação entre os reinos divino e terreno, possivelmente como resultado da sua manifestação dual, porque ela é tanto a Deusa transcendente como a mensageira encarnada do reino espiritual. A Deusa da Sabedoria também desempenhou um papel importante na esfera da justiça: "Atrás de toda lei oculta-se a misericórdia", é um ditado judaico que se confirma nos muitos aspectos de Sofia. Como a zoroastriana Daena, ela recebe a alma recém-chegada no pós-vida: postada sobre a ponte Cinvat, ela interpela a alma manifestando-se como a soma das suas ações. Se a alma está carregada de más ações, ela lhe aparece como uma mulher feia que a arrasta pela ponte até o inferno. Se as ações da alma foram boas, ela se manifesta como uma bela donzela dizendo, "Eu sou a tua própria Daena. Eu era amada, tu me fizeste ainda mais amada. Eu era bela, tu me fizeste ainda mais bela". E as duas entram no paraíso. Esse espelhamento da alma é significativo: assim Sofia sempre aparece para lembrar à alma suas origens divinas. A egípcia Maat, cuja pena pesa a alma no pós-vida, é igualmente uma das muitas personas de Sofia.

As correntes pré-islâmicas da Sabedoria derivam de fontes masdeístas, zoroastristas e maniqueístas; elas sobrevivem sutilmente nas tradições místicas do Islã, notadamente no sufismo. Um dos seus principais místicos, Ibn'Arabi, teve uma visão de Sofia quando estava em peregrinação à Caaba, em Meca. O meteorito negro, guardado por Maomé na Caaba, teria sido no passado cultuado como a Deusa, segundo rezava a tradição. É em torno dessa pedra negra que os peregrinos modernos que vão a Meca ainda circulam — um pensamento que amplia a nossa compreensão da natureza de Sofia como Deusa Negra.

Mas é o judaísmo — tanto em sua vertente ortodoxa como mística — que nos deu a imagem mais conhecida de Sofia como Shekinah: o espírito de Deus que acompanha os israelitas como uma Coluna de Nuvem e Fogo. De acordo com algumas tradições, ela se auto-exilou do Paraíso para acompanhar as gerações de Adão e Eva: sua breve estada no Templo antes que ele fosse destruído era uma lua-de-mel antes do seu nascimento na alma de cada judeu piedoso. A restauração gloriosa do Templo e seu estado dessacralizado atual são imagens profundas na psique judaica das duas faces de Sofia e do estado da alma humana.

Grande parte dos mitos que envolvem Sofia diz respeito à sua busca contínua para unir-se com seu consorte. Ela é a Noiva de Deus ou do Logos. O mito cristão da Assunção da Virgem ao céu prefigura a entrada profetizada de Sofia no Pleroma com o seu esposo, o Logos, porque a Virgem Bendita é misticamente compreendida como a Noiva do seu Filho, assim como Sofia é igualmente entendida, segundo alguns mitos, como a Noiva do seu Pai. O judaísmo ortodoxo observa essa união entre Deus e sua Shekinah na véspera do Sabbath, quando casais de judeus piedosos fazem amor. Essa união de Deus com a Deusa faz parte das religiões domésticas, terrenas, do antigo Oriente Médio, quando o dirigente tribal se unia com a Deusa da Terra, normalmente representada por sua sacerdotisa, num ritual de núpcias místicas cujos ecos ainda se fazem ouvir no poema erótico do Cântico dos Cânticos.

Um dos papéis de Sofia, como Deusa Negra, é acompanhar a alma e harmonizá-la com a luz do espírito, de quem ela é mensageira e manifestação. Sofia é a pedra de toque familiar, a *prima materia* que transmutará o ouro se exercitarmos a alquimia da alma. Enquanto está exilada de nós, ela pode refletir nossa triste condição: quando está unida a nós, pode polir nossas aspirações espirituais até refletirmos a sua beleza transcendente.

RAINHA DO OCIDENTE

Sofia é realmente a Rainha do Ocidente não coroada, não reconhecida. Ela tem perpassado por todos os sistemas espirituais sob uma forma ou outra, desde o gnosticismo até o movimento dos shakers. Ela tem tanto forma pagã como ortodoxa — cristã, judaica e islâmica. Ela é uma santa, como a Santa Sofia ortodoxa oriental, e uma pecadora, representada por Maria Madalena na tradição gnóstica em geral.

Presente em tradições filosóficas tão diferentes quanto Platão, onde ela é a Alma do Mundo, e Goethe, onde ela é o Feminino Eterno, Sofia emerge inteiramente nos escritos de Fílon de Alexandria, o judeu helenizado pertencente às nascentes da tradição sofiana, uma mescla de correntes médio-orientais, egípcias, judaicas, cristãs e herméticas. O gênio de Fílon nos possibilita discernir em Sofia os traços de Ísis, cujo nome atravessa toda a história do pensamento ocidental como a Deusa Salvadora, a rainha alquímica, a "Senhora do Negro Perfeito".

Mas talvez seja na tradição gnóstica que Sofia é mais bem conhecida, apesar das várias tradições que narram a sua história. Na maioria dos cultos gnósticos, Sofia se dividia em duas: a Sofia Superior, transcendente, e a Sofia Inferior, decaída — às vezes chamada Barbelo ou Achamot. Apesar de sua forma dual, Sofia não se presta naturalmente ao dualismo — no sentido de uma polarização de bem e mal. Entretanto, no texto "Mente Perfeita como o Trovão", Sofia fala de si mesma numa lista extensa de epítetos antitéticos que levam em conta os equívocos que podem surgir na pessoa com mente dualista:

Eu fui odiada em toda parte
E fui amada em toda parte.
Eu sou chamada vida:

E me chamas morte.
Eu sou chamada lei:
E me chamas desordem.
Eu sou a que persegues:
E sou a que deténs.[2]

No Evangelho Secreto de João, Sofia gera Ialdabaot, o Primeiro Éon, que se apoderou da força de sua mãe para gerar os arcontes e formar o mundo. Quando Sofia percebeu que perdera a sua força, "ela escureceu, pois o seu consorte não entrara em harmonia com ela". Como sempre, os temas recorrentes da escuridão ou negrura e da perda do consorte envolvem Sofia. No gnosticismo, esse consorte é o Logos ou Cristo. Mas, no judaísmo místico, onde a Shekinah, a Noiva de Deus, permanece exilada do paraíso até o fim de todas as coisas, é só no *Apocatastasis*, o grande Retorno ao Pleroma (a plenitude do céu), que Sofia e seu consorte podem se unir.

O testemunho dos Padres da Igreja, especialmente de Santo Epifânio, menciona continuamente a busca da força perdida da mãe, empreendida pelos gnósticos, por eles concebida, segundo Epifânio, para estar nas emissões masculina e feminina de esperma e sangue menstrual. Apesar de verdadeiras suas acusações de que eles "participam da própria imundície", fica claro que os gnósticos compreendiam a natureza intrinsecamente espiritual da criação; como atesta o Evangelho de Eva:

Eu sou tu e tu és eu.
Onde estiveres, lá estarei.
Sou semeada em todas as coisas: colhes-me onde quiseres.
Quando me colhes, é a ti mesmo que colhes.[3]

Toda a criação leva em si a semelhança de Sofia. Sua imagem está em todas as coisas, por isso, o grande objetivo é reconhecer os traços da Sabedoria. O Evangelho de Filipe também fala de Sofia como o sal que torna a oferenda aceitável: é um paralelo interessante com a afirmação de Cristo (Marcos 9,50): "Tende sal em vós mesmos e vivei em paz uns com os outros." Sem o tempero da Sabedoria, toda religião, filosofia ou espiritualidade é insípida.

Sofia passou do cadinho sincretista de Alexandria e encontrou morada em muitos corações. O cristianismo reuniu Sofia e o seu Logos num único ser. O principal arquiteto desse construto foi São Paulo que, seguindo os passos de Fílon, agregou o poder racional, masculino, do Logos (a Palavra) e o poder intuitivo, feminino, de Sofia (Sabedoria) na pessoa de Cristo. Uma ação semelhante encontra-se na fusão da deusa chinesa Kwan Yin com o deus budista masculino Avalokitesvara. Isso acontecia o tempo todo em certos cultos gnósticos cujos textos se referiam à "virgem masculina, Barbelo". Mas as tentativas de atribuir imagens e qualidades femininas a um ser masculino nunca são bem-sucedidas.

Por exemplo, Sofia passou a desempenhar um papel significativo no feminismo cristão, que tem em algumas de suas proponentes defensoras ardentes do Cristo-Sofia — uma espécie de ser andrógino cujas potencialidades não parecem, pelo menos para mim, muito promissoras. Para muitos especialistas em Sagrada Escritura, certas partes dos evangelhos são interpolações parciais da voz de Sofia. Assim, quando Cristo lamenta a situação de Jerusalém em Lucas 13,34, "Jerusalém, Jerusalém ... quantas vezes quis eu reunir teus filhos como a galinha recolhe seus pintainhos debaixo das asas, mas tu não quiseste!", ouvimos a voz de Sofia fazendo-se ouvir através de tons subtextuais e proféticos. Parece-me que esse terreno é mais fértil do que a posição feminista cristã. Ou Sofia é suficientemente carismática para produzir uma mudança em nossa cultura fragmentada *em sua própria pessoa,* ou ela é palha ao vento, mera sombra de uma grandeza divina do passado cuja passagem não deve ser lamentada. Dificilmente feministas não-cristãs toleram essa visão, pois elas geralmente gostam que suas deusas sejam femininas e intocadas. Apesar delas, porém, Sofia expressa uma tendência a encontrar consortes ou à androgenia.

Palavras de Sofia também passaram a fazer parte, talvez mais logicamente, das festas em homenagem a Maria, cujas antífonas e leituras do dia comemorativo são quase todas extraídas de livros sapienciais apócrifos. A encíclica papal que anunciou a Assunção de Maria ao céu, assunto do livro *Resposta a Jó,* de Jung, estabeleceu para sempre o tema comum a Maria e a Sofia: "Maria como esposa está unida com o Filho na câmara nupcial celeste."[4] Segundo a opinião de alguns, se o papa Pio XII tivesse vivido mais tempo, ele teria declarado Maria co-redentora com Cristo — uma declaração ainda mais retumbante do que a da Assunção. Se essa doutrina fosse proclamada nas próximas décadas, o futuro de Sofia como figura importante de redenção espiritual ficaria estabelecido para sempre no cristianismo, porque Maria reúne perfeitamente a função mística e os atributos de Sofia.

Sofia reaparece constantemente durante todo o período do misticismo cristão medieval. As obras da abadessa medieval Hildegard de Bingen são particularmente férteis em referências a Sofia como Sapiência, que ela às vezes também identifica tanto com a Ecclesia, a Igreja, quanto com Maria.

As correntes hermética e alquímica foram uma força poderosa para a sobrevivência de Sofia. Curiosamente, foi depois da Reforma que Sofia recebeu um novo vigor que causaria efeitos profundos sobre convicções não-conformistas tanto de protestantes como de ortodoxos russos. O principal arauto de Sofia nesse período foi Jacob Boehme que, a seu modo autodidata e místico, expôs a doutrina da Virgem Sabedoria que se propagou por toda a Europa. Boehme havia lido muitas obras herméticas e cabalistas; as idéias para a sua doutrina estavam latentes nesses livros esotéricos. Sua doutrina influenciou os boehmenistas, um grupo místico inglês liderado pelo Dr. John Pordage, incluindo a sua principal amanuense, Jane Leade, uma mística não-conformista quase esquecida; Boehme chegou a influenciar também William Blake, em cujo poema visionário "Jerusalém", a própria Jerusalém aparece em forma dual como a esposa transcendente de Cristo e como Vala decaída, consorte de Albion.

Outra figura influenciada pelos boehmenistas foi Anne Lee, da seita dos shakers — talvez não a mais promissora das devotas de Sofia à primeira vista, mas ela fundou a sua seita com base no ideal angélico de homens e mulheres celibatários, confirmando a sua crença na androginia da divindade, como proposta por Boehme e ilustrada neste hino shaker:

O elevado trono eterno do Pai
Nunca foi ocupado apenas por um:
Nele Sabedoria ocupa o lugar da mãe,
E é a companheira do pai.[5]

Sofia provavelmente encontra uma persona mais individual na ortodoxia oriental, onde muitas vezes ela é retratada iconograficamente como um anjo coroado, com asas vermelhas, sentado num trono com o mundo aos seus pés: Maria e João Batista estão ao lado dela, como *Theotókos* (Mãe de Deus) e Precursor, enquanto Cristo está acima da cabeça, num medalhão, significando sua descida imanente ao trono da Sabedoria. A ortodoxia recebe a corrente da Sabedoria através dos primeiros vínculos cristãos dos Padres da Igreja, por um lado, e por outro, dos elementos do xamanismo altaico, que tem mitos de Sofia semelhantes, bem como da escola esotérica de Boehme. A escola russa de sofiologia do século XIX, representada por Vladimir Soloviev e seus seguidores, padre Paul Florensky e Sergius Bulgakov, é profundamente mística. Soloviev, talvez o mais apaixonadamente dedicado à causa de Sofia, dirigiu-se diretamente ao coração da Mãe Rússia. Aqui ele fala de Sofia:

Ela mesma descerá até vós.
Então, em mortal escravidão,
Não mais invocareis o Sol nascente sorridente
Em vosso aspecto deplorável e submisso.

Ela e vós formais uma só lei,
Uma ordem da Vontade Superior.
Não estais eternamente condenados
A uma angústia desesperadora e mortal.[6]

O discípulo mais recente de Boehme, Rudolf Steiner, aproveitou grande parte da obra do mestre. O tema de Sofia está profundamente inserido em toda a Antroposofia, que por si só já invocara a Sabedoria.

Encontramos atualmente sinais de Sofia no novo gnosticismo que surge da obra de Jung e seus seguidores, e do efeito de propagação da ação esotérica em todo o mundo: Sabedoria está novamente absorta em seu trabalho. E é seguramente no Ocidente que ela é mais necessária e menos apreciada.

Faz muito tempo que os esoteristas e os místicos são amigos de Sofia e sabem que a sabedoria é "uma dádiva e sacramento de Deus, e um tema divino que os sábios ocultaram de modo profundo e diverso em imagens".[7] O tratado alquímico *Aurora Consurgens* descreve perfeitamente a maneira como Sofia atuou tanto como véu quanto como o que o véu esconde: o melhor estratagema elusivo do esoterismo. Ela representa a corrente esotérica e gnóstica que se oculta e que, como a própria pedra filosofal, tanto é apreciada como desdenhada.

A descoberta das escrituras gnósticas de Nag Hammadi nos anos 1940 estimulou um grande ressurgimento do interesse por formas alternativas da fé cristã. Muitos esoteristas encontrarão paralelos óbvios entre esses textos e os do Corpus Hermeticum. Já vimos a formação ativa de igrejas gnósticas na Califórnia; será muito interessante se virmos também o crescimento de um sistema de magia neognóstica. Mas há outra consideração a fazer: Quais são as potencialidades de Sofia para aqueles que reservam um lugar central para o Feminino Divino, seja como deusa independente ou como a face feminina da divindade que divide o poder com um consorte?

A PAIXÃO DE SOFIA

A volta da Virgem Sabedoria como Dike (Justiça) é profetizado por Virgílio em sua Quarta Écloga. Esse é um dos muitos temas que formam o mythos de Sofia, onde a Deusa Salvadora vem, se recolhe e é novamente encontrada. Como dizem tanto o Livro de Enoc como os livros sapienciais apócrifos: "A Sabedoria não encontrou lugar onde pudesse fazer sua morada."[8] Do mesmo modo que está dito que Shekinah encontra sua morada na alma do judeu piedoso, assim agora Sofia, como Deusa da Sabedoria, encontra a sua habitação nos corações de todos os que procuram formas práticas de levar a sabedoria de cura da Deusa para o mundo. Sofia fala da sua segunda vinda no texto gnóstico "O Primeiro Pensamento em Três Formas" (*Protennoia Trimorfica*):

E eu vim, pela segunda vez, na forma de uma mulher;
e falei com eles.
E eu os instruirei sobre o fim do reino que virá
E eu os instruirei sobre o início do reino vindouro
que não conhece a mudança,
e em que a nossa aparência mudará.[9]

Com essa profecia diante de nós, devemos ficar alertas aos sinais dos tempos, que sem dúvida começam a manifestar os efeitos da ação de Sofia no mundo.

Tem sido uma longa noite e um lento amanhecer para aqueles que se dirigem à Deusa em busca de inspiração espiritual. A segunda vinda da Deusa se mostrou de valor inestimável para as pessoas em toda parte, porque ela lhes ofereceu um novo modelo mítico, uma história de salvação como modelo de vida. Como herdeira de atributos importantes de deusas como Ísis e dos aspectos míticos do Feminino Divino no cristianismo e no judaísmo, Sofia ocupa um espaço único para oferecer um novo paradigma para a nossa era.

De muitos modos, a Paixão de Sofia é também a nossa luta, como mulheres e homens de boa vontade que buscam a paz e a integração harmoniosa do Feminino Divino. Para as mulheres, de modo especial, Sofia traz uma mensagem de esperança e glória. A solução de Sofia para os problemas de maus-tratos, servidão e abusos de toda espécie tem sido, de acordo com todas as suas histórias, o afastamento e a procura de outro lar, sempre exilada, sempre buscando, sempre lamentando a perda. Mas a sua atitude não é de vítima, mas sim de uma luta incansável pela justiça e pela perfeição. Porque ela sempre retorna aos lugares de aprisionamento e miséria, descobrindo maneiras de reparar e curar. Essa vinda e afastamento contínuos da Sabedoria podem ser comparados aos processos da alma, com os quais às vezes nos conectamos e às vezes nos desconectamos.

A raiva de muitas feministas, especialmente nos primeiros momentos do despertar da consciência, resultou em muitas mulheres libertando-se de relacionamentos aprisionadores e de situações de constantes derrotas e partindo para áreas mais ricas da vida, onde seus talentos podem ser aplicados ao máximo. Outras perceberam o desafio, mas ainda não o enfrentaram. A capacidade de deixar para trás a nossa raiva inicial e de descobrir em nós mesmos a fonte da compaixão, que curará mesmo os que nos feriram, é a verdadeira marca de Sofia naquelas que são suas irmãs e companheiras colaboradoras. Porque o fermento de Sofia trabalha mesmo nas circunstâncias mais difíceis. A Paixão de Sofia é uma questão diária, continuada para muitas pessoas que descobrem milagrosamente formas apropriadas para lidar com a miséria, o desespero, a pobreza, o abuso, o racismo e com outros problemas que a humanidade cria para si mesma.

Quais são as conseqüências da cooperação com Sofia? De acordo com a tradição gnóstica, todos fazemos parte da família de Sofia. "A imortalidade está no parentesco com a Sabedoria",[10] nos dizem: o aperfeiçoamento e enriquecimento do espírito pelos quais todos os místicos e esoteristas se esforçam. Ela é a companheira silenciosa que permanece ao nosso lado enquanto labutamos para alcançar a Grande Obra, seja em operação mágica, em união mística com o Divino, ou na luta diária corpo a corpo com os problemas da humanidade, nosso esforço para refletir a luz do espírito em nosso mundo. Pela virtude da sua própria paixão, Sofia é uma libertadora dos nossos modos de pensar desgastados que nos mantêm cativos.

Para todos, a Deusa da Sabedoria chega às profundezas da nossa necessidade. Ela é o meio eficaz pelo qual podemos nos realizar. Como a Terra negra, duradoura, o seu ser simples está tão imensamente presente que não o percebemos. Na verdade, talvez não tenhamos conhecido as profundezas da nossa necessidade ou que alguma sabedoria calmante estava à mão. Se agimos *como se* Sofia estivesse presente e a invocamos com fé, podemos encontrar a força do seu auxílio. Para sermos adotados conscientemente na sua família, precisamos conhecer e esclarecer a nossa condição espiritual: essa é a verdadeira Gnose — pois conhecer a nós mesmos é encontrar nossa semelhança espiritual nas suas feições.

A Gnose, como a própria Sofia, foi espalhada aos quatro ventos. Se pudermos recolher algum pequeno fragmento e atualizá-lo em nossas vidas, mais uma parte da história maravilhosa de Sofia se tornará conhecida. Como Steiner escreveu de Ísis-Sofia: "Precisamos dar forma a esta lenda, porque ela expõe a verdade do nosso tempo. Precisamos falar da Ísis morta e perdida, a divina Sofia, do mesmo modo que os egípcios falavam do Osíris morto e perdido."[11] Na verdade, às vezes, recuperar as peças dessa narrativa da paixão é tão difícil quanto a própria busca que Ísis faz das partes do seu consorte. Mas é uma tarefa em que devemos persistir. Porque Sofia diz: "Eu amo os que me amam, e os que madrugam por mim hão de me encontrar."[12]

11

WICCA EXPLICADA

Uma visão dos ensinamentos da forma de neopaganismo hoje predominante

Judy Harrow

No Parlamento das Religiões do Mundo, realizado em Chicago em 1993, os participantes se empenharam ao máximo para serem respeitosos e acolhedores. A cerimônia de abertura consistiu em breves mensagens enunciadas pelos muitos representantes das principais religiões do mundo. Quase todos disseram a mesma coisa, praticamente com as mesmas palavras: "Todos cultuamos o mesmo *Deus único,* embora *O* chamemos por nomes diferentes."

Participaram do Parlamento quatro vezes mais pessoas do que se esperava, de modo que não havia lugar para todos no auditório principal. A cerimônia foi transmitida para todo o hotel através de circuito interno de televisão. Muitos wiccanianos reuniram-se num espaço a eles reservado para assistir à cerimônia. ("Wicca" é a raiz do inglês arcaico para a palavra inglesa moderna "witchcraft" [bruxaria]. Atualmente muitos de nós adotamos a palavra antiga para pôr fim a séculos de estereótipos hostis. Nesse novo emprego, "wiccan" equivale a "witch" [bruxa].) Pela primeira vez a nossa presença era visível num dos mais importantes encontros inter-religiosos, mas sem nenhuma certeza de sermos bem aceitos.

À medida que cada um dos líderes repetia a afirmação básica, nós nos encolhíamos e gemíamos. Certamente não queríamos, e continuamos não querendo, provocar alvoroços desnecessários. Mas a nossa fé não é apenas mais uma forma de monoteísmo masculino. Para conseguir honestamente um assento à mesa, precisaremos deixar isso compreendido.

Alguns de nós acreditam que seguimos uma religião nova. Outros acham que a nossa religião é antiga, embora tenha reaparecido recentemente, depois de ficar oculta durante séculos. De qualquer modo, apenas poucos de nós fomos educados nessa fé. Ela é nova nas *nossas* vidas. Estamos apenas aprendendo — ou reconstruindo — os caminhos do misticismo pagão europeu da natureza. Realmente ainda não temos uma base de experimentação suficiente sobre a qual refletir, nem tivemos tempo de desenvolver uma teologia bem articulada. Muitos de nós também somos tímidos porque nos falta uma educação teológica formal e as habilidades analíticas e descritivas que ela poderia proporcionar.

Como podemos começar a explicar a nossa religião a um mundo curioso e às vezes desconfiado? O emprego de termos teológicos consagrados como "teodicéia", "escatologia" e "salvação" não produzirá efeito. Essa terminologia procede de cosmovisões bíblicas. Nós somos diferentes, diferentes até as raízes. Entretanto, as perguntas que muitas pessoas sinceras e abertas me fazem são quase sempre orientadas, conscientemente ou não, por essas categorias.

A comunicação verdadeira precisa começar com algo tão básico como o nosso entendimento da palavra "religião" em si. Leonard Swidler, professor de pensamento católico e diálogo inter-religioso na Temple University, em Filadélfia, descreve religião como "uma explicação do significado último da vida, baseada num conceito do Transcendente, e de como viver de acordo com isso". Ele define transcendente como "aquilo que vai além da experiência diária, comum, superficial da realidade. Ele pode significar espíritos, deuses, um Deus Pessoal, um Deus Impessoal, Vazio, etc., etc.".[1] Esse é um bom começo.

A raiz latina da palavra "religião" significa "religação". Eu entendo "religião" como atividade de muitos tipos diferentes que tenha o objetivo de restabelecer a ligação entre o homem e o sagrado (um termo teologicamente mais neutro do que "transcendente"). Através da atividade religiosa trabalhamos para esclarecer a nossa compreensão do sagrado, desenvolvendo contato consciente e vivendo a nossa vida em harmonia crescente com essa ligação profundamente sentida. Nas palavras mais simples e poéticas do musical *Godspell,* procuramos "vê-Lo mais claramente, amá-Lo mais fervorosamente, segui-Lo mais proximamente dia após dia".

Swidler sugere que as religiões normalmente contêm quatro componentes: credo, culto, código e comunidade, que ele chama de "quatro c's." Esses componentes certamente fazem parte da Wicca contemporânea.

Nossa comunidade é tão diversificada e descentralizada que ninguém pode ou deve falar por todos. Depois de vinte anos como wiccaniana iniciada e dezessete como grã-sacerdotisa ativa, tomo a mim mesma e ao coven que dirijo como exemplos típicos.

CREDO

"Credo" se refere aos conceitos do sagrado de uma religião, aos seus valores e à sua cosmovisão. Para mim, isso incluiria também as histórias, símbolos, mitos e metáforas usados para transmitir essa compreensão.

Wicca não é uma religião que siga um livro. Nenhuma escritura sagrada define Wicca ou neopaganismo. Em vez disso, somos livres para escolher entre uma série caleidoscópica de poesia, histórias e símbolos. Mais importante, aprendemos que é dentro de nós mesmos que finalmente encontramos o que procuramos. A experiência vivida é a base sobre a qual está construída a nossa estrutura herdada de tradições escritas e orais e o critério que serve para avaliar continuamente esses ensinamentos.

Sou cautelosa em fazer afirmações descritivas sobre o sagrado, pois para mim ele é uma Realidade muito além da compreensão humana. Como a maioria dos wiccanianos, entretanto, refiro-me ao sagrado como principalmente imanente, mais do que transcendente. Se o conceito de transcendência tem algum significado para mim, é o de que o todo é maior do que as partes, talvez até maior do que a soma de todas as partes. Assim, como a onda não pretende definir o mar, também não faço a tentativa de definir o infinito e inefável. Posso apenas falar da minha própria experiência e percepções e das experiências e percepções dos que fazem parte da minha comunidade.

Podemos estar equivocados. Na melhor das hipóteses, a nossa compreensão é necessariamente parcial. Com toda humildade, não devemos nos apegar demasiadamente aos nossos conceitos e metáforas. Nem a nossa compreensão dos nossos deuses nem o nosso senso de comportamento adequado devem jamais se coisificar e petrificar. Em vez disso, esperamos e trabalhamos por um crescimento pessoal permanente e por um desenvolvimento contínuo das nossas tradições através das gerações.

Da perspectiva da imanência, eu experimento o sagrado como uma Fonte muito presente, a vida em cada momento que vivo, mais do que como um Criador distante no espaço e no tempo. Não percebo nem reconheço nenhum tipo de divisão entre o Criador e a Criação. Em lugar disso, a minha busca é no sentido de perceber poder e beleza, sentido e valor no dia-a-dia e no comum — nesses corpos, nesta Terra, aqui e agora.

Sou também politeísta. Não porque ouso definir o sagrado seja como plural ou singular, mas por causa do meu entendimento da imaginação religiosa humana.

O monoteísmo puro é oniabrangente. Como não deixa ninguém de fora, não oprime ninguém. Mas a história mostra que apenas uns poucos privilegiados foram capazes de manter essa consciência pura de uma Divindade abstrata que tudo permeia. Para nos relacionarmos com o sagrado, quase todos precisamos dar um rosto a Deus.

Ao fazer isso, o Deus oniabrangente normalmente se apresenta com um único rosto e como um só modelo. Qualquer que seja o rosto que você escolha — o Pai severo, de barba branca; a Mãe amorosa e dedicada; ou qualquer outro — nós outros, em grande maioria, não somos incluídos. Isso ficou demonstrado recentemente quando o Papa João Paulo II citou explicitamente modelos exclusivamente masculinos da Divindade como justificativa para rejeitar a ordenação de mulheres capacitadas e piedosas. Falando praticamente, o monoteísmo é mais exclusivo do que inclusivo e quase sempre opressor.

A minha fé pagã, por outro lado, respeita a diversidade da Divindade e a Divindade da diversidade. Os nossos muitos deuses, ou, se você preferir, muitos modelos do sagrado, mostram-nos uma santidade inclusiva que abarca todas as categorias, incluindo sexo, idade e ocupação. Equilíbrio e integração também são importantes para nós, e muitas vezes utilizamos mitos de matrimônio para transformar opostos aparentes em complementaridade dinâmica. Esse modelo polivalente da Divindade é muito diferente do dualismo simplista que vê bem e mal como uma dicotomia absoluta sem matiz ou nuance e os personifica de acordo com essa visão.

Embora há séculos as bruxas sejam descritas como adoradoras do diabo, na verdade nós nem sequer reconhecemos a existência de um Deus do mal absoluto, que dirá adorar um deus assim. Nós não invertemos os valores e símbolos da religião bíblica, e também a nossa motivação principal não é a revolta contra as tradições em que muitos de nós nascemos. Não nos entendemos nem nos definimos em contradição com nenhuma outra fé. Ao contrário, recorremos a formas mais antigas e simples, aquelas que acreditamos ser expressões xamânicas primitivas da Europa tribal, enraizadas na Terra viva.

Eu cultuo a Deusa. Em geral, os wiccanianos veneram acima de tudo a Mãe Terra. Isso não significa de modo nenhum que neguem a existência ou o poder de outras divindades, às quais na verdade nos dirigimos quando sentimos necessidade. Mas nascemos da Mãe Terra, somos alimentados por seu seio ao longo de toda a nossa vida e voltamos a ela na morte, do mesmo modo como as folhas voltam ao chão da floresta. Abraçá-la como nosso contato fundamental com o sagrado ressalta a interpenetração de Divindade com a vida do dia-a-dia.

Algumas Bruxas cultuam exclusivamente a Deusa; a maioria cultua também o consorte dela, o deus livre e selvagem da vida animal, conhecido mais geralmente como Pã. Alguns covens e grupos de covens se concentram num panteão étnico em particular, como o celta, o grego ou o egípcio. Outros, como o meu, são mais ecléticos na sua prática. No geral, porém, é correto descrever a maioria dos wiccanianos como politeístas adeptos da imanência que cultuam em primeiro lugar a Deusa, Mãe Terra.

Além da nossa concepção da divindade, a maioria dos covens wiccanianos adota dois principais sistemas simbólicos para representar a totalidade da vida: o Círculo Quarteado e a Roda do Ano.

O Círculo Quarteado representa a totalidade em termos de espaço — as quatro direções cardeais sobre as quais mapeamos as estações, os estágios do desenvolvimento humano e muitas outras coisas. Para mim, o mais importante aqui são os quatro aspectos de função humana: conhecimento, paixão, sabedoria e capacidade. Procuramos colocar-nos no ponto de equilíbrio, no centro, e recorremos a essas capacidades conforme necessário.

A Roda do Ano de oito raios representa a totalidade em termos de tempo — os ciclos interagentes da Terra e do Sol, que produzem as estações da Terra. Nós a usamos como metáfora para o ritmo incessante de sonhar, fazer, colher, e soltar que se move através das grandes e pequenas mudanças da nossa vida. Essa é a pulsação de dia e noite, verão e inverno, vida e morte. Ansiamos por dançar graciosamente dentro desse ritmo.

CULTO

A palavra "Culto" não é usada aqui no seu sentido pejorativo mais recente. O termo significa ritual, práticas espirituais, oração, cerimônia — todas atividades que alimentam a relação dos participantes com o sagrado e lhes dão forças para viverem sua vida de acordo com essa relação. Esse é o caminho de mão dupla entre crença e comportamento que passa pela mente profunda do devoto.

A Roda do Ano é a base do nosso calendário ritual wiccaniano. O nosso ano celebra oito festivais, denominados Sabás. Os equinócios e solstícios representam os ciclos do Sol. Os quatro dias quadrantes colaterais de Samhain, Oimelc (ou Imbolc), Beltane e Lugnasad, pontos intermediários de cada estação no antigo calendário agrícola inglês, têm uma relação mais próxima com a Terra. No conjunto, esses festivais nos ligam a toda a natureza através das estações em incessante mudança que afetam diretamente todas as coisas vivas; eles também servem como símbolos dos estágios da vida humana: nascimento, adolescência, casamento e morte.

As bruxas celebram também os ritmos da Lua, filha amável da Terra, portadora de sonhos e de inspiração poética. Tradicionalmente, os oito Sabás são períodos para celebrações de toda a comunidade e para sintonia com os ciclos naturais, os aspectos exotéricos da nossa religião, enquanto as Luas — celebrada quando a Lua está cheia — são para concentração mais intensa pessoal e de pequenos grupos no trabalho interior e no contato consciente com o sagrado.

Uma das coisas que os não-wiccanianos acham mais fascinante sobre nós é que acreditamos na magia e que a praticamos. Isto é, acreditamos que o trabalho interior que fazemos pode muito bem resultar em mudanças no mundo externo: curas, simpatias para emprego, e assim por diante. Isso não deve surpreender os que acreditam na eficácia da oração.

As nossas formas de culto podem parecer muito diferentes, mas todas são sustentadas pelo mesmo desejo básico — fazer com que a nossa vida permaneça unida aos nossos Deuses. Embora a perfeição possa ser inatingível, podemos razoavelmente esperar aprofundar a nossa compreensão e desenvolver alguma sabedoria. Esse modo de ver as coisas pode orientar as nossas ações cotidianas, ajudando-nos a viver com maior autenticidade. Quando vivemos inspirados por nossos valores essenciais e vemos como eles repercutem no mundo, temos a base para uma reflexão mais profunda e percepções mais lúcidas. Crença e comportamento se fortalecem e corrigem mutuamente. O ritual ajuda a mantê-los interligados, para benefício de ambos.

CÓDIGO

"Código" significa a orientação comportamental que todas as religiões oferecem tanto para a ética como para a etiqueta. Acredito que o objetivo central da religião seja manter, expandir e esclarecer a ligação entre a nossa vida do dia-a-dia e os nossos valores essenciais, alimentando assim o nosso contato consciente com o sagrado. Quando não há preocupação com a ética, o ritual se torna, na melhor das hipóteses, um exercício para sentir-se bem, um momento para induzir um estado alterado de consciência barato, seguro e legal — ou, na pior das hipóteses, uma desculpa para hipocrisia ímpia.

É característica das religiões terem alguma afirmação ética fundamental, uma "regra de ouro" que resume a sua visão de conduta apropriada. A Wicca não é exceção. Nós damos à nossa o nome de "Rede Wiccaniana". ("Rede" — pronuncia-se 'rid' — é uma palavra arcaica, derivada do inglês médio (1100-1500) *reden*, que significa "guiar ou dirigir".)

Oito palavras expressam a Rede Wiccaniana:
Se não prejudicar ninguém, faze o que quiseres!

Essa é uma declaração simples e vigorosa de ética situacional e liberdade radical. Nós bruxas não aceitamos limitações arbitrárias em nossa liberdade de escolha. Não temos um elenco universalmente aplicável de normas do tipo "faça isso"/"não faça aquilo". Qualquer comportamento inofensivo nos é permitido. Para nós, o termo "crime sem vítima" é um oximoro injurioso. E também a nossa religião não procura regular as minúcias da nossa vida diária para manter o nosso senso de identidade coletiva.

Isso pode dar a impressão de permissividade, mas na verdade o nosso caminho é muito mais exigente do que o mais rigoroso conjunto de mandamentos. Sem regras, a carga recai sobre cada um de nós para garantir que as nossas ações causem o menor dano possível. Sem nenhum padrão absoluto de bem e mal, exige-se de cada um de nós que pense e sinta como deve agir em meio a todas as complexidades, que avalie todos os resultados prováveis e implicações das suas escolhas. Nas crises e nos momentos de decisão em nossa vida pessoal e em nossas respostas às questões comunitárias e sociais, nenhuma figura de autoridade nos dirige. Estamos por nossa própria conta.

Não temos regras "ortodoxas" sobre casamento, sexualidade, divórcio, serviço militar, suicídio assistido, e coisas parecidas, embora certamente pensemos e conversemos sobre esses assuntos. Quando alguém me pede um conselho, o meu papel, como sacerdotisa, é verificar se o consulente levou em consideração todas as perspectivas e usou a mente e o coração para chegar a uma decisão consciente. Em última instância, cada um de nós deve assumir a própria responsabilidade e suportar as conseqüências das suas ações. Num mundo de causa e efeito, não há necessidade de retribuição planejada.

Alguns de nós acreditam que causa e efeito, que chamamos de karma, podem se processar durante muitas vidas. Outros entendem a reencarnação como uma metáfora para todos os ciclos e mudanças nesta vida, cada um sentido como uma pequena morte ou um pequeno renascimento. Também aprendemos o princípio do "retorno tríplice" — tudo o que fazemos, de bom ou de ruim, voltará para nós triplicado. Alguns entendem essa proporção literalmente; outros a interpretam como uma figura de linguagem que aponta para a realidade de que tudo o que vai volta ampliado e de maneira absolutamente imprevisível. Deixando de lado esses detalhes, os wiccanianos entendem que colheremos as recompensas, e sofreremos as conseqüências, tanto das nossas ações como das nossas omissões.

A Rede é básica, um ponto inicial comum. Primeiro, não prejudique. Segundo, não tolere restrições, a menos que o comportamento que elas procuram coibir seja comprovadamente nocivo. Terceiro, quando você constata que um mal foi praticado, faça o que puder para proteger e recuperar, respeitando ao mesmo tempo a vontade dos que você quer ajudar. Essas boas regras nos oferecem liberdade máxima e responsabilidade total, mas pouca orientação para crescimento e desenvolvimento pessoal.

E é aqui que o politeísmo se torna realmente interessante. Cada um de nós é um indivíduo único, com um conjunto especial de potencialidades a desenvolver, dons de Deus/Deusa que devemos pôr à disposição da comunidade e do mundo. Nós também passamos por algumas fases muito diferentes de desenvolvimento durante a nossa vida.

Assim, nós normalmente trabalhamos com um ou com muito poucos Deuses/Deusas por vez, com aqueles cujas energias, histórias e símbolos pareçam relacionados com a etapa em curso do nosso caminho de crescimento. Buscamos a orientação Deles através da invocação ritualística e a aplicamos em nossas vidas diárias. Assim, alguém poderia esperar ver muitos tipos diferentes de comportamento de sacerdotisas de Atena, Afrodite ou Héstia. Isso pode muito bem aplicar-se a trivialidades simbólicas, como a escolha de roupa ou alimento, como reforços para as mudanças particulares que estamos tentando produzir em nós mesmos. Nenhuma delas é vista como mais santa ou mais ética do que a outra, apenas diferentes. Ao longo de todos os nossos estágios e fases, vivemos de acordo com a Rede.

Definitivamente, o nosso código não é igual a alguns outros, mas temos um código. Viva segundo os seus valores essenciais. Seja cuidadoso com as energias que atrai para a sua vida. Preste atenção às vozes do vento. Se não prejudicar ninguém, faze o que quiseres!

COMUNIDADE

"Comunidade" significa toda a rede de relacionamentos humanos, grande e pequena, íntima e expandida, formal e informal, todas as formas pelas quais nos ligamos com pessoas que pensam como nós e têm interesses comuns. Aqui estamos falando especificamente da comunidade religiosa, o contexto humano que possibilita o crescimento espiritual de cada indivíduo.

Começamos esclarecendo um equívoco comum. Em primeiro lugar, ao contrário da crença popular, existem também bruxos. Evidentemente, a Mãe Terra tem filhos e filhas. Normalmente os bruxos são homens extraordinários, fortes e confiantes o suficiente para renunciar a privilégios de sexo tão antigos quanto a raça humana.

Há uma discussão em torno da questão se Wicca é uma religião de direito próprio, pertencente à família cada vez maior das religiões neopagãs, ou se o neopaganismo é a nossa religião e a Wicca uma das várias ordens religiosas consagradas dentro desse todo maior. A minha tendência é para a segunda possibilidade. Na minha experiência, quando dizemos que cada bruxo/bruxa é um sacerdote ou sacerdotisa, não estamos nos referindo ao modelo protestante do "sacerdócio de todos os fiéis", mas a um nível mais intenso de consagração e compromisso. Para a maioria de nós, esse é um aspecto fundamental da nossa vida, uma fonte de inspiração e uma saída para a auto-expressão criativa. Presidimos os ritos e também nos ocupamos com a cultura religiosa, com as artes e o aconselhamento. Estamos entre aqueles que mais ativamente estão fazendo a renascença pagã acontecer.

Quase todos nós, a maior parte do tempo, trabalhamos em covens. Um coven é um grupo wiccaniano pequeno, íntimo, cujos membros trabalham juntos durante um longo período de tempo. Tradicionalmente, os covens têm no máximo treze membros. Os covens podem ser totalmente femininos, totalmente masculinos, ou mistos. Alguns têm líderes, um indivíduo ou um casal; outros constituem um corpo coletivo sem hierarquia. Todos são grupos de apoio íntimo, onde as pessoas aprendem, trabalham, prestam culto e crescem juntas. Podem ser comparados com as comunidades de base cristãs e com as *chavurot* judaicas.

Provavelmente a maioria dos covens norte-americanos opera por conta própria. Um grupo de amigos passa a se interessar pela Natureza. Eles pesquisam, estudam e reúnem o conhecimento que adquirem. Por fim, esse conhecimento se expande para a criação de rituais proveitosos para esses membros. O processo de estudo e experimentação reforça a si mesmo, e os membros finalmente chegam ao ponto em que se sentem à vontade denominando-se sacerdotes e sacerdotisas. E isso é tudo.

Outros covens — entre os quais se inclui o meu, felizmente — surgem a partir de tradições e linhagens. O termo "tradição" significa para nós quase o mesmo que "denominação" significa para um protestante: uma subdivisão da nossa fé, um grupo com a sua própria interpretação teológica ou estilo de ritual. "Linhagem" se refere à relação histórica direta entre covens. Às vezes, um membro experiente de um coven quer tentar algumas inovações. Outras vezes, os covens se expandem demais e não conseguem atuar com eficiência. Quando uma dessas situações (ou, mais freqüentemente, ambas) acontece, forma-se um "coven filial". Esse processo recebe o nome de desmembramento ou ramificação.

Tradições e linhagens operam como sistemas de apoio para alguns covens. Além disso, os wiccanianos desenvolveram vários outros sistemas de apoio para toda a comunidade.

Há literalmente centenas de revistas modestas, amadoras, com informações, receitas, rituais e poesia. Muitos encontros e festivais anuais, regionais e nacionais, oferecem a oportunidade de nos encontrarmos, de cultuarmos juntos e de trocarmos informações através de seminários formais e conversas informais. E, naturalmente, há redes de comunicação informais. Em alguns lugares existem inclusive grupos de apoio para dirigentes de covens.

Existem também alguns apoios institucionais. Organizações como a "Covenant of the Goddess" trabalham para nos assegurar os benefícios legais usufruídos por outras igrejas. Elas também se envolvem com atividades voluntárias ecumênicas e com educação pública, na esperança de dissipar as velhas imagens e ajudar o nosso próximo a nos compreender melhor.

Por outro lado, existem bruxas solitárias. A maioria de nós trabalha em covens, sem dúvida, mas alguns acham que períodos ocasionais de solidão são importantes para o seu crescimento, e outros ainda se sentem chamados a uma vida solitária definitiva. Wicca é uma fé que oferece muitas escolhas e respeita muitos caminhos.

O que não temos, e não queremos, é uma estrutura unitária, piramidal, que centraliza a autoridade e afasta as pessoas do sagrado. O que não temos, e não queremos, é uma burocracia religiosa que desviaria os nossos recursos financeiros e humanos para a sua própria autoperpetuação. O que não temos, e a maioria certamente não quer, é a presença de algum ousado que queira intervir ou servir de mediador entre nós e os nossos Deuses.

Sou uma sacerdotisa, profundamente envolvida com essa religião emergente, e nessa qualidade me pergunto: Por que, depois de quase dois mil anos de repressão brutal, os Antigos Deuses estão de volta à vida de modo tão rápido e fértil? Por que agora? Por que nós? Com que podemos contribuir com as carências alheias?

Essas são apenas especulações pessoais minhas: Conversações estão se desenvolvendo em nossa cultura entre as religiões, e todos os interessados estão ouvindo. Esses diálogos religiosos permanentes dão à sociedade uma parte importante da sua orientação e dos seus valores. Todas as religiões conhecidas têm um lugar à mesa, e algumas das que estão surgindo também começam aos poucos a conquistar o seu lugar.

Algumas vozes à mesa sugerem ações repressivas e retrogressivas. Algumas inclusive propõem a implantação de uma teocracia em nosso país. Outras, como a do sempre lembrado e pranteado Martin Luther King, emitem uma nota mais harmoniosa. Mas o diálogo ainda está incompleto. Talvez existam muitas vozes, muitas concepções à margem. A omissão que me amedronta e aterroriza é esta: Quem a essa mesa fala pela Mãe Terra?

A religião liga a nossa conduta diária com o sagrado de muitas maneiras diferentes. Pelo menos desde o tempo dos grandes profetas bíblicos, uma forma tem sido a de oferecer correção, "falar a verdade ao poder". Assim, durante séculos da história, a religião tem sido o grito dos oprimidos, a alma de uma situação sem alma, o coração de um mundo sem coração. Isso não mudou, nem deve mudar. O que mudou foi o escopo terrível da crise atual.

A moderna sociedade industrial, tendo perdido o seu coração e a sua alma, volta-se agora para devorar o próprio corpo. A ganância cega, psicótica, dirigida contra a própria Terra, lança a Terra numa crise que põe a vida em risco. A Terra precisa dos seus guardiões, dos seus defensores, dos seus companheiros e curadores. Ela precisa de nós agora mesmo. Ela nos chama. Como a vida de todos nós depende da vida da Terra, essa necessidade precisa ser atendida. Precisamos aprender o que esquecemos: ver novamente a Terra como uma coisa viva sagrada. Precisamos passar esse conhecimento para as outras pessoas, não para mudar a forma de culto dessas pessoas, mas para mudar o modo como todos vivemos. Como Charlie Murphy diz em sua canção "The Burning Times" ("Os Tempos de Queima", a Era das Fogueiras):

Agora a Terra é uma Bruxa, e a cobiça A queima
despindo-A com a mineração e envenenando os Seus céus.
Mas para nós a Terra é curadora, nossa mestra, nossa Mãe,
a tecelã da teia da vida que nos mantém todos vivos.
Ela nos dá a visão para ver através do caos.
Ela nos dá a coragem. Ela é a nossa vontade de sobreviver.

FRATERNIDADES ESOTÉRICAS

12

OS SÁBIOS OCULTOS E OS CAVALEIROS TEMPLÁRIOS

A orientação invisível de ordens secretas tem sido uma força para o progresso humano? Esta síntese mítica abrangendo mil anos de história não tem dúvida disso.

Robert Richardson

Para estudantes de história, de religião ou de ocultismo, uma série de nomes individuais e de movimentos esotéricos aparece na tela do tempo como um lampejo súbito, e com a mesma rapidez desaparece. Um grupo de pessoas distintamente diferentes — às vezes notórias, às vezes obscuras, talvez solitárias, talvez agrupadas, mas sempre envolvidas em alguma atividade indefinida — surge espontaneamente. E tão subitamente como surgiram os seus vestígios se dissipam, sem que o verdadeiro objetivo e a amplitude das suas ações sejam compreendidos. Entender a sua realidade parece algo além da nossa capacidade de apreensão. Estudos mais profundos podem a muito custo produzir informações — mas são informações inconclusas, incompletas, desconcertantes. A impressão é que a sua natureza e o escopo desses grupos estão envoltos em mistério para sempre. A busca de uma solução apenas resulta em especulações, não em respostas verdadeiras.

Apreender intelectualmente como e por que grupos esotéricos agem e influenciam o mundo exige de nós um modo de pensar diferente, um processo de reflexão que veja essas organizações e as suas atividades como fluxo e refluxo de um ideal. Quase todos nós procuramos compreender como os grupos esotéricos realmente trabalham e influenciam a história estudando a documentação limitada e claramente distorcida disponível sobre eles, como um analista de investimentos examinando abstratamente a distância a estrutura financeira estéril de uma empresa multinacional. Mas para compreender a natureza de grupos esotéricos históricos, precisamos primeiro descobrir os seus propósitos implícitos. Se os estudarmos por essa perspectiva, talvez consigamos entender por que e como eles operam para alcançar os seus objetivos.

Todos os movimentos positivos com matizes esotéricos que influenciaram a história têm uma característica em comum. Eles procuram produzir um impacto positivo e alterar, transformando, toda a estrutura e orientação da sociedade. O seu ímpeto é introduzir na vida do dia-a-dia uma consciência e comunhão transcendentes com o elemento espiritual da vida, dar direção e foco espiritual às atividades materiais do quotidiano — na verdade, espiritualizar o material. A razão dessa direção é alinhar corretamente o homem com o caminho espiritual necessário para que ele cumpra o seu destino espiritual. Os motivos desses movimentos são altamente altruístas, apesar das suspeitas e insinuações absolutamente fantasiosas de muitos escritores e mesmo de alguns líderes eclesiásticos. Os métodos que muitos movimentos espirituais ocidentais influentes empregam são sempre totalmente coerentes com esses objetivos.

Entre esses movimentos, os mais conhecidos se manifestaram em momentos de transição decisivos na história ocidental. O movimento rosacruz no continente europeu. As menos visíveis, mas igualmente influentes, academias herméticas na Itália e na Inglaterra renascentistas. Os cátaros no sul da França. Os essênios no alvorecer da era cristã. E o mais conhecido, e de longe o menos compreendido desses grupos, a Ordem dos Cavaleiros Pobres de Cristo e do Templo de Salomão — os Cavaleiros Templários. Cada um desses grupos se formou, existiu e sobreviveu durante um determinado tempo para cumprir uma missão específica, e então desapareceu. Através das suas ações, cada um deles influenciou positivamente a sociedade como a conhecemos atualmente.

Historiadores e escritores de assuntos espirituais gastaram muita tinta inutilmente tentando explicar a natureza desses grupos e os seus artigos de fé. Cada um deles enfrentou oposição e conflito consideráveis e, aparentemente, foi suplantado por grupos rivais. A história é invariavelmente alterada pelos vencedores para se ajustar aos seus objetivos e necessidades. A maioria das obras existentes sobre grupos esotéricos se baseou em registros deliberadamente distorcidos deixados pelos supostos vencedores. Por exemplo, como alguém já afirmou com muita perspicácia, a tentativa de traçar um quadro preciso das atividades dos Templários através do estudo dos registros da Inquisição é como tentar obter um retrato preciso das atividades da resistência francesa no período da guerra estudando apenas os registros da Gestapo.[1]

Entretanto, uma corrente invariável atravessa cada um desses grupos. É o seu procedimento operacional. Cada grupo tem várias características comuns, apesar de contraditórias. A sua estrutura organizacional é tanto hierárquica como independente. Ela é ao mesmo tempo interdependente e auto-sustentável. Em outras palavras, é uma estrutura celular, organizada em torno de um sistema de crenças, projetada para funcionar sem necessidade de um corpo administrativo central, mas ainda mantendo lealdade e responsabilidade para com a doutrina que o corpo todo representa. Para citar um caso, as pessoas em geral, ignorando a natureza real do trabalho dos essênios, imaginam que o mosteiro de Qumrã era a única entidade essênia. Na verdade, muitos essênios viviam na sociedade a que pertenciam. A comunidade de Qumrã era uma base de treinamento centralizada. O centro de operações essênio ficava no monte Carmelo. Os essênios, como os cátaros, os templários e as academias herméticas, podiam atuar de modo independente caso se separassem do seu suposto núcleo. Os grupos rosacrucianos são o modelo mais conhecido dessa estrutura. Mais tarde esse sistema se tornou a base para serviços de inteligência e movimentos de resistência clandestinos. Eles eram organizados conscientemente como as sociedades esotéricas, planejados para continuar funcionando sem apoio do corpo principal ou sem contato com ele, sendo incapazes de revelar a essência ou detalhes da estrutura do organismo inteiro se forças adversárias neles se infiltrassem ou os aliciassem.

Do mesmo modo, cada grupo esotérico tem outras características organizacionais definidas: algum tipo de estrutura de comando unificado que sempre parece vaga e misteriosa para os estranhos. Um sistema de treinamento interno altamente disciplinado. Um código de conduta sólido. Adesão a um cânone de crenças básicas quase totalmente incompreensível aos que não pertencem ao grupo. Um conceito estável de responsabilidade pessoal com relação a si mesmo e aos superiores. E a implicação invariável mas discretamente tácita de liderança através do exemplo.

Esses traços não definem um sistema de crenças *per se*, mas algo muito mais importante e excepcionalmente relevante para a nossa sociedade atual. Eles definem uma existência centrada num princípio que se aplica às questões do dia-a-dia. Eles definem muito claramente um modo específico de viver a própria vida. Esse modo de vida é vivido de acordo com o conhecimento e os princípios que foram cuidadosa e seletivamente transmitidos oralmente através de gerações de iniciados, e têm como base princípios essenciais do universo e o conhecimento da origem e propósito do homem. Essas informações transmitidas oralmente são invocadas como "A Tradição", e às vezes, quando coligidas num corpo de sabedoria preservado, como "O Templo".

Antes de examinarmos mais de perto o impacto desse sistema sobre nós, será proveitoso rever o modelo ocidental de visibilidade pública desse sistema. O modelo esteve consolidado no Ocidente durante longo tempo. Entrou em declínio. Os seus adeptos transferiram o modelo para outras bases, praticaram-no e preservaram-no para transmiti-lo ao futuro. O modelo era o sistema do Tempo Egípcio.

Toda a sociedade egípcia estava organizada sobre bases esotéricas e exotéricas. A estrutura exotérica centrava-se em torno do sistema faraônico de governo, com o qual universitários desta civilização se ocuparam num esforço para compreender por que essa sociedade teve uma duração tão longa e de tanto sucesso. Esses estudos não produziram os frutos esperados porque não conseguiram compreender que foi a estrutura esotérica que deu sustentação a toda a base das dinastias egípcias e da sociedade em torno dela por tantos séculos.[2]

Essa estrutura esotérica recebeu pouca atenção nos círculos acadêmicos, como a maior parte da história verdadeira do homem. Ela estava organizada em torno do sistema do Templo. O sistema do Templo baseava-se na instrução gradual de um grupo cada vez mais elitizado. Esse estudo ocupava muitas décadas. Ele exigia disciplina pessoal intensa, começando com um período de autopurificação e envolvendo necessariamente treinamento físico, mental e espiritual; desse modo, ele trabalhava todos os aspectos do ser.

O candidato com bom desempenho era aos poucos separado dos companheiros. Os aspirantes menos capazes eram eliminados. Os mais afortunados eram promovidos progressiva e cuidadosamente através do sistema ao longo de muitos anos. Eles estudavam os aspectos físicos e espirituais do homem, a sua origem, o seu propósito, a relação com o divino, tornando-se verdadeiros médicos que podiam curar não apenas o ser físico. Através de etapas sempre progressivas, eles finalmente chegavam a uma série de testes. Alguns desses testes eram fatais para o aspirante. Um dos objetivos do treinamento era passar por uma experiência fora do corpo, induzida, na Grande Pirâmide. O retorno do aspirante a este plano exigia os esforços de um sumo sacerdote com doze discípulos. Nem sempre os sacerdotes tinham capacidade para trazer o aspirante de volta, e a morte não era incomum. Quando o aspirante retornava, ele via conscientemente o mundo de forma diferente, como alguém renascido com um novo conhecimento e uma nova perspectiva. Essa é a origem do termo agora tão popular entre os fundamentalistas cristãos, "renascido". No final, uns poucos indivíduos cuidadosamente treinados e altamente desenvolvidos passavam a fazer parte de uma elite sacerdotal que, através da adesão a princípios espirituais, mantinha um equilíbrio que facilitava o funcionamento da sociedade egípcia. O ponto de vista deles então mudava. Eles não trabalhavam mais sobre o progresso espiritual para si mesmos apenas, mas para benefício da evolução ascendente da humanidade. E do seu núcleo interno eles eram enviados a partes diferentes do mundo conhecido para ajudar indiretamente os menos desenvolvidos a progredirem, promovendo assim o progresso da humanidade.

O Templo reproduzia a estrutura e os princípios espirituais do universo. A sociedade externa reproduzia o Templo e os seus princípios espirituais, mas de uma forma não compreensível às pessoas comuns, que não eram suficientemente desenvolvidas para compreender, respeitar e aperfeiçoar conscientemente a realidade desse templo. Em vez disso, reproduzindo os princípios na sociedade, a pessoa comum podia viver no ritmo dos princípios e tornar-se positivamente influenciada por eles, crescendo através desse processo sem a dedicação total e os sacrifícios que eram exigidos do grupo de elite.

O conceito faraônico egípcio representa a materialização na pessoa do faraó dos princípios e aspirações mais elevados da sociedade. O faraó era o representante externo dos princípios do Templo e da vida de toda a sociedade. Ele devia viver a vida no mundo material em harmonia com as leis internas, leis essas que eram apenas vagamente conhecidas pelo povo em geral. Nessa função, o faraó era apoiado e auxiliado pela elite interna e mais desenvolvida do sacerdócio do Templo. As suas resoluções eram executadas por um braço administrativo diferente.

Para qualquer grupo, por mais dedicado que ele seja, é difícil, se não impossível, manter-se indefinidamente de acordo com princípios espirituais. Organizações assim têm um período de vida em que elas criam uma expressão apropriada aos tempos, realizam a missão e desaparecem, para ser substituídas em outro tempo e lugar por uma organização sucessora adaptada à expressão do seu tempo. Durante a existência de qualquer grupo, mudanças ocorrem, do mesmo modo que indivíduos substituem uns aos outros, sucessivamente, de geração em geração. Alguns são mais competentes do que outros, alguns são menos capazes do que os seus antecessores ou do que os seus sucessores. A fragilidade humana se instala. Mudanças superficiais, mesmo num sistema de Templo altamente disciplinado, podem ter implicações imensas no decorrer do tempo. Alterações no foco e na dedicação dos que ocupavam o trono faraônico podiam desviar o curso dos acontecimentos. Encarnar a biruta de uma sociedade ou de um grupo não é fácil nem sustentável. Aos poucos, sistemas e princípios podem se deteriorar.

Mas ao longo desse mesmo período de tempo, as sementes do futuro também podem ser semeadas. Não-egípcios tinham permissão de fazer parte do sistema do Templo. Alguns passavam pelo treinamento completo. Alguns voltavam para os seus países de origem. Essa é a origem do sistema chamado de Mistérios, que surgiu na era pré-cristã mediterrânea paralelamente à decadência da cultura egípcia. Os Mistérios apareceram numa forma diferente, mas seguiram as mesmas coordenadas do sistema do Templo. Era a mesma mensagem, simplesmente colocada num frasco diferente, um frasco moldado para o povo da Grécia e do mundo mediterrâneo. Do mesmo modo, o sistema do Templo Egípcio é inegavelmente o campo de treinamento do grande Pitágoras e do sistema de conhecimento que ele disseminou pela Grécia antiga e pelo sul da Europa.

Os ensinamentos de Pitágoras também apareciam de modo diferente. Elaborados numa forma mais moderna, eles seguiam a mesma diretriz do Templo, mas eram menos rígidos. Além disso, eles incluíam uma academia: um sistema gradual em que o candidato progredia passo a passo para um nível mais elevado de desenvolvimento mental e espiritual — e também um aspecto externo, uma preocupação com a natureza e com a direção da humanidade, exatamente como no sistema do Templo. Metaforicamente, a superioridade do sistema de conhecimento que ele representava é expresso pela parábola da sua morte, de fome, nos degraus dos Templos das Musas.

Enquanto o sistema do Templo se propagava no norte e no leste do Egito pela ação de Pitágoras, outro iniciado treinado no Templo seguia um caminho semelhante de preservação do conhecimento iniciático. Seu nome é conhecido na história como Moisés. Ele se ligou a um povo obscuro e reconstituiu a estrutura social e o sistema de crenças desse povo em torno dos princípios do Templo. Reestruturando toda uma etnia, ele assegurou que aspectos do sistema do Templo fossem preservados por esse grupo insular durante gerações, até que sua reconstituição seguinte fosse necessária numa forma aplicável às exigências daquele tempo.

Moisés reconstituiu o sistema do Templo entre o povo judeu numa forma baseada no modelo egípcio. Uma casta específica de sacerdotes foi organizada fisicamente em torno de um Templo. Todo o sistema das doze tribos — ele mesmo um anagrama místico — voltava-se para o Templo, e a vida da nação centrava-se nele, na fé do povo e numa identidade específica como um povo à parte, único aos olhos de Deus, e unido sob um rei semelhante ao faraó. A própria Árvore da Vida mística da Cabala corresponde diretamente aos Neters Egípcios. O foco na sua religião como essência do seu existir conferiu ao povo judeu a sua identidade única e lhe deu condições de sobreviver à aniquilação cultural sofrida por outros povos. Mas ele não gerou a poderosa corrente espiritual que Moisés esperava. Esse vácuo deu ensejo à missão dos essênios.

Os essênios, como os templários, são um grupo espiritual muito mal compreendido. Subdivididos em grupos diferentes e com membros ativos tanto no espaço de treinamento monástico em Qumrã como em todas as partes da comunidade judaica na vida cotidiana, desde a sua sede no monte Carmelo, eles se direcionavam a um objetivo específico — a preparação de uma entidade suficientemente avançada para suportar a consciência superior que encarnaria no homem conhecido como Jesus. Essa missão particular estendeu-se muito além do conceito do messias, que pode ser livremente definido como rei-sacerdote. No conceito do messias está o retorno do faraó, a encarnação do princípio governante espiritual nas questões habituais do Estado, mas no caso essênio envolve uma consciência particularmente avançada que leva a um impulso para reviver as facetas espirituais da humanidade. O ideal faraônico também surgiu em todas as partes da Europa, degenerando com o tempo no conceito atual de realeza. Curiosamente, toda a literatura profética judaica, com exceção de um livro, prevê e focaliza a vinda de um messias.

Para os essênios, a missão era desgastante. Num sentido oculto, toda a organização estava voltada para a encarnação de um ser espiritual que alteraria a humanidade com a implantação de um impulso espiritual. Os documentos encontrados na sua base de treinamento em Qumrã denotam a disciplina que se esperava fosse estendida à vida diária. Há pouca coisa nos aspectos do treinamento diário nesses documentos que não faça parte de outras escolas espirituais. A sua natureza assumiu um caráter especial, dado que os homens e mulheres do mundo moderno que são responsáveis principalmente pelo estudo desses documentos não compreendem os rudimentos do modo como indivíduos são treinados para viver em sociedade e refletir valores espirituais, nem conseguem apreender uma metodologia tão ampla que pretenda, através de ações deliberadamente indiretas, a reforma da sociedade inteira.

O nome essênio comporta muitas interpretações. Uma das mais interessantes é "colher de pedreiro", a ferramenta com que um pedreiro trabalha com pedra e argamassa para erguer uma construção. Os essênios eram pedreiros, construindo a casa de Deus em si mesmos. Ao fazer isso, trabalhavam para ajudar a humanidade a progredir. Por fim, a missão de criar os recipientes adequados para conter a capacidade espiritual necessária para a reforma da sociedade foi bem-sucedida. Os essênios, concluída a missão, desapareceram da história, com a maioria dos traços da sua existência obliterados por diferentes seitas judaicas que se opunham a eles.

O início da era cristã assinalou um ponto crítico singular. Antes desse tempo, muitas expressões religiosas conflitantes dos mesmos ideais existiam lado a lado. Os Mistérios Gregos são representações alegóricas do sistema egípcio. O surgimento de vários cultos, como os do Sol Invictus, Mitra e o sistema romano de deuses são todos representações do mesmo grupo de princípios. Essa grande confusão consolidou-se nos primeiros anos da era cristã quando a igreja romana se proclamou suprema e absorveu ou aniquilou sistematicamente os seus opositores, levando esses movimentos à extinção. Mas, com essas ações, a igreja criou um vocabulário e uma estrutura de crenças comuns e amplamente difundidos.

Durante esse período, o pensamento pitagórico assumiu um caráter acadêmico e filosófico e ressurgiu mais tarde nos ideais neoplatônicos. Os ideais de Platão, muitas vezes vistos como observações derivadas da sociedade ateniense ou como um tratado filosófico, são realmente princípios esotéricos expressos como o restabelecimento de uma ordem equilibrada e espiritual. Em oposição à obediência cega, o homem funciona de maneira intelectual, orientado por princípios. Mas o resultado é ainda o mesmo sonho que os sábios tiveram durante séculos.

A manifestação dos movimentos esotéricos tomou forma diferente no sul da França no século XI com o grupo dos cátaros. Antes de examinar esse movimento, é importante manter em perspectiva tudo o que os precedeu para compreender a mudança de direção que começa a acontecer com os cátaros e os templários. No Egito, uma elite altamente estruturada impôs uma sociedade controlada baseada em princípios espirituais a uma humanidade menos esclarecida com o objetivo de desenvolver a sua consciência. Em Israel, um grupo de elite trabalhou para adotar uma solução de cima para baixo com a finalidade de promulgar princípios espirituais, mas sem estruturar rigidamente a sociedade. Nos sistemas pitagórico e platônico, um pequeno grupo trabalhou para o bem da humanidade, mas sem estruturar rigidamente a sociedade, e enfatizando o valor da capacidade racional intelectual do indivíduo. Cada uma dessas orientações representou passos graduais na direção da realização do desenvolvimento do potencial humano e da liberdade individual. Séculos mais tarde, a humanidade compreenderia os benefícios das sementes plantadas por esses grupos.

Os historiadores vêem o aparecimento do movimento cátaro como a ascensão de uma nova religião que enfrentou o cristianismo pela supremacia e que, como muitos outros grupos que lutaram contra a igreja romana, perdeu. Conhecemos os cátaros principalmente através de obras relativamente recentes que interpretam a história do movimento à luz do nosso limitado conhecimento das atividades que realizavam. O consenso geral é que os cátaros descendem dos bogomilos e de outros grupos. Na verdade, os cátaros são simplesmente a recorrência dos mesmos princípios, reaparecendo sob o disfarce da mensagem dos tempos. Os sacerdotes cátaros, os Perfeitos, eram famosos por sua conduta impecável, por sua pureza e dedicação. O contraste entre eles e a igreja romana corrupta era tão evidente, que as pessoas afluíam a eles aos milhares, especialmente no sul da França. No entanto, é por sua conduta que devemos ver o que realmente são. Por sua conduta, eles procuram mostrar aos homens como mudar a vida diária. Eles não fazem proselitismo. Não interferem na liberdade individual. Na verdade, estando em contradição com o poder predominante da autoridade secular preponderante da época que impunha sua vontade de cima para baixo, a igreja romana, os perfeitos cátaros estimulavam entre o povo comum a liberdade da escolha individual. Isso está expresso nos princípios vividos em ação por uma elite sacerdotal nuclear que mantém os valores espirituais em foco.

O que sobrevive dos cátaros atualmente é distorcido por pessoas que pensam que os remanescentes incompletos do incompreendido sistema de crenças cátaro é a chave. A chave era o código de conduta deles. Era isso que atraía seguidores, que conquistava adeptos, que eles promulgavam. Perseguidos durante quarenta anos já durante a primeira cruzada, caçados, assassinados e obrigados a esconder-se, eles foram sucedidos por três movimentos distintos, o dos trovadores, o das guildas de comerciantes e o das ordens de cavaleiros, particularmente dos Cavaleiros Templários.

Os trovadores eram o meio pelo qual os sábios procuravam intencionalmente infundir no homem uma orientação no sentido de pôr em ação princípios espirituais. Menestréis itinerantes, cantores inofensivos, declamadores de poesia, os trovadores não constituíam uma ameaça clara à estrutura do poder constituído. Eles se movimentavam em todos os níveis da sociedade, desde as cortes reais até as tavernas populares. Por suas ações e viagens, eles lançaram as sementes da primeira literatura popular, do início de uma consciência popular comum. Eles foram os primeiros a introduzir ideais na imaginação popular em grande escala. Por seu intermédio, as lendas do Graal e ideais espirituais elevados vividos em ação penetraram na consciência popular. Eles se tornaram o veículo para inspirar a imaginação popular.

As guildas, ou associações de comerciantes, desempenharam uma tarefa simples. Elas inspiraram um código de conduta para a vida diária das pessoas comuns. Elas estabeleceram uma ordem harmoniosa. Essa ordem constituiu-se em torno da disciplina e do respeito, dentro da associação, pelos membros e por seu trabalho. O trabalho em si se tornou uma ética nobre a ser valorizada. E por causa da proteção dos templários, as associações ficaram livres da opressão dos nobres. Sob a orientação invisível das ordens secretas, o caminho de libertação da escravidão e da servidão havia começado para as pessoas comuns.

Antes de nos debruçarmos sobre os templários, é importante observar como ocorreram momentos decisivos na transmissão da mensagem espiritual esotérica. Ela foi primeiro transmitida a uma elite em sociedades. A população recebia apenas uma versão bem simplificada. Depois que Roma consolidou grande parte do Ocidente, ela foi transmitida através de exemplos que podiam ser imitados. Depois da supressão dos cátaros, ela se propagou por meio da sociedade comum, não apenas para manter uma elite, mas sob disfarce, através de cada homem e para ele. Ela se introduziu na vida desses homens através de canções, tocou suas imaginações com histórias inspiradoras, e se tornou princípios na vida de trabalhadores e o fundamento das guildas. E todos esses princípios se baseavam num único ideal unificador — a impulsão de princípios espirituais adequados e o seu uso voltado para a vida cotidiana para elevar a consciência do homem, para que ele pudesse evoluir e realizar a sua missão e destino.

Os templários continuam hoje a única grande força que pode mudar a mente espiritual do Ocidente. Muitos ocultistas eminentes sustentam há muito tempo que a decadência do Ocidente e da sua era espiritual negra — a era de Kali Yuga — começou com a supressão dos templários. Atualmente está em voga escritores e historiadores que trabalham com registros deixados pela Inquisição concordarem benevolamente com a Inquisição que os templários haviam se tornado corruptos, que haviam renegado os seus princípios, e admitirem tacitamente algumas acusações feitas contra eles. Essas conclusões são a reiteração das falsidades promulgadas pelo único depositário de informações em seu tempo, a igreja romana, para encobrir as suas próprias ações contra os templários, ações motivadas pela cobiça da Igreja e de líderes da França pelas riquezas dos templários.

Não é possível examinar nos limites deste espaço como os templários agiam no mundo. Mas uma síntese de algumas das suas realizações revela claramente os propósitos e as ações de uma organização esotérica autêntica. Como os essênios e outros grupos verdadeiros, uma ordem interior central forneceu efetivamente aos templários o seu ímpeto espiritual e a sua direção. Mas interligando todos os mundos da sua época — espiritual e material, nobreza e homem comum, religioso e militar, comércio e contemplação, cristãos, judeus e muçulmanos — os templários alteraram todo o curso da história. Essas atividades assinalaram outro momento decisivo na história. Enquanto a ordem interior deles trabalhava esotericamente sobre o autodesenvolvimento espiritual, tudo o que os templários faziam era uma ação no mundo do seu tempo direcionada para causar impacto na vida diária das pessoas de modo positivo e transformador. O objetivo e a missão dos templários era a transformação de toda a sociedade, nada menos do que isso. Mas o seu método de ação consistia em trabalhar os aspectos mais importantes que influenciavam a sociedade da época, tendo em vista introduzir princípios espirituais na vida cotidiana e plantar as sementes para a transformação futura.

A melhor descrição escrita das atividades dos templários continua sendo esta:

> A missão dos templários era dupla. Em primeiro lugar, injetar um certo idealismo espiritual no mundo do seu tempo através de algumas ações concretas. Em segundo lugar, preservar a continuidade da Tradição Espiritual do Templo, procurando a herança esotérica sagrada da humanidade onde quer que ela devesse ser encontrada, reuni-la e apresentar a uma de-

terminada elite espiritual uma síntese da Tradição adaptada à mentalidade ocidental da Idade Média.[3]

O modo de agir dos templários só era adequado para aquela época específica. Essa ação se desenvolvia a um e mesmo tempo em múltiplos níveis porque era prática, pragmática e projetada a produzir efeitos imediatos. Mas ela também criava uma atmosfera que semeava cuidadosamente as sementes para mudanças futuras de longa duração nos níveis material e espiritual. Nesse sentido, algumas ações concretas dos templários são particularmente dignas de nota.

Os templários patrocinaram a construção de igrejas, capelas e grandes catedrais em toda a Europa. As igrejas templárias incorporavam certos princípios matemáticos e geométricos esotéricos que criavam um efeito transformador nos fiéis. O efeito levava subliminarmente mais pessoas a sentirem o valor do espiritual em sua vida diária. Ao mesmo tempo, a construção de catedrais teve um impacto econômico positivo na sociedade européia superpopulosa e empobrecida. Igrejas e catedrais dedicadas à protetora dos templários, a Virgem, promoviam o princípio feminino da espiritualidade e, ainda subliminarmente, elevavam a condição de opressão da mulher na sociedade fornecendo um modelo feminino para veneração.

Os templários criaram uma nova classe na sociedade. Eles elevaram o homem comum protegendo os pedreiros e apadrinhando o primeiro movimento genuíno das guildas comerciais, os Companheiros da Regra do Dever Sagrado [Compagnons de Saint Devoir], que construíram as igrejas e catedrais subsidiadas pelos templários. Esses grupos associados, formalmente postos sob proteção dos templários por volta de 1145, criaram uma hierarquia interna, ensinaram códigos de conduta pessoal e valores éticos para os artesãos iletrados, criaram fontes de renda, protegeram viúvas e órfãos dos membros e, através de um sistema de perícia graduada, criaram uma hierarquia semelhante à disciplina numa ordem esotérica. Numa rede de casas em várias partes de cada país por onde os aprendizes passavam e trabalhavam, bons costumes e princípios de honestidade foram instilados e um senso de interesses comuns e compartilhados foi desenvolvido. A partir dos seus contatos com iniciados do Oriente e escolas esotéricas do Oriente Médio, os templários passaram aos comerciantes mestres determinados segredos de geometria e matemática para serem incorporados nas catedrais, elevando assim a consciência da classe mercantil.

As casas da guilda evoluíram posteriormente para o sistema da loja maçônica, e o senso de valores comuns criou o conceito de uma sociedade unificada do homem trabalhador. Além de criar um senso de valor pessoal entre os membros individuais, esse sistema foi o início dos primeiros princípios de direitos iguais para todos. Depois da extinção dos templários, os Companheiros foram perseguidos durante muitos séculos. Mas quando a peste negra varreu a Europa e dizimou a população, o impacto de prazo mais longo foi a eliminação da superpopulação européia que havia criado um excedente de trabalho e a conseqüente pobreza. Protegendo as associações contra a opressão da nobreza e da igreja, os templários deixaram no lugar um mecanismo que assegurou tanto uma estrutura coesiva dentro da sociedade comum dizimada pela peste como um corpo que falava em defesa das pessoas comuns. Isso possibilitou a elevação do padrão de vida e o início da base de um novo estilo de vida. O sistema feudal desapareceu, substituído por novos centros de poder. E, indiretamente, o curso da sociedade e a evolução da consciência se expandiram. Estímulos alicerçados em princípios, mas indiretos, muitas vezes têm resultados de longo alcance. Como observou o escritor e estadista moderno Vaclav Havel durante a sua própria luta aparentemente impossível contra o autoritarismo comunista, "mesmo um ato puramente moral que não espera nenhum efeito político visível e imediato pode aos poucos e indiretamente, ao longo do tempo, ganhar em influência política".[4]

O raio de ação dos templários foi além dos comerciantes. Originalmente dizia-se que os templários surgiram com o objetivo de proteger os viajantes que se dirigiam a Jerusalém. A proteção de peregrinos ao lugar sagrado era uma metáfora para propiciar os meios espirituais para o conhecimento superior. Mas uma das razões por que os templários se tornaram muito respeitados pelas pessoas comuns foi que a sua rede européia de postos militares tornou a viagem nas estradas efetivamente mais segura para os camponeses. Antes disso, as pessoas comuns não dispunham de proteção contra os ubíquos bandidos da estrada ou da nobreza salteadora. A proteção das estradas européias não apenas facilitou o movimento seguro do comércio, mas foi também o primeiro benefício social verdadeiramente difundido e usufruído por todas as classes da sociedade. Pela primeira vez, um homem do povo gozava da mesma proteção que a nobreza. Quando a semente da igualdade é plantada e assumida como uma dádiva por qualquer sociedade como um todo, o processo de possível transformação está assegurado. Tornando-se uma força independente da qual cada setor da sociedade podia depender, os templários semearam as sementes do conceito de padrões comuns a todos, na sociedade e no governo.

Muita polêmica girou em torno da questão de que os templários praticamente inventaram o sistema bancário internacional quando se tornaram depositários de tesouros de reis, executores de testamentos e financiadores de reinos, e em conseqüência enriqueceram além das medidas. Em contrapartida, sob uma luz diferente, foi então que pela primeira vez existiu uma fonte comum de confiança e de justiça. A realeza podia ficar tranqüila, pois os seus tesouros não seriam pilhados. Os membros da corte podiam viajar de um lugar para outro com segurança, sem medo de ser assaltados, sabendo que podiam dispor de recursos em qualquer comunidade de templários ao longo do caminho. Eles podiam ficar sossegados que os herdeiros não se apropriariam da herança uns dos outros, porque os templários cumpririam as divisões testamentárias com justiça. E homens comuns que tivessem alguma posse podiam ficar confiantes de que os templários executariam seus testamentos com imparcialidade, evitariam que os seus bens fossem usurpados pelos nobres e até cuidariam dos seus filhos em caso de morte. Novamente, esse foi o primeiro modelo difundido de justiça inquestionável disponível a todos os níveis da sociedade, uma força singular da qual pessoas de todas os ramos de atividades podiam depender. Dessas ações desenvolveu-se mais tarde o ideal de que a justiça podia ser imparcial e servir a todos.

Os templários também influenciaram profundamente o conceito de governo. Eles eram tanto conselheiros de reis como adversários do uso tirânico do poder régio. Um dos mais famosos encontros entre a realeza e os templários ocorreu quando o rei inglês Henrique III quis repreender o Mestre do Templo na Inglaterra, e em vez disso foi severamente admoestado, em termos modernos: "Tenha cuidado com as palavras, Majestade, pois se deixar de reinar com justiça, deixará de ser rei." O que a realeza e a igreja, e mais tarde os historiadores, vilipendiariam nessa interlocução como arrogância templária era na verdade uma afirmação dos direitos da sociedade contra o poder abusivo da realeza. O Mestre do Templo na Inglaterra seria mais tarde testemunha do ato de assinatura da Magna Carta e uma força nos bastidores para sua elaboração e execução. Do mesmo modo, lutando pela libertação dos pequenos reinos fronteiriços de Aragão, Navarra e Maiorca do domínio muçulmano e aliando-se com esses reinos, os templários garantiram a existência de Estados independentes menores e mais liberais.

Por fim, os templários construíram uma ponte para outros credos que até então nunca existira. Gerações de historiadores não compreenderam que o fato de os templários se aproximarem de seitas islâmicas e judaicas não representava a "corrupção e traição" religiosa de que os seus inimigos os acusavam, mas sim a missão específica de tentar recuperar o conhecimento das crenças e o respeito por elas — uma característica da tolerância religiosa moderna. Pelo simples fato de existirem, as ordens de cavaleiros, e especificamente a dos templários, prepararam o caminho para o Renascimento — assim os ideais inspirados pelos trovadores receberam expressão material com as ordens de cavalaria. Através dessas ordens, a poesia trovadoresca idealizada se tornou uma realidade manifesta. Ela demonstrou que os ideais mais elevados que inspiravam homens podiam realmente tornar-se realidade viva, que o conceito da busca do Graal podia transformar-se numa busca autêntica, temporal, do espiritual e num modo de vida.

Até o início do século XIV, as ordens secretas haviam deslocado o foco de suas atividades com uma pequena elite espiritual para uma vanguarda oculta que trabalhava silenciosamente na sociedade. A ênfase que cada grupo esotérico colocava nos seus ciclos de vida de aproximadamente duzentos anos prenunciava o grande passo seguinte no progresso e na evolução da humanidade. Os ideais e a energia postos em movimento pelas ordens de cavalaria em pouco tempo desabrocharam no Renascimento.

Na Itália, a influência esotérica sobre muitas famílias nobres se tornou a principal motivação para a explosão de saber e cultura que ficou conhecida como Renascimento. Com o patrocínio de famílias como os Médicis, o saber — novos modos de pensar e a redescoberta da sabedoria antiga — voltou para se tornar um mundo apreciado claramente separado da jurisdição da Igreja, como na Grécia antiga.

No Renascimento, o ideal da reforma platônica da sociedade criou raízes. Com a riqueza de famílias renascentistas importantes, a arte recebeu patrocínio, livros foram redescobertos, e princípios esotéricos foram aplicados nos aspectos culturais da vida, desde a criação de uma rica tessitura de significado num jardim até a promoção da tradução do *Corpus Hermeticum*. Pela primeira vez, a implementação de ideais esotéricos foi abertamente realizada por meio de famílias que continuaram totalmente envolvidas na vida do dia-a-dia. Elas patrocinaram atividades que influenciaram a existência profana. Elas introduziram o conceito de beleza e harmonia em suas residências e imediações. A arquitetura e a música se tornaram novamente importantes e fundamentais. Mesmo os jardins (por exemplo, os Jardins Boboli) se tornaram expressão dos ideais esotéricos de beleza, harmonia e equilíbrio, inspirando o Renascimento e impregnando a sociedade. A missão esotérica dos templários de revivificar uma sociedade moribunda com novas idéias e princípios espirituais finalmente floresceu, 180 anos depois do desaparecimento da ordem.

Homens de cultura assumiram a liderança nesse ressurgimento. Marsilio Ficino influenciou profundamente a renovação de ideais e ensinamentos platônicos e esotéricos. Em Villa Carreggi, nas cercanias de Florença, Ficino inaugurou uma academia platônica com o apoio de Cosimo de Médici. Entretanto, foi Giorgio Gemistos, por muito tempo esquecido pela história, a mão oculta que conduziu o Renascimento ao seu auge sendo o inspirador das ações de Cosimo. Ocultista e humanista, Gemistos conheceu de Médici em 1437 durante a sua participação no concílio ecumênico de Florença/Ferrara como conselheiro não oficial da delegação grega. No decorrer desse concílio, ele teve vários encontros com de Médici. A sua visão inspirada de transformar a religião e a cultura através de uma revivescência espiritual levou de Médici a redirecionar a sua própria vida. Com todo o entusiasmo, ele passou a promover a tradução e a introdução de textos clássicos e de idéias metafísicas para vivificar cada aspecto da vida. O objetivo dessa atividade não era outro senão o de transformar a vida do homem e orientá-la para uma vivência espiritual inspirando os elementos culturais da sociedade. A partir da academia platônica e de lojas esotéricas da Itália, ondas de criatividade e de novas expressões inundaram toda a Europa, impregnando todos os níveis da sociedade com novas idéias e plantando as sementes de mudanças futuras.

Na Inglaterra, à luz do Renascimento e inspirada por ordens esotéricas que transpunham o Canal da Mancha e uniam a Grã-Bretanha ao continente, surgiu em Gorhambury uma academia chamada "O Templo", a qual exerceu grande influência sobre o destino futuro do Ocidente.[5] Originalmente sob a direção de Sir Nicholas Bacon, e em associação com outra academia fundada em Mortlake por John Dee, ela se concentrou em torno do filho adotivo de Bacon, Francis, preparado desde jovem para a sua missão e iniciado e treinado numa loja esotérica na França. Ainda não se chegou a uma compreensão adequada de toda a influência exercida por Bacon e pela loja que desenvolvia suas atividades em torno dele.

Com um grupo de homens que representavam todas as principais facetas da sociedade do seu tempo, Bacon escreveu as peças atribuídas a Shakespeare e adotou o interessante símbolo multidimensional de Palas Atena, a deusa brandindo a lança (spear-shaker/=shakespear), para as publicações com o seu nome. Toda a estrutura das peças shakespearianas baseia-se em princípios de origem esotérica. É por isso que elas ainda exercem tanto fascínio. Cada peça era uma mensagem dirigida ao homem comum. A própria planta do Teatro Globo era uma materialização de princípios esotéricos. Bacon e o seu grupo procuraram reintroduzir o uso adequado da capacidade de reflexão através dos seus ensaios, com o objetivo de reformar as instituições e redirecionar os antigos métodos dialéticos para uma ferramenta que poderia, como as peças teatrais, estar à disposição de qualquer pessoa. De importância igual, mas muitas vezes despercebida, o grupo introduziu a reforma da língua inglesa como veículo para transmissão de conceitos esotéricos e culturais. Eles introduziram uma série de ideais na cultura inglesa que por fim, através das colônias inglesas, deram início a uma transformação de amplas conseqüências que se estendeu muito além das fronteiras da Europa.[6]

As tentativas feitas nesse período para estabelecer uma república como o Palatinado na Boêmia e as atividades pouco estudadas de John Dee na Boêmia para reformar atividades religiosas não foram bem-sucedidas. Mas os ideais amplamente estabelecidos através dessas ações e a publicação simultânea de folhetos rosacrucianos estimularam a imaginação da sociedade e, conforme algumas fontes acadêmicas, muito provavelmente desembocaram no período conhecido como Iluminismo.[7]

Através da história, lentamente, passo a passo, o processo de transformação da humanidade foi ajudado pelas atividades de sociedades esotéricas positivas. As ações de grupos positivos resultaram em benefícios que às vezes só foram usufruídos por gerações seguintes. Curiosamente, para os estudantes desses grupos e dos altos e baixos da história, eles parecem agir em antecipação ao avanço seguinte necessário à evolução humana. Atualmente, já há algum tempo, as atividades dessas organizações parecem calmas, dependendo talvez da realização de esforços do passado para criar um movimento positivo na humanidade ou à espera de um novo ímpeto irradiado por seu próprio círculo interior.

A tendência da cultura mundial dos últimos duzentos anos tem sido um movimento inexorável em direção a um aperfeiçoamento do conceito de liberdade individual. Hoje, com algumas exceções, vivemos num mundo em que a liberdade individual é tomada como fato consumado. As opções da vontade e da escolha livres das pessoas estão se tornando uma força impulsora. Hoje, mesmo o comércio e a tecnologia unem forças para acelerar esse passo evolutivo quando economias de livre mercado, a Internet e as tecnologias de banda larga logo trarão às pessoas ao redor do mundo opções antes jamais sequer imaginadas para trabalhar, aprender, comunicar-se e participar.

No entanto, nestes tempos, os riscos na luta essencial do espírito aumentaram como nunca. O conflito entre a luz e as trevas é mais sutil, o confronto menos evidente, mas as conseqüências futuras das nossas ações pessoais serão de dimensões incalculáveis dada a variedade de escolhas e a possibilidade de exercitar a auto-indulgência através dos veículos da tecnologia e do comércio sem restrições ou discernimento. O resultado dessa luta, concluir se o homem submergirá ou não no materialismo auto-indulgente ou se o superará para criar um mundo realmente melhor, está longe de ser uma certeza. Ele não depende mais dos outros, mas de nós mesmos. Podemos trabalhar ativamente para nos tornarmos mais espiritualizados, transformando assim a nós mesmos e ao mundo material e realizando com sucesso o que gerações de iniciados sonharam e para o que trabalharam, ou podemos escolher trabalhar para materializar e entorpecer o aspecto espiritual do homem numa nebulosidade até sua perdição derradeira. A escolha de que futuro queremos efetivamente criar é agora responsabilidade individual do homem, e o resultado dessa escolha e das nossas ações será em última instância o legado que passaremos às gerações futuras.

13

O SONHO ROSACRUCIANO

A visão rosacruciana de um mundo melhor explodiu subitamente sobre a Europa do século XVII e seu impacto repercute ainda hoje.

Christopher McIntosh

"Rosacruciano" é uma palavra que a maioria dos leitores já ouviu muitas vezes. Entretanto, se eu pedisse uma definição do termo, provavelmente receberia uma multiplicidade de respostas diferentes. Poderiam me dizer que ele tem algo a ver com o cristianismo esotérico, com a reencarnação, com a alquimia ou com a cabala. Tudo isso faz parte da resposta, mas não é a resposta completa. Assim, o que é Rosacrucianismo? Por enquanto, vamos considerá-lo uma corrente de pensamento e de idéias que vêm circulando através da história há pelo menos três séculos e meio e provavelmente há bem mais tempo, às vezes secretamente, às vezes abertamente, mas sempre impelindo os seres humanos na direção de determinados objetivos. Eu digo que podemos datá-lo a três séculos e meio porque foi quando ele emergiu pela primeira vez. Recuemos então àquele momento da história.

A cena de abertura é a Alemanha no início do século XVII. A Reforma acontecera cerca de cem anos antes. Agora parte da Alemanha era protestante, parte continuava católica. Os dois lados ainda não haviam chegado a um *modus vivendi* satisfatório, e a tensão entre eles logo devia irromper na Guerra dos Trinta Anos, que se revelaria uma das mais nefastas da história européia. Assim, a expectativa era de calamidade iminente. E pairava no ar a sensação de que a civilização européia em geral havia de algum modo tomado a direção errada. Foi então que coisas estranhas começaram a acontecer numa certa parte da Alemanha.

Deslocamos a atenção para a cidade de Kassel. Foi aqui, em 1614 e 1615, que apareceram dois manifestos misteriosos de autoria desconhecida. O primeiro era em alemão, mas o seu título misturava alemão e latim: *Fama Fraternitatis dess Löblichen Ordens des Rosenkreutzes*, que significa: *A Fama (ou Proclamação) da Louvável Ordem da Rosacruz*. O segundo intitulava-se *Confessio Fraternitatis, Confissão da Fraternidade.*

Esses documentos narravam uma história curiosa sobre alguém chamado Christian Rosenkreutz, que nascera em 1378. Aos dezesseis anos, ele viajou para o Oriente Médio e passou algum tempo em Damcar, na Arábia, onde evidentemente existia algum tipo de comunidade utópica. Como diz a *Confessio,* "os que moram na cidade de Damcar, na Arábia... têm uma ordem política muito diferente daquela dos outros árabes. Lá só governam homens sábios e compreensivos que, com a autorização do rei, elaboram leis específicas". Em Damcar, Rosenkreutz aprendeu árabe, recebeu ensinamentos científicos e ocultos e entrou em contato com um livro misterioso, conhecido simplesmente como "Livro M", que ele traduziu para o latim.

Depois de três anos em Damcar, ele foi orientado a ir, via Egito, a Fez, no Marrocos, que era, e ainda é, uma das cidades sagradas do Islã e sede de uma das universidades mais antigas do mundo. Assim, na época em que consta que Rosenkreutz teria ido para lá, a cidade já seria um grande centro de cultura havia muitos séculos. *Fama* descreve a sua experiência em Fez desse modo: "Em Fez ele conviveu com os que em geral são chamados de Habitantes Elementares, que lhe revelaram muitos segredos." (Possivelmente, Habitantes Elementares são os "Espíritos Elementais" da magia.)

Depois de dois anos em Fez, ele foi para a Espanha, na esperança de transmitir os conhecimentos recém-adquiridos, mas encontrou apenas hostilidade e desdém. E essa experiência evidentemente se repetiu em outros países. Então ele voltou para a Alemanha e reuniu em torno de si um pequeno grupo de homens que alimentavam ideais semelhantes; esse foi o início da Fraternidade Rosacruz. A sede da Fraternidade era uma construção chamada Casa do Espírito Santo. Os irmãos se dedicavam ao estudo e à divulgação da sabedoria antiga, e também viajavam realizando boas obras, como a cura de doentes. Consta que um deles foi à Inglaterra, onde curou da lepra o jovem conde de Norfolk. O próprio Christian Rosenkreutz viveu 106 anos, morrendo em 1484.

Depois da sua morte, a fraternidade continuou através dos seus sucessores. Em 1604, os confrades faziam algumas reformas na sede quando se depararam com uma porta secreta inscrita com estas palavras em latim: "Abrirei depois de 120 anos." A porta lhes deu acesso a uma cripta heptagonal iluminada por um sol artificial situado no meio do teto. O piso, as paredes e o teto estavam cobertos de figuras simbólicas, e havia também baús contendo livros e objetos ritualísticos. No centro da cripta erguia-se um altar, e sob o altar estava um caixão com o corpo perfeitamente conservado de Christian Rosenkreutz.

Essa descrição despertaria a imaginação de muitos. Dois séculos e meio mais tarde, a sociedade secreta inglesa Golden Dawn construiu uma cripta que correspondia exatamente ao que Fama descrevia. Um dos rituais centrais da ordem, o ritual de iniciação do Adepto Menor, era uma reencenação da descoberta do corpo de Rosenkreutz.

Os irmãos interpretaram a descoberta da cripta como sinal de que havia chegado o momento para que a entidade se tornasse conhecida publicamente e para convidar as pessoas esclarecidas e de boa vontade a participarem dos seus objetivos e ideais. Quais eram esses objetivos e ideais? Os manifestos não nos dão uma idéia muito clara, mas parece que a irmandade acreditava num sistema de conhecimento universal que incluía teologia, filosofia, matemática, astrologia e assim por diante. Os adeptos acreditavam firmemente em Cristo e nas escrituras. Além disso, diziam ter acesso a um corpo de sabedoria antigo e secreto que os capacitava a interpretar as escrituras corretamente. Tudo indica que estariam se referindo aqui à cabala que, entre outras coisas, é um meio de decodificar a Bíblia. Eles diziam que eram capazes de entender determinados caracteres e letras que formam a base de toda a criação. Novamente, isso parece se referir ao conceito cabalista de que o universo é realmente formado pelas letras do alfabeto hebraico em diferentes combinações.

Talvez a palavra "gnosticismo" seja a que melhor resume essas crenças. Entendo por "gnosticismo" a crença antiga de que o espírito do homem está preso na matéria por obra de um criador perverso. O homem vive debaixo da água, por assim dizer, sem perceber que acima existe luz e ar e que lhe bastaria nadar até a superfície para voltar ao seu elemento verdadeiro. Na visão gnóstica, esse estado de coisas ainda preserva alguma esperança, porque existem pessoas que possuem *Gnose*, isto é, conhecimento ou sabedoria que lhes possibilita nadar até a superfície e ensinar o caminho a outros. (Essa Gnose, esse colete salva-vidas de sabedoria, é muitas vezes representado por uma figura feminina. Os gregos a chamavam de Sofia.) Essa é a essência do gnosticismo, e isso, creio eu, é o que dá sustentação ao rosacrucianismo.

Os rosacruzes também conheciam a alquimia, no sentido de um processo dualístico, físico e espiritual, em que o espiritual era mais importante. Os primeiros rosacruzes pertenciam claramente mais à corrente protestante do que à católica. (Há nos manifestos algumas referências injuriosas ao papa.) Mas eles pensavam que todo o cristianismo precisava de um novo impulso. Acreditavam que toda a Europa estava no limiar de uma nova era em que a iluminação espiritual, intelectual e política e o amor fraterno floresceriam, e se consideravam capazes de ajudar a anunciar essa nova era.

Essa era essencialmente a mensagem dos dois primeiros manifestos, mas, sem dúvida, o que não estava claro era se a fraternidade existia realmente ou se era um mito criado deliberadamente.

Em 1616 apareceu um terceiro documento rosacruciano publicado em Estrasburgo, na Alemanha, com o título *Die Chymische Hochzeit Christiani Rosenkreutz* (O Casamento Químico de Christian Rosenkreutz). O título é um tanto enganoso porque não trata do enlace do próprio Rosenkreutz, mas dá a entender que é um relato feito por ele das suas experiências como convidado ao casamento de um rei e uma rainha. O casamento acontece num castelo que Rosenkreutz encontra depois de árdua jornada.

A história está repleta de imagens ocultistas. Por exemplo, no quinto dia das celebrações, os convidados são levados a uma ilha em sete navios cujas bandeiras representavam os símbolos dos sete planetas. Na ilha, uma operação alquímica é realizada numa torre de sete andares, em que dois homúnculos são criados a partir dos corpos de seis pessoas que foram mortas. No alto da torre há uma abertura por onde descem duas almas que entram nos homúnculos. Finalmente, o grupo volta ao castelo, agora em doze navios com bandeiras representando os signos do zodíaco.

O autor desse documento era um jovem de dezenove anos de idade, Johann Valentin Andreae. Andreae era de fato uma pessoa importante. Ele era pastor e teólogo protestante, muito influente no movimento protestante alemão — na verdade quase uma espécie de Lutero do seu tempo. E o estranho com relação a ele é que em alguns dos seus últimos escritos ele se referiu ao movimento rosacruciano com grande desprezo. Em sua autobiografia, por exemplo, ele o chamou de "piada" — o que levou algumas pessoas a dizer que o *Casamento Alquímico* era na verdade uma tentativa de desmascarar o rosacrucianismo. Eu não acredito nisso. Acredito que Andreae — pelo menos quando escreveu o *Casamento Alquímico* — estava profundamente envolvido com todo o movimento rosacruciano. Assim, esses três manifestos formam a base do movimento rosacruciano como o conhecemos.

A repercussão dos três manifestos foi espantosa, provocaram muita polêmica na Europa. Muitas pessoas escreveram para a fraternidade esperando ser aceitas, mas se alguma recebeu resposta, o fato não ficou registrado. Outras atacaram a fraternidade. Outras ainda diziam fazer parte dela. E no devido tempo muitas sociedades se formaram, imitando a que é descrita nos manifestos originais — os quais, como digo, podem ou não ter existido. Assim, o resultado final foi um núcleo de mistério com múltiplas ramificações que emanavam dessas publicações.

Parte do apelo do movimento rosacruciano está na fecundidade do símbolo da Rosacruz. É possível interpretá-lo de todos os modos imagináveis. Tanto a cruz como a rosa são motivos muito antigos. A cruz aparece em muitas religiões e mitologias e parece indicar uma tendência universal da consciência interior do homem de procurar padrões quádruplos: temos quatro pontos na bússola, quatro estações, quatro elementos, quatro mundos na cabala, e assim por diante. A cruz também sugere masculinidade, e — na tradição cristã — sofrimento, sacrifício e morte.

Também a rosa pode ser vista de muitos modos diferentes. Uma das coisas que ela representa é o segredo. A rosa sobre a porta das tavernas romanas significava que tudo o que fosse dito em estado de embriaguez jamais deveria ser repetido — daí a expressão *sub-rosa*, que significa confidencial.

Num outro nível, a rosa pode ser interpretada como a forma ocidental da flor de lótus. Atualmente, na mitologia indiana, o lótus simboliza o princípio feminino da vida e é o símbolo do *yoni*, ou órgão sexual feminino. Temos assim a rosa/lótus como feminino e a cruz como masculino.

E se considerarmos a antiga mitologia egípcia, descobriremos que Osíris, o deus do mundo subterrâneo que morreu e voltou à vida, é freqüentemente representado com uma coroa de flores de lótus. Temos assim outra interpretação possível: lótus/rosa é ressurreição, cruz é morte. Em outras palavras, a Rosacruz representa o equilíbrio entre uma série de polaridades: morte e ressurreição, masculino e feminino, sacrifício e recompensa pelo sacrifício.

A Rosacruz é um símbolo elusivo, mas muito sugestivo e forte. E é típico da grande tradição da sabedoria interior, de que o rosacrucianismo faz parte, usar esses emblemas taquigráficos que contêm camadas profundas de significado. Podemos encontrar muitos exemplos em livros de emblemas dos séculos XVI, XVII e XVIII — por exemplo, a famosa imagem do golfinho enrodilhado em torno de uma âncora, com o lema *Festina lente* ("Apressa-te devagar"). Esses emblemas servem como código secreto por meio do qual os que estão em contato com as tradições interiores podem comunicar as suas idéias, mas eles também operam em níveis mais profundos do que uma mensagem elaborada em palavras explícitas.

Então, o plano rosacruciano não alcançou o resultado desejado? Não creio, porque esse é um exemplo interessante do que acontece quando se semeia um mistério na mente coletiva da sociedade. É como jogar uma pedra num lago: as pequenas ondas vão e vêm. E, nesse caso, o impacto inicial foi tão forte que as ondas ainda continuam em movimento.

E é isso exatamente, eu acho, o que os autores dos manifestos pretendiam. Eles assumiram a visão de que caso se quisesse criar uma nova era, o modo de fazê-lo era dar aos próprios ideais a forma de uma lenda, revestir essa lenda de mistério, e então lançá-la de modo a provocar debates e controvérsias intermináveis.

Bem, até que ponto essa tática foi bem-sucedida? Os homens que lançaram os manifestos conseguiram produzir as reformas que desejavam? Poder-se-ia muito bem dizer — considerando o estado da civilização ocidental

— que eles falharam. Mas antes de emitir um julgamento, examinemos mais detalhadamente algumas repercussões desses documentos.

Embora a filosofia rosacruciana fosse apresentada como um conjunto único de religião, ciência e assim por diante, ela tendia a se dividir em três correntes diferentes: primeiro, a corrente científica, filosófica; segundo, a corrente social e política; terceiro, a corrente hermética, cabalística e alquímica.

Existem hoje evidências de que a primeira dessas correntes deu origem a numerosas instituições de ensino e pesquisa em várias partes da Europa, incluindo a Royal Society na Inglaterra, que sem dúvida era, e ainda é, um dos organismos científicos mais importantes do mundo. Muitas invenções e descobertas que moldaram a nossa sociedade saíram da Royal Society. Não entrarei em detalhes sobre a relação que existe entre o movimento rosacruciano e a Royal Society, mas um vínculo, por exemplo, se estabelece através de um homem interessante chamado Comenius: um refugiado da Boêmia, membro do círculo de Andreae, interessado em idéias utópicas, que imaginou um estado ideal em que ciência e religião floresceriam lado a lado e onde homens de todos os credos e raças seriam respeitados. Comenius chegou à Inglaterra por volta de 1640 e conheceu os principais cientistas da época. Além disso, é evidente que cientistas como Robert Boyle e John Wilkins conheciam tudo sobre o movimento rosacruciano. Quando a Royal Society foi fundada em 1660, é muito provável que em certo sentido ela fosse uma tentativa de concretizar o ideal científico e filosófico rosacruciano.

Também é possível que as influências rosacrucianas estivessem por trás da criação da maçonaria especulativa. Por exemplo, um poema escocês de 1638 contém os versos:

Pois somos irmãos da Rosacruz
Temos a palavra e a segunda visão do maçom.[1]

Assim, existe claramente pelo menos certa ligação entre o rosacrucianismo e a história inicial da maçonaria. E na maçonaria vemos realmente uma combinação das três correntes que mencionei: a filosófica, a social e a esotérica. Aqui pode haver novamente um nexo com Comenius, porque ele também conhecia muitos dos que estavam por trás da Grande Loja de Londres.

Pense por um momento na influência da maçonaria: no fato de que grande parte dos signatários da Declaração da Independência Americana era maçom, no fato de que os maçons participaram ativamente da Revolução Francesa, e assim por diante.

Dou outro exemplo da influência do rosacrucianismo na história. Mencionei anteriormente que muitas sociedades e fraternidades adotaram o rótulo rosacruciano. Uma das mais importantes foi um grupo maçônico alemão dissidente chamado Ordem da Cruz Dourada e Rósea. Essa Cruz Dourada e Rósea foi um fenômeno extraordinário. Ela foi uma espécie de Golden Dawn da sua época, reunindo e combinando muitos elementos diferentes, a exemplo da Golden Dawn. Na verdade, a Golden Dawn adotou o sistema de graus praticado pela Cruz Dourada e Rósea.

O objetivo da ordem era este: "tornar eficazes as forças ocultas da natureza, liberar a luz da natureza que ficou profundamente enterrada sob o entulho resultante da maldição, e assim acender em cada irmão uma tocha com cuja luz ele será capaz de perceber melhor o Deus recôndito... e desse modo unir-se mais intimamente à fonte original de luz."[2]

A passagem é gnosticismo puro e confirma o que eu dizia anteriormente sobre o caráter gnóstico de todo o movimento rosacruciano.

A Cruz Dourada e Rósea foi fundada por volta de 1757, e em pouco tempo já contava com lojas espalhadas por todo o mundo de língua germânica. Havia, por exemplo, uma loja muito ativa no ducado de Sulzbach. E não é coincidência o fato de que Sulzbach era na época um grande centro de estudos herméticos e cabalísticos, dispondo inclusive de uma gráfica hebraica.

Mas a ordem chegou ao apogeu quando um dos seus membros se tornou rei da Prússia em 1786, Frederico Guilherme II, sucessor de Frederico II, o Grande. Durante o seu reinado, a corte e o governo foram dominados por uma panelinha rosacruciana liderada pelos dois mentores rosacrucianos do rei, Johann Christoph Wöllner e Johann Rudolf von Bischoffswerder. Wöllner era um tanto fanático, e conta-se que certa ocasião ele escreveu a um companheiro de ordem recomendando-lhe que parasse de duvidar de que os adeptos do oitavo grau tinham a capacidade de chocar galinhas de ovos cozidos.

Sob Frederico Guilherme II, a Prússia se tornou praticamente um Estado rosacruciano por algum tempo. Infelizmente, tudo desmoronou porque Wöllner e Bischoffswerder seguiam políticas totalmente reacionárias, tornaram-se impopulares e por fim foram destituídos de suas funções quando o rei morreu e o seu filho assumiu o trono. Assim os rosacrucianos — como qualquer outro grupo humano — às vezes falharam.

Eu poderia dar muitos outros exemplos sobre a influência prática do rosacrucianismo. Eu poderia mencionar a comunidade mística de colonizadores alemães na Pensilvânia que era influenciada por idéias rosacrucianas. Poderia aludir à Golden Dawn e às suas inumeráveis ramificações. Poderia referir a imensa quantidade de literatura, arte e mesmo música inspiradas pelo rosacrucianismo.

Assim começa a parecer que aqueles primeiros rosacrucianos alcançaram alguns objetivos, afinal.

Quando voltamos a atenção para algo como o rosacrucianismo, os templários, a franco-maçonaria ou as lendas do Santo Graal, vemos apenas a ponta de um *iceberg*. Acredito que por trás desses fenômenos está uma corrente muito antiga. Não sei que forma precisa essa corrente assume, mas creio que ela vem à tona de quando em quando na história da humanidade. Ela pode emergir na forma óbvia de um movimento esotérico. Pode também manifestar-se de modos mais sutis. Ela pode aparecer nas artes ou na ciência; na arquitetura, no paisagismo, no artesanato, na tipografia. Mas geralmente a reconhecemos quando a vemos, porque ela tem uma certa marca de aspiração pela beleza e verdade eternas.

E nesse ponto eu gostaria de mencionar uma peça de ficção que me tocou muito por ser uma alegoria notável do movimento rosacruciano. Ela está num conto de Jorge Luis Borges chamado *Tlön, Uqbar, Orbis Tertius*. A essência da história é essa: você é solicitado a imaginar um grupo de pessoas que se reúnem e decidem que inventarão um país fictício. Elas concluem que não podem inventar um país isolado e por isso precisam idealizar um planeta inteiro. E é o que fazem. Além disso, elas produzem uma enciclopédia de quarenta volumes sobre esse planeta, que chamam de Tlön. A enciclopédia contém descrições minuciosas de cada aspecto desse mundo imaginário: sua geografia, história, folclore, religiões, línguas e suas gramáticas, literatura e assim por diante. Então, furtivamente, elas deixam vazar algumas pistas sobre esse mundo imaginário — inicialmente apenas algumas pequenas coisas, como objetos religiosos. Depois introduzem sub-repticiamente uma cópia da enciclopédia numa biblioteca, e aos poucos esse mundo misterioso começa a povoar a imaginação das pessoas a um ponto tal que o mundo real começa a imitá-lo. E quase no fim da história Borges escreve: "Uma dinastia esparsa de homens solitários mudou a face do mundo. A tarefa deles continua." Isso poderia igualmente descrever muito bem os homens que lançaram o movimento rosacruciano.

Para concluir, faço a seguinte pergunta: Qual é a importância de tudo isso para nós hoje? Em primeiro lugar, é possível traçar alguns paralelos entre a época dos manifestos rosacrucianos e os dias atuais. Havia então a mesma sensação, como hoje, de que o mundo vivia no caos e que precisava de uma mudança de direção. E havia a mesma expectativa de chegada de uma Nova Era. Os rosacrucianos relacionaram essa expectativa com certas indicações astrológicas. Do mesmo modo, nós a associamos com a Era de Aquário.

A visão rosacruciana da Nova Era faz muito sentido atualmente. Mencionei a ênfase rosacruciana à universalidade. Um aspecto disso é a necessidade de aproximar religião e ciência, de modo que o cientista trabalhe sempre com um espírito de serviço a Deus, como faziam os alquimistas. Vemos atualmente um esforço renovado para reconciliar ciência e espiritualidade. Além disso, essa visão holística começou a abarcar não apenas a religião e a ciência, mas muitas outras áreas da nossa cultura, incluindo arte, arquitetura, tecnologia, política e ecologia.

Creio que talvez a coisa mais importante sobre a relevância do caminho rosacruciano para nós, atualmente, seja que ele envolve não apenas a iluminação pessoal, mas também o serviço num sentido mais amplo. Estamos falando sobre uma visão completa, um sonho de como a humanidade e o mundo poderiam ser. Se você quer ter um sonho, o sonho rosacruciano ainda está vivo.

14

A CIVILIZAÇÃO MAÇÔNICA

A origem da Maçonaria continua sendo um mistério envolto em muita polêmica, mas a civilização moderna é em grande parte um projeto maçônico.

Richard Smoley

M*açonaria*. Para alguns, a palavra conota conspirações sinistras, maquinações escusas que, por meios ignorados e dificilmente imagináveis aos mortais comuns, depõem governos e manipulam economias.

Para outros, mais afeitos à observação do que à imaginação, ela evoca imagens de pequenas cidades americanas, de cidadãos robustos vestindo ternos baratos, reunindo-se na loja localizada no segundo andar de um prédio comercial decadente na avenida principal.

Em qualquer dos casos, o buscador de hoje pode se perguntar por que a maçonaria deveria interessá-lo. Embora algum conhecimento esotérico possa estar contido nesses rituais peculiares, qual a eficácia desse conhecimento? Os maçons que conhecemos — um pai ou um tio, talvez — longe de ser mestres místicos, em geral se confundem modestamente com os que ocupam as posições obscuras de uma classe média.

Eu não sou maçom. Não conheço nada sobre essa tradição além do que se pode encontrar em livros. Entretanto, com base nas poucas leituras que fiz, estou convencido de que cada buscador espiritual hoje tem um débito incalculável para com a franco-maçonaria. Pode-se inclusive dizer que a nossa civilização é fundamentalmente maçônica. (Franco-maçonaria e maçonaria são termos mais ou menos permutáveis; "a Arte Real" é outra denominação que a designa.)

Para compreender por que a maçonaria é tão importante, é preciso remontar às suas origens — pelo menos até onde podemos acompanhá-las. O texto maçônico mais antigo conhecido, "Antigos Deveres" (ou Antigas Obrigações/Rituais = "Old Charges"), possivelmente escrito em 1400, se não antes, expõe uma herança lendária que começa com o patriarca antediluviano Jabal, que descobriu a geometria ("cuja Ciência é chamada de Maçonaria") e registrou as suas descobertas em colunas de pedra. Depois da destruição de toda a civilização humana pelo dilúvio, o sábio egípcio Hermes Trismegisto redescobriu esse conhecimento e o transmitiu a uma linhagem que inclui Nimrod, Abraão, Euclides e os oitenta mil maçons que teriam trabalhado no Templo de Salomão.[1]

Como muitos ramos das tradições secretas ocidentais, também a maçonaria afirma ter suas raízes no antigo Egito e em Israel. Mas a maioria dos estudiosos de hoje — entre eles muitos maçons — diria que não existem provas que sustentam essa posição. Por isso, quase todos optam por uma de duas teorias sobre as origens maçônicas.

A primeira afirma que a maçonaria evoluiu das guildas de pedreiros medievais. A guilda medieval, uma combinação de sindicato e monopólio regulado, tinha a responsabilidade de preparar estagiários e de preservar os segredos da profissão; essa foi a origem das famosas senhas maçônicas e dos toques secretos. E como a civilização medieval estava impregnada de religião, foram incluídas orientações espirituais e éticas no treinamento dos aprendizes, ponto inicial das lições transmitidas nos graus maçônicos.

No início do período moderno, o sistema de guildas começou a desestruturar-se; à medida que isso acontecia, as associações de pedreiros práticos e atuantes — conhecidas como "maçonaria operativa" — evoluíram para a "maçonaria especulativa" das lojas atuais. A antiga simbologia do prumo e do esquadro, do compasso e do nível, foi conservada para as virtudes éticas e morais, mas agora apenas simbolicamente. Por fim, o aspecto "operativo" também se perdeu e os maçons eram recrutados principalmente entre a nobreza e a burguesia.

Essa é a primeira teoria. Ela é divulgada em caráter semi-oficial por algumas organizações e livros maçônicos, e é a explicação mais ou menos generalizada; ela envolve alguns problemas importantes, porém. Como observa Christopher Knight, essa teoria não explica por que a maçonaria parece ter-se originado na Escócia, onde havia poucas guildas de pedreiros, se é que as havia, e não no Continente, onde a quantidade dessas associações era grande. Ela também não diz por que, numa época em que o que mais maculava a posição social do indivíduo era qualquer possível ligação com um trabalho manual, a pequena nobreza e a classe letrada de repente passou a se interessar pelo conhecimento transmitido numa associação profissional. É como se uma senhora da alta sociedade atual fosse ao sindicato local em busca de conhecimento esotérico. Finalmente, os sentimentos religiosos expressos nos textos preservados das guildas são fortemente cristãos, mas quase inexistem na maçonaria motivos explicitamente cristãos.

A segunda teoria é bem mais romântica (o que pode ser uma desvantagem se ela for julgada por historiadores que fazem questão de ser cautelosos e moderados). Ela afirma que a franco-maçonaria é uma reformulação do conhecimento possuído por aquela misteriosa ordem medieval conhecida como os Cavaleiros Templários. Alguns estudiosos, especialmente o historiador amador John J. Robinson, sustentam convincentemente essa visão. A minha tendência é concordar com eles, e justifico por quê.

Os templários chegaram ao auge do seu poder no século XIII, quando exerciam enorme influência não somente na Terra Santa mas em toda a Europa. Quando a Palestina foi tomada pelos muçulmanos em 1291, porém, os templários perderam a sua razão de ser, e várias forças, inclusive o Papa, planejaram unificá-los com a ordem rival dos templários, os Cavaleiros Hospitalários. Talvez por excesso de confiança no seu prestígio, os templários não souberam negociar com habilidade nessa situação. Muitos foram presos, torturados e executados.

Nem todos os templários caíram nas mãos dos seus inimigos. Muitos deles nunca foram presos, e uma frota composta de dezoito navios simplesmente desapareceu do porto francês de La Rochelle; ninguém sabe o que aconteceu com as centenas de cavaleiros que estavam nesses navios.[2]

Depois disso, parece que muitos templários se refugiaram na Escócia, cujo rei, Roberto Bruce, estava na época sob excomunhão de Roma e também lutava para manter o país livre do domínio inglês. A causa escocesa não evoluía bem; os ingleses haviam construído fortalezas em quase toda a Escócia, e a derrota para o exército inimigo parecia apenas uma questão de tempo.

Mas em 1314 a maré deu uma virada decisiva. Na celebrada batalha de Bannockburn, Roberto Bruce derrotou as forças inglesas, duas vezes e meia mais numerosas que as dele, garantindo a independência da Escócia pelos trezentos anos seguintes. Por estranho que pareça, mesmo aqui a batalha parecia perdida para os escoceses quando, no último momento, uma força misteriosa acorreu em seu socorro. Os relatos sobre esse acontecimento são truncados; a versão mais conhecida diz que os serviçais de acampamento do exército escocês entraram no confronto tocando trompas e agitando bandeiras feitas por eles mesmos. Confundindo-os com reforços verdadeiros, os ingleses entraram em pânico e fugiram.[3]

Não é preciso ler muitos relatos de batalhas para entender como a situação pode se inverter em decorrência de uma ocasião propícia como essa. Ainda assim, é estranho pensar que os orgulhosos cavaleiros ingleses pudessem ter sido dispersados por uma brigada maltrapilha de prostitutas e lavadores de pratos.

Outra explicação, preferida por Michael Baigent e Richard Leigh, esses paladinos incansáveis da história alternativa, diz que a força misteriosa era um destacamento dos cavaleiros templários, e que a lenda do ataque dos serviçais do acampamento foi uma história inventada para despertar o orgulho nacional escocês, ao mesmo tempo em que disfarçava a origem verdadeira do socorro a Roberto Bruce.[4] De qualquer forma, até a época em que o anátema da excomunhão foi suspenso na Escócia em 1328, os templários teriam tido muitas ocasiões para encontrar proteção.

Existem algumas evidências para a sobrevivência dos templários nas Ilhas Britânicas depois da extinção da ordem. Robinson afirma que a Revolta dos Camponeses na Inglaterra em 1381 não foi uma sublevação espontânea, mas um acontecimento cuidadosamente orquestrado pelos herdeiros da linhagem templária. Ele observa, por exemplo, que as massas revoltadas muitas vezes extrapolavam os limites das manifestações e punham-se a saquear propriedades pertencentes aos Cavaleiros Hospitalários, que haviam se apossado das propriedades dos templários na Inglaterra. Robinson observa também que o líder da revolta foi um certo Wat Tyler — e todo bom maçom sabe que "Tyler" é uma função da loja: é ele que monta guarda no lado de fora do templo, ou seja, é o cobridor externo.[5]

Robinson menciona também uma curiosa alusão que faz parte do rito de iniciação do terceiro grau, o de Mestre Maçom. Durante a cerimônia, o oficiante diz ao candidato que a iniciação "fará de ti um irmão de piratas e corsários".[6] Será essa uma lembrança dos navios templários que desapareceram e que (podemos especular) se dedicaram à pirataria para se vingar dos pérfidos poderes europeus? A relação se torna mais plausível quando se lembra que um dos símbolos associados ao grau do Mestre Maçom é o crânio e os ossos cruzados sobre um fundo preto — a bandeira dos piratas que qualquer colegial conhece.

Finalmente, há a questão dos "juramentos de sangue". Os rituais maçônicos fazem referência a inúmeras punições horrendas que o iniciado invoca sobre si caso chegue a violar o segredo. No segundo grau, o de Companheiro, por exemplo, o candidato se compromete por juramento "sob pena não menor do que ter o lado esquerdo do meu peito dilacerado e o meu coração e órgãos vitais daí arrancados e lançados sobre o meu ombro esquerdo e levados para o vale de Josafá".[7]

Como assinala Robinson, esses juramentos são inexplicáveis no que diz respeito aos segredos dos pedreiros — mas muito compreensíveis aos templários em atividade que, se fossem entregues à Inquisição, seriam submetidos a tormentos muito mais dolorosos do que esses.

A evidência de uma conexão templária é mais sucinta e intrincada do que posso realmente fazer-lhes justiça aqui; mas, se aceitamos essa hipótese, podemos perguntar como os templários se transformaram em franco-maçons. Para ter uma idéia disso, precisamos examinar uma pequena e peculiar capela situada a alguns quilômetros ao sul de Edimburgo, conhecida como Capela de Rosslyn. Ela está na propriedade da família St. Clair ou Sinclair e foi construída entre 1441 e 1486. Embora seja aparentemente a capela particular de uma família aristocrática, ela nunca foi usada como tal; a capela de St. Clair está no interior da casa.

Além disso, Rosslyn parece ter uma grande quantidade de motivos não-cristãos. "A figura que aparece com maior freqüência", escrevem Baigent e

Leigh, "é o 'Homem Verde' — uma cabeça humana com videiras brotando da boca e às vezes das orelhas, que em seguida se espalham desordenadamente, em proliferação emaranhada, pelas paredes".[8] Teria o "Homem Verde" relação com "Bafomet", a cabeça com barbas longas que os inimigos dos templários os acusavam de adorar?

Christopher Knight e o seu co-autor Robert Lomas sugerem em seu livro *A Chave de Hiram* que Rosslyn foi construída como réplica do Templo de Herodes, no qual os templários realizaram escavações durante a sua permanência na Terra Santa. Rosslyn inclusive tem duas colunas, "a coluna do aprendiz" e "a coluna do maçom" que, segundo Knight e Lomas, correspondem às duas colunas, Jachin e Boaz, do Templo de Jerusalém — e da loja maçônica.

Mas uma das evidências mais impressionantes é um entalhe numa parede de Rosslyn. Knight afirma que ela retrata a surpreendente cena da iniciação maçônica de primeiro grau — realizada por uma figura vestida em trajes templários. Knight e Lomas concluem:

> Muitos maçons modernos acreditam que a sua organização derivou das práticas rituais de uma classe trabalhadora semiletrada das guildas medievais de pedreiros. Essa é uma teoria das origens repleta de problemas, mas ela parecia explicar as bem documentadas referências às primeiras lojas operativas da Escócia. A razão verdadeira é o inverso: foram os maçons especulativos (templários) que adotaram os maçons operativos (pedreiros) e os iniciaram nos segredos mais elementares relacionados com o Templo de Salomão.[9]

Nos inícios do século XVII, a maçonaria começa a entrar na cena pública, e encontramos registros de reuniões de lojas em várias cidades escocesas. Dependendo do autor em quem se põe fé, a maçonaria nesse momento começou a ser influenciada pelas correntes esotéricas que Frances Yates denominou "iluminação rosacruciana" ou, alternativamente, essas dimensões esotéricas simplesmente se tornaram mais conhecidas. Por volta de 1638, um poeta escocês de nome Henry Adamson podia escreve:

Porque o que predizemos não é comum,
Pois somos irmãos da Rosacruz;

Temos a palavra Maçônica e a segunda visão;
Coisas que hão de vir prevemos com correção... [10]

Poderia ser uma interpretação forçada dizer que Adamson estava especificamente relacionando os maçons com os rosacruzes (a ordem misteriosa que foi objeto de vários escritos famosos compostos em torno de 1614); ele poderia simplesmente estar jogando com associação de idéias, como um satírico de hoje poderia relacionar Shirley MacLaine com cristais e com a Atlântida sem acreditar que uma coisa tivesse necessariamente algo a ver com a outra.[11]

Mas há outra demonstração da existência de um elo entre maçonaria e rosacrucianismo. Um dos maçons especulativos mais influentes do século XVII foi um inglês chamado Elias Ashmole, iniciado em 1646. Ashmole, um antiquário famoso (a sua coleção constitui a essência do Ashmolean Museum de Oxford), foi também um dos fundadores da Royal Society, a primeira organização moderna dedicada à pesquisa científica. Antes da sua instalação formal em 1660, os membros do grupo, reunindo-se informalmente, se autodenominavam "Colégio Invisível" — um termo tomado dos manifestos rosacrucianos. Quase todos os primeiros filiados da Royal Society eram maçons.[12]

Desse ponto em diante a história da maçonaria se baseia mais em registros e menos em conjecturas. Depois da criação da Grande Loja da Inglaterra em 1717, a história da maçonaria começa a chamar a atenção. Alguns dos líderes mais eminentes da Revolução Americana eram maçons, e a franco-maçonaria foi pelo menos tão importante para formar uma Itália moderna unificada quanto o foi para influenciar os Pais Fundadores dos Estados Unidos.

Assim, se a teoria templária for verdadeira, a traição dos templários perpetrada pelo rei e pelo papa foi amplamente reparada, porque a franco-maçonaria tem sido um dos principais fiadores do sistema republicano contra a monarquia e da pesquisa científica e racional em contraposição ao dogma eclesiástico. Mas isso é tudo a que se chega? O surgimento da ciência e da democracia modernas foi apenas um longo e prolongado ato de vingança? E isso torna os maçons inimigos do catolicismo, como muitos católicos — e não poucos maçons — parecem acreditar? Creio que não. Vale a pena tentar entender por quê.

A civilização ocidental, em que pese toda a sua grandeza, nunca conseguiu conciliar satisfatoriamente o sagrado com o secular. O cristianismo, perseguido tanto pelas autoridades judaicas como romanas, não teve um relacionamento saudável com os poderes do mundo em seu período de formação. Quando, quase acidentalmente, ele se tornou a religião oficial do Império Romano no século IV d.C., a igreja cristã estava mais ou menos despreparada para o papel. Nos séculos posteriores a ortodoxia oriental se tornaria um braço do Estado bizantino, enquanto o catolicismo, entrando no vácuo criado pelo colapso do império ocidental, começou a interferir nas questões do poder secular.

No século XIII, papas como Inocêncio IV não eram somente senhores temporais (governando sobre quase toda a Itália central) mas também reivindicavam soberania universal; eles consideram monarcas seculares como o Santo Imperador Romano meros súditos. (Os próprios imperadores não viam as coisas dessa maneira, naturalmente, o que levou a algumas das maiores lutas políticas da Idade Média.)

Foi nessa atmosfera que a ordem dos templários foi dissolvida. Papas e bispos manipulavam e, alternadamente, eram manipulados por reis e imperadores da Europa, e a corrupção grassou numa escala que faz a nossa fúria quanto às finanças de Whitewater e Newt Gingrich parecer nada. Seja qual for a possível verdade relacionada com a idéia de heresias templárias, o fato é que a principal razão para a dissolução da ordem provavelmente foi a cobiça das autoridades pelas riquezas que eles possuíam.

Sexta-feira, 13 de outubro de 1307, foi o dia que os poderes profanos e religiosos escolheram para se lançarem sobre os templários; para a civilização ocidental esse dia foi de grande infortúnio, sem dúvida. Porque a dissolução dos templários parecia ser a prova final de que, apesar do considerável poder espiritual que a igreja possuía e ainda possui, ela não era confiável quando se tratava de assuntos seculares.

Desde esse tempo, aceitando-se o nexo entre templários e maçons, os herdeiros da linhagem templária na Europa e nas Américas vêm lutando para separar a autoridade secular da sagrada, culminando em conquistas como a Primeira Emenda da Constituição Americana. Essa luta não alcançou a vitória em um dia e nem em um século; a tolerância religiosa foi um sonho distante durante muitos séculos depois que os templários foram encarcerados.

Pelo que entendo, a maçonaria não questiona os ensinamentos espirituais da Igreja; a crença que ela exige num Ser Supremo e numa vida após a morte é perfeitamente coerente com o catolicismo. Mas por sua insistência no respeito a todas as religiões, a franco-maçonaria desafia as pretensões católicas (e de todas as outras religiões) a um monopólio exclusivo da verdade espiritual; só no sentido de que ela contesta a doutrina *Extra ecclesiam nulla salus* ("Fora da Igreja não há salvação") é que a maçonaria pode ser chamada de anticatólica. Por motivos semelhantes, ela assusta muitos fundamentalistas protestantes.

Dado que tanto a ciência como a democracia modernas têm origens maçônicas, não é totalmente despropositado afirmar que a nossa civilização é uma civilização maçônica. Isso não quer dizer que ela não tenha defeitos. Como a civilização cristã medieval que a precedeu, a moderna civilização "maçônica" tem os seus próprios problemas: o governo representativo também tende a abusos, e o cientismo se transformou numa nova forma de fanatismo. Se não forem controlados, esses excessos podem provocar uma reação do "círculo consciente da humanidade" muito parecida com a que transformou os templários em maçons. Muito provavelmente, porém, a civilização maçônica, como as que a precederam, é apenas uma etapa de um imenso programa de construção de um magnífico Templo de experiência humana, cuja natureza e objetivo não conseguimos sequer imaginar atualmente.

Outra pergunta que às vezes se faz é esta: Existe uma conspiração maçônica manipulando os acontecimentos mundiais nos bastidores? Eu não tenho como saber, mas pelo que tudo indica a maçonaria tem hoje menos influência do que um século atrás. Acredito que existam alguns círculos em que a afiliação maçônica pode facilitar o progresso pessoal — mas isso não significa absolutamente dizer que se trata de uma rede negra de mal internacional. Conexões na rede de compadrio e o que o sociólogo C. Wright Mills chama de "elite do poder" provavelmente são muito mais influentes para o avanço pessoal do que anéis maçônicos ou apertos de mão secretos — como certamente o são na política global e nas decisões comerciais.

Mas afastemo-nos de perspectivas tão amplas e perguntemos o que a maçonaria oferece num sentido espiritual. Há muitas interpretações para os rituais, símbolos e graus maçônicos; algumas são mais razoáveis e dignas de crédito do que outras, mas nenhuma é considerada absoluta no seio da própria maçonaria. Isso sugere não somente que a maçonaria procura evitar a submissão a credos e formulações, mas também que o significado essencial dos seus rituais está nos ritos em si. Quer dizer, o seu sentido não é alguma espécie de mensagem verbal implícita, mas sim o efeito que eles exercem sobre o ser do candidato. Adequadamente realizados, os rituais devem deixar a sua marca distinta no indivíduo, tanto no nível consciente como no inconsciente. Como Thomas Worrel observou num artigo sobre os graus maçônicos, o processo pode se parecer com a descrição da individuação apresentada por C. G. Jung.[13]

Para mim, o mais fascinante dos mistérios maçônicos está relacionado com o ritual do Mestre Maçom, que reconta a história da morte de Hiram Abiff (às vezes Adoniram, "o senhor Hiram").

Nessa lenda, Hiram trabalha como arquiteto-chefe do Templo de Salomão.[14] Três "rufiões" conspiram para arrancar-lhe o segredo de Mestre Maçom. Certo dia, no momento de sair da construção inacabada pela porta sul, Hiram é abordado pelo primeiro rufião. Este, armado de uma régua, exige que Hiram lhe revele o segredo do Mestre Maçom. Como Hiram não cede, o rufião o fere com a régua na têmpora direita. Hiram cai sobre o joelho esquerdo.

Então o arquiteto corre para a porta oeste, onde é detido pelo segundo rufião, armado de um nível. Diante da mesma exigência, Hiram recusa novamente e é atingido na têmpora esquerda, caindo sobre o joelho direito.

Agora, debilitado e sangrando, Hiram cambaleia até a entrada leste, onde o terceiro rufião o espera. Também frustrado em sua tentativa, ele golpeia a testa de Hiram com uma pesada marreta de pedra, deixando-o morto.

Os assassinos enterram Hiram no "entulho do templo", desenterrando-o mais tarde para dar-lhe um túmulo mais permanente sob uma acácia, no lado oeste da construção. O rei Salomão, e um outro Hiram, rei de Tiro, ordenam uma procura do mestre desaparecido. Um grupo de trabalhadores o encontra, e Salomão enterra Hiram Abiff pela terceira e última vez perto do Santo dos Santos do templo inacabado. Salomão ergue um monumento em sua homenagem com a imagem de uma virgem chorando sobre uma coluna quebrada e segurando um ramo de acácia; atrás dela está a figura do Tempo com uma gadanha, segurando uma cobra pela cabeça. Com Hiram morto, o Templo ficará inacabado até que alguém que conheça a "Palavra do Mestre" possa concluí-lo.[15]

O que esse estranho conto poderia significar? Tentarei dar uma explicação. Não pretendo que seja definitiva; na verdade, como já afirmei, isso provavelmente é impossível. O que vou dizer se deve em grande parte a um relato que consta da fascinante e concisa obra de Harold W. Percival, escrita em 1946, *Thinking and Destiny*.[16]

Hiram é a consciência. O Templo que ele está construindo é o Eu verdadeiro, o ser humano completo e integrado. Os três rufiões são as três funções comuns que operam no homem, em geral descritas como pensamento, sentimento e ação. Os três rufiões trabalham juntos, pelo menos o suficiente para conspirar contra Hiram. Mas como eles são desintegrados e inconscientes, não conseguem alcançar o seu objetivo. Na verdade, apenas acabam "matando" a consciência, isto é, fazendo-a descer para o esquecimento da vida ordinária.

Também existem funções superiores no homem, simbolizadas por Salomão e Hiram de Tiro. Eles também não têm o segredo da consciência. Mas podem pelo menos erguer um memorial — isto é, uma lembrança de que algo foi perdido. Até que aquilo que se perdeu seja encontrado, o homem estará sujeito às forças do tempo e da ilusão (simbolizada pela serpente).

Curiosamente, os três rufiões se chamam Jubelo, Jubela e Jubelum. A primeira parte dos nomes assemelha-se obviamente a Jabal, o descobridor da "Ciência chamada Maçonaria," enquanto os sufixos se parecem com as terminações latinas do masculino, do feminino e do neutro. Mas como observa Percival, essas terminações comportam outra dimensão. Reunindo-as, temos "Aoum", ou a sílaba sagrada "Om", que Percival equipara à verdadeira palavra do maçom. Quer dizer, os três rufiões, as funções inferiores do homem, possuem parte do segredo da consciência. Mas eles não possuem o segredo de como integrá-las e levá-las ao nível mais elevado simbolizado pelo Templo.

Se a maçonaria é uma tradição iniciática verdadeira, ela contém nos seus rituais, ensinamentos e símbolos os meios para recuperar essa palavra perdida e levar o Templo à sua conclusão. (Tenho a informação de que isso faz parte do ritual do Arco Real, um dos graus mais elevados da maçonaria.)

Pessoalmente, eu não tenho experiência para dizer se a maçonaria, agora ou em algum momento, possuiu o segredo da recuperação da "palavra perdida" da consciência. Mas a tradição maçônica tem sido uma inspiração fundamental para muitos dos caminhos modernos do esoterismo. H. P. Blavatsky deve muito a ela; os fundadores da Ordem Hermética da Aurora Dourada eram todos maçons de graus elevados; acredita-se que a própria Wicca Gardneriana, com os seus três graus de iniciação, inspirou-se nos três primeiros graus da franco-maçonaria.

Isso nos leva de volta, talvez, à idéia de conspiração; paranóicos podem bradar que esta é mais uma evidência de algum grande plano secreto para seduzir a humanidade para o covil de Satã. Quanto a mim, não vejo nada disso; na verdade, se existe uma conspiração de âmbito global para ampliar a consciência e promover a tolerância, a pesquisa científica e governos representativos, posso apenas lamentar que ela já demonstrou não ser muito vigorosa.

MÍSTICOS E MESTRES

15

CÉUS E INFERNOS

OS MUNDOS INTERIORES DE EMANUEL SWEDENBORG

Em suas muitas jornadas espirituais, o visionário sueco viu o céu e o inferno como lugares onde as nossas "verdadeiras afeições" se revelam.

Gary Lachman

Pelos padrões ortodoxos, a idéia de que o mundo que conhecemos não é o *único* é uma noção estranha, fantástica. Essa visão materialista, que afirma que a realidade é o que percebemos através dos sentidos, é aceita quase universalmente; de fato, porém, ela é uma concepção muito recente. Raças e culturas ancestrais não acreditavam que a realidade se restringisse ao que se podia ver, ouvir, tocar, provar ou cheirar. Com efeito, elas acreditavam na existência de um mundo espiritual invisível tanto quanto nós acreditamos no mundo físico. Para um homem da Idade Média, a existência de um espírito do mundo era tão evidente quanto a de uma árvore ou de uma casa. Talvez ela fosse ainda mais óbvia, porque a religião lhe dizia que o mundo físico tinha pouca importância e que o seu destino eterno estava nos mundos além.

Embora a visão da realidade de "um só mundo" — descrita por William Blake como a "visão única e o sono de Newton" — tenha dominado a nossa cultura nos últimos séculos, sempre houve no Ocidente uma corrente de pensamento que manteve viva a idéia de outros mundos. Em tempos recentes essas duas noções de realidade se envolveram numa dialética curiosa. Enquanto os neurocientistas se unem em torno da base pretensamente física da mente, a cultura popular testemunhou, numa escala nunca antes vista nos tempos modernos, o surgimento de um movimento para incluir outros mundos. Canalizadores, psíquicos, místicos e visionários de toda sorte aglomeram-se no mercado espiritual, alguns oferecendo artigos proveitosos, outros tirando proveito de natureza mais duvidosa.

Em *As Portas da Percepção* e *Céu e Inferno,* Aldous Huxley escreveu: "Como a Terra de cem anos atrás, a nossa mente ainda tem as suas Áfricas negras, os seus Bornéus não mapeados e as suas bacias amazônicas."[1] Vemos imediatamente nessas palavras a atração que outros mundos exercem e os problemas que as tentativas de explorá-los acarretam. É fácil perder-nos em regiões desconhecidas, e sem termos pelo menos uma leve idéia do terreno é difícil julgar as sensações de quem diz tê-lo percorrido. *Poderíamos* aventurar-nos e correr os riscos, aceitando os depoimentos extravagantes de outros, embora sem dispor de meios para verificá-los. Mas o mais recomendável é encontrar um guia confiável.

Um dos guias mais sistemáticos e internamente sólidos para outros mundos na era moderna é o filósofo visionário sueco Emanuel Swedenborg. Pode-se conjeturar que ao intitular o seu livro sobre estados visionários de *Céu e Inferno,* Huxley estava prestando homenagem a Swedenborg, cuja própria obra com esse título é um dos mais fascinantes guias para outros mundos no cânone espiritual do Ocidente. Em 1745, com 57 anos de idade, Swedenborg passou por uma crise espiritual profunda. O resultado foi uma cartografia insuperável dos reinos interiores, raramente igualada por qualquer viajante desses mundos, antes ou depois.

PODERES PSÍQUICOS

Emanuel Swedenborg — ou, como a sua família se chamava até conquistar posição entre a nobreza, Swedberg — nasceu no dia 29 de janeiro de 1688, em Estocolmo, Suécia, e morreu em Londres, em 29 de março de 1772. Mesmo com relação à própria morte, o homem que passou mais de vinte anos registrando conversas com anjos e espíritos deu provas da sua capacidade de romper as barreiras entre este mundo e os mundos além. No último mês de vida, Swedenborg ficou sabendo por intermédio do mundo do espírito que John Wesley, fundador do Metodismo, queria conhecê-lo. Embora Wesley *quisesse* conhecer Swedenborg, ele não mencionou esse desejo a ninguém. Alguns dias antes de iniciar um longo circuito de palestras, Wesley recebeu uma carta de Swedenborg dizendo que ele, Swedenborg, havia sido "informado no mundo dos espíritos de que você alimenta um grande desejo de conversar comigo".[2]

Wesley ficou espantado, e respondeu dizendo que lamentava ter de adiar uma visita por alguns meses, mas que agradecia se pudesse ser recebido quando retornasse a Londres. Swedenborg respondeu que isso seria impossível, pois ele devia morrer no dia 29 do mês seguinte, o que realmente aconteceu.

A previsão da data da própria morte é apenas um exemplo dos extraordinários poderes psíquicos de Swedenborg. Relatos dos seus dons foram documentados nos muitos livros escritos sobre a sua vida, e esta exposição das suas capacidades psíquicas poderia estender-se consideravelmente. Por fascinantes que sejam, porém, esses "milagres menores" — como o psicólogo Wilson Van Dusen os denomina[3] — não são em si a substância responsável pela enorme influência espiritual de Swedenborg. Mas autores notáveis como Goethe, William Blake, Henry James Sr., Samuel Taylor Coleridge, Honoré de Balzac, W. B. Yeats e August Strindberg foram profundamente influenciados pelos escritos de Swedenborg sobre outros mundos. Para Ralph Waldo Emerson, Swedenborg era "um dos mastodontes da literatura... impossível de ser confrontado com congregações inteiras de sábios comuns".[4] E para Helen Keller, ela própria, de outros modos, habitante de um mundo invisível, os seus "grandes volumes em Braille contendo os ensinamentos de Swedenborg" estavam "repletos de segredos do mundo espiritual".[5]

Por que Swedenborg exerceu tanta atração sobre essas e milhares de outras pessoas que seguem os seus ensinamentos, seja em particular ou como membros da igreja swedenborgiana? Essencialmente, a resposta é esta: Swedenborg esteve no céu e no inferno e voltou para falar de ambos com meticulosidade absoluta.

A JORNADA INTERIOR

Durante a maior parte da sua vida, Swedenborg não se preocupou com mundos interiores, mas com o estudo científico do mundo exterior. Seu intelecto era insaciável. Na época em que teve a sua crise espiritual, ele já era uma figura respeitada na Suécia, tanto como autor de um grande número de estudos científicos sobre temas desde metalurgia até anatomia do cérebro, quanto como estadista e assessor de empresas mineradoras da Suécia. Ele era também inventor de grande talento: quando recebeu a incumbência de transportar vários navios para o interior do país através de montanhas, ele a desempenhou com sucesso e antes do prazo. Swedenborg, então, não era um místico vago e impreciso, e o seu modo prático, gradual, de realizar o mapeamento dos mundos interiores confere aos seus relatos do céu e do inferno uma solidez que inexiste nas descrições de viajantes menos rigorosos.

Como escreve Wilson Van Dusen, "O resultado da jornada interior é uma expansão fundamental dos valores e perspectivas do indivíduo que leva em conta o que habitualmente era desconsiderado e dispensado".[6] Embora tenha dominado o conhecimento científico e filosófico do seu tempo, Swedenborg dedicou pouca atenção à sua vida interior, ao mundo dos sentimentos. O seu objetivo primordial na época em que entrou em crise era, curiosamente, descobrir a sede da alma no cérebro humano, um objetivo que os neurocientistas contemporâneos continuam a perseguir. Swedenborg descobriria que a busca científica da alma não era somente impossível, mas ainda distanciava do domicílio verdadeiro da alma: os recônditos interiores da mente humana.

Ele compreendeu essa verdade ao longo de uma série de visões que relata no seu *Diário de Sonhos*.[7] No auge dessa iniciação, Cristo perguntou a Swedenborg, em sonho, se ele tinha "um atestado de saúde" — uma referência a um incidente na vida de Swedenborg em que ele quase foi incluído na lista dos que deveriam morrer por ser suspeito de estar afetado pela peste. Swedenborg respondeu, "Senhor, sabeis melhor do que eu", ao que Cristo replicou, "Bem, então providencie um". Swedenborg entendeu que devia prosseguir e aprofundar-se ainda mais no mundo espiritual.

A CRISE DE Swedenborg levou-o a uma compreensão básica: quanto mais penetramos na mente, mais nos aproximamos dos mundos espirituais. Como ele escreveria em *Céu e Inferno*, "o indivíduo está em contato com o céu na medida em que o seu ser mais profundo está envolvido".[8] Uma das qualidades mais valiosas de Swedenborg em suas explorações interiores era a extraordinária capacidade de permanecer durante horas naquele curioso limiar entre os estado de sono e de vigília, conhecido como estado hipnagógico.[9] Como C. G. Jung, Swedenborg descobriu que nesse estado liminar a mente se mantém alerta e *pode observar processos interiores em ação*, sendo capaz inclusive de entrar em diálogo com eles. Jung chamava esse processo de "imaginação ativa"; Swedenborg pensava nele como uma conversa com anjos e espíritos.

Se processos psicológicos interiores e seres espirituais são coisas iguais ou diferentes é uma questão que continua em aberto. Swedenborg não se preocupou com essas distinções. Para ele, o interior e o espiritual eram uma coisa só. De acordo com a sua doutrina das correspondências, a mente humana é um reflexo dos mundos superiores, do mesmo modo que o mundo físico é um reflexo da mente humana. Ele escreve em *O Homem Universal:*

> Há um mundo espiritual distinto do mundo da natureza, [e] existem correspondências entre fenômenos espirituais e naturais;... coisas de origem espiritual que assumem existência nos fenômenos naturais são representações. Elas são correspondências porque respondem e são representações porque retratam.[10]

Para Swedenborg, toda a realidade corresponde em vários níveis à Realidade Una, a fonte de tudo o que existe.[11]

O estudo de Swedenborg das visões e vozes curiosas que vemos e ouvimos quando estamos para adormecer convenceram-no da natureza autosimbólica que as constitui.[12] No estado hipnagógico, a psique representa a sua condição atual em forma simbólica; por isso ele é um método excelente para adquirir conhecimento sobre o "si-mesmo", sempre obscurecido pelos enganos e distorções do ego consciente. O nosso ego consciente pode mentir sobre as nossas atitudes e motivações, mas no estado hipnagógico a psique expressa espontaneamente a verdade sobre nós mesmos. E embora os mesmos símbolos ocorram tanto em estados hipnagógicos como em sonhos, a consciência retida no estado hipnagógico permite que nos comuniquemos com os processos interiores — ou seres espirituais — de uma maneira que é extremamente difícil nos sonhos. Descrevendo o estado hipnagógico, Swedenborg escreveu: "Há um tipo de visão que ocorre... entre o momento do sono e o momento da vigília, quando o homem está despertando... Esse é o mais agradável de todos, porque então o céu opera na sua mente racional com absoluta tranqüilidade."[13]

Se Swedenborg tivesse parado aqui, hoje ele seria lembrado como um dos primeiros exploradores de um método fascinante de auto-análise. Mas a sua capacidade curiosa de permanecer no estado hipnagógico durante longos períodos possibilitou-lhe continuar a sua jornada interior para reinos raramente visitados por seres humanos vivos.

CÉU, INFERNO E O MUNDO DO ESPÍRITO

As visões de Swedenborg dos mundos interiores são profundamente cristãs, embora não em sentido ortodoxo. Céu, inferno e a esfera intermediária que ele chamou de Mundo do Espírito (semelhante ao que o catolicismo conhece como purgatório) não são "lugares" para onde se vai depois da morte, como se pode ir de Londres a Paris. São estados de ser. O nosso destino final no céu ou no inferno não é determinado pela vontade de uma divindade patriarcal, mas pelo que Swedenborg chamou de nossas "verdadeiras afeições".

As descrições que Swedenborg faz dos mundos interiores estão espalhadas por toda a sua obra. Muitos dos seus escritos, como a enorme coleção de doze volumes *Arcanos Celestes*, a de seis volumes *Apocalipse Explicado* e várias obras menos extensas, tratam de simbologia bíblica. Para Swedenborg, a Bíblia está escrita num código simbólico baseado na doutrina das correspondências e revela verdades sobre os mundos espirituais. A sua obra em cinco volumes, *Diário Espiritual*, escrita durante um período de quase vinte anos, é um registro diário das suas experiências nos planos interiores. Suas mais de duas mil páginas contêm revelações intuitivas a respeito de tudo, desde "O Alimento e a Bebida dos Espíritos" até "A Purificação das Sociedades depois do Juízo Final".[14] Os registros começam com afirmações como "Falei com anjos sobre o Senhor, dizendo que o Divino era da Eternidade" ou "Quando hipócritas sobem ao céu... aos olhos dos anjos eles aparecem com semblante hediondo". Mas a obra absolutamente necessária para compreender a visão de Swedenborg dos mundos além é a magnífica *Céu e Inferno*.

O que primeiro chama a atenção do leitor de *Céu e Inferno* é que essa não é uma obra de especulação fantasiosa. Swedenborg viu e ouviu.

> O clérigo atual não sabe quase nada sobre céu, sobre inferno ou sobre a sua própria vida após a morte... Muitas pessoas nascidas na igreja negam essas coisas e perguntam-se em seus corações, "Alguém por acaso voltou de lá e nos contou alguma coisa?" Para impedir que uma atitude tão negativa contamine e corrompa pessoas de coração simples e de fé simples, foi-me possibilitado entrar em contado com anjos e conversar com eles face a face. Também me foi permitido ver como é o céu e como é o inferno; isso continuou durante treze anos.[15]

Swedenborg ficava estarrecido com as idéias sobre o céu e sobre os anjos sustentadas pelos esclarecidos do seu tempo — os conceitos de um reino abstrato invisível e de criaturas sem substância, a "morada alegórica onde a existência nunca chegou" de Blake.[16] De acordo com a doutrina das correspondências, o céu de Swedenborg é um lugar onde os anjos moram em casas, pertencem a comunidades, comem e bebem, realizam tarefas, falam, têm governos, usam roupas — em resumo, fazem tudo o que fazemos na Terra, mas numa atmosfera de beleza e significado transfigurados que supera em muito a nossa esfera mundana. Foi esse aspecto "concreto" do céu de Swedenborg — acompanhado da afirmação de que tinha experiência direta dele — que os teólogos da época condenaram veementemente, a ponto de tentarem obter uma declaração de insanidade.

Na visão de Swedenborg, o mundo onde a alma desperta depois da morte é muito parecido com aquele que ela acabou de deixar — tanto assim que muitos espíritos não sabem que estão mortos. Van Dusen sugere que as alucinações aterradoras que perseguem pessoas diagnosticadas como esquizofrênicas podem ser obra dessas almas infelizes.[17] Elas também podem ser causadas por espíritos inferiores. Swedenborg ensinou que durante toda a nossa vida interagimos com uma hierarquia de espíritos. Embora quase sempre perturbadoras, muitas alucinações descritas pelos pacientes de Van Dusen eram de natureza benfazeja, orientadora, elevada, sugerindo que espíritos superiores — anjos — também estavam presentes na experiência humana. Normalmente não temos consciência da presença deles; no esquizofrênico, a barreira entre os mundos foi rompida. Está em debate se os canalizadores atuais estão em contato com espíritos superiores ou inferiores.

Depois da morte, para chegar ao céu — ou, conforme o caso, ao inferno — as almas devem primeiro passar por um estado intermediário, o Mundo do Espírito. Aqui a pessoa chega a um entendimento com as suas "verdadeiras afeições". Como diz Swedenborg, "o mundo dos espíritos não é céu nem inferno... É onde a pessoa chega primeiro depois da morte, sendo, depois de passado algum tempo, elevada ao céu ou lançada no inferno, dependendo da sua vida na Terra".[18]

Após essa autoconfrontação inicial, as almas "se abrem ao seu interior" e começam a se dirigir à sua verdadeira natureza. Para Swedenborg, os seres humanos são essencialmente compostos de duas qualidades, ou poderes: intenção e discernimento, ou amor e razão. O que é verdadeiro de uma pessoa é o que ela pensa a partir da intenção e realmente faz, não apenas o que ela "sabe". Como ele escreve, "uma pessoa é tal pela intenção que a anima e pela compreensão que resulta dessa intenção, e não pela compreensão dissociada da intenção".[19]

Como os mundos interiores são estados de ser, não há neles lugar para o engano. Embora possamos na Terra dizer uma coisa pensando outra, no Mundo do Espírito somos obrigados a viver quem e o que somos realmente: "Absolutamente todos ali (no Mundo do Espírito) são reduzidos a um estado em que falam como pensam e revelam em seus semblantes e gestos as suas intenções."[20]

Uma máxima existencial construtiva: o que somos realmente depende do que realmente sentimos, e não de aprendizado externo. Muitas pessoas acreditam que estão a caminho do céu, convencidas de que viveram uma vida moralmente correta aderindo à lei e seguindo na conduta externa os mandamentos da igreja. Mas ações externas não determinam o lugar de ninguém nos mundos além. Se a nossa afeição verdadeira demonstra um amor verdadeiro pelos outros e um desejo de transcender o eu, estamos a caminho do céu. Mas se a nossa afeição verdadeira está centrada no amor-próprio e em todo o seu séquito — cobiça, inveja, devassidão, desejo de poder sobre os outros — então, independentemente da nossa aparência externa, precipitamo-nos para o inferno.

O INFERNO DE Swedenborg é um estado de incessante repugnância, e às vezes a descrição que dele faz Swedenborg se parece com um pesadelo, num misto apavorante de Hieronymus Bosch e William S. Burroughs. Excremento e vômito, fedor indizível, desejos insaciáveis, fomes torturantes, trevas intermináveis e rixas constantes de almas maldizentes assediam os que lá estão. Como no céu, as almas no inferno moram em casas e cidades. Mas se as moradas celestes são de uma beleza indescritível, as infernais são totalmente diferentes.

> Em alguns infernos, pode-se ver algo como escombros de casas e cidades depois de um grande incêndio... Em infernos mais moderados, podem-se ver cabanas em ruínas, amontoadas... Dentro das casas há espíritos infernais, brigas constantes, hostilidades, surras... Há roubos e assaltos à mão armada nas ruas... Em alguns infernos não há nada além de prostíbulos de aspecto repugnante e cheios de todos os tipos de imundície e excremento.[21]

Existem outros infernos: desertos áridos, cavernas úmidas, florestas densas povoadas de animais ferozes. A presença de alguém aqui não é uma punição imposta por uma divindade julgadora, mas resultado da natureza interior da pessoa e das escolhas que ela fez na vida. Céu e inferno são os pólos entre os quais o espírito humano estremece na tensão da liberdade. Sem a tentação das esferas inferiores, faltaria rigor e desafio ao nosso crescimento espiritual. Para Swedenborg, só pode haver salvação se nos libertarmos do mal por meio da nossa vontade livre.[22]

De qualquer modo, as almas que se encontram no inferno na verdade gostam dele. Depois da morte encaminhamo-nos para o mundo que construímos. Os que se surpreendem nas profundezas do inferno, pavimentaram o próprio caminho com o seu egocentrismo, que rompe a unidade fundamental do cosmos. A essência da doutrina de Swedenborg encontra-se nas palavras do filósofo chinês Mêncio: "Os que seguem a parte de si mesmos que é grande tornar-se-ão grandes homens; os que seguem a parte de si mesmos que é pequena, tornar-se-ão pequenos homens."[23] Swedenborg poderia parafrasear assim: Os que seguem a parte de si mesmos que transcende o eu escolherão o céu; os que seguem a parte de si mesmos que se apega ao eu escolherão o inferno. No inferno, a realidade da avareza interior de cada um se revela, qualquer que seja a sua posição na vida. Muitas vezes Swedenborg ali bebia na companhia de bispos.

Se o inferno de Swedenborg representa uma perspectiva abominável, o seu céu é um estado de satisfação quase inimaginável. No entanto, a convicção de Swedenborg de que o céu e os anjos são substanciais tem polarizado os seus leitores. Alguns acham a idéia atraente: os mundos superiores não são inteiramente "outros", e na medida em que a nossa própria vida se orienta para o bem e para a verdade, nós participamos desses mundos agora, no plano terreno. Para outros, a descrição de moradas angelicais, parques, roupas, alimentos e relações sexuais são transferências ingênuas de coisas terrestres para um cenário celeste, onde tudo é exatamente como aqui, apenas melhor.

Eu acredito que a chave para entender a visão de Swedenborg é o seu ensinamento de que a essência da Realidade Una é humana. É através da nossa condição humana que temos acesso ao Divino. A nossa experiência humana corresponde à realidade espiritual. Assim, nada do que é humano fica excluído do reino do espírito, da mesma forma que as realidades espirituais não são totalmente diferentes das humanas. A nossa vida na Terra reflete significados espirituais, e os mundos além contêm o potencial latente da nossa experiência.

Para Swedenborg, essa idéia estava representada na sua visão do universo como o Grande Homem. A doutrina das correspondências exige isso. Somos como somos porque o Divino é humano, e os mundos, espiritual e físico, representam esse fato. Assim como podemos perceber aspectos do nosso próprio ser ao contemplar fenômenos naturais, encontramos evidências do Divino ao observar o nosso mundo interior. Para Swedenborg, a realidade é um reflexo, em todas as suas miríades de partes, do Humano Divino no centro das coisas.

No entanto, se o céu nos acolhe com paisagens familiares, as condições nele são muito diferentes das da Terra. O tempo e o espaço não são como os conhecemos. Swedenborg ensinou que o tempo no céu não é contado em dias, semanas, anos, mas em mudanças de estado, antecipando em mais de um século a crença de Bergson de que apreendemos a verdadeira natureza do tempo por intuição direta. O espaço também é diferente: no céu as distâncias são medidas não por localização física, mas por graus de empatia. Espíritos com idéias e interesses semelhantes estão "próximos" uns dos outros no céu, qualquer que seja a sua "localização" (um arranjo pelo qual as redes de comunicação global parecem estar lutando).

A essência desse ensinamento é que a realidade verdadeira está em nossos estados mentais, não no reflexo físico desses estados. Assim como o Sol é o centro e a origem desta nossa parte do universo físico, no céu a Realidade Una é a fonte do calor e da luz celestes: o amor e a verdade. Para qualquer lado que os anjos se voltem, eles olham para o leste e vêem o Senhor. Os anjos também falam uns com os outros, mas a sua linguagem é de tal densidade e significado que numa palavra eles podem comunicar mais do que nós em volumes.

Há três céus, na verdade: o celestial, o espiritual e o natural, cada um situado a uma distância progressivamente maior da Realidade Una, cada um participando em grau maior ou menor da verdade e do amor divinos. O céu celestial é o mais inefável, participando diretamente da vontade ou intenção do Divino. O céu espiritual participa menos da vontade Divina, mas totalmente da compreensão ou discernimento Divino. O céu natural participa menos do discernimento Divino e, pelos padrões celestiais, está longe da intenção Divina.

Essa disposição se assemelha à estrutura da nossa vida mental. A nossa consciência racional tem relação com o mundo físico, natural; em sonhos e em estados hipnagógicos temos a impressão de entrar num reino que está fora do tempo e do espaço, onde começamos a compreender a natureza dos mundos espirituais; e em transes de meditação profunda tomamos consciência da Realidade Una, cuja essência é amor, conforme nos asseguram Swedenborg e muitos outros místicos.

A descrição do céu feita por Swedenborg é rica em detalhes, impossibilitando a elaboração de uma síntese. Seguindo a doutrina das correspondências, ele relaciona cada aspecto da vida angelical, desde a arquitetura do céu até as vestimentas celestes, ao seu significado espiritual. O efeito geral é o de um mundo vibrante, radiante, complexo, cujas partes se refletem infinitamente uma com relação à outra. O céu de Swedenborg não é perfeição estática; ele se desdobra com a pulsação da vontade divina. As imagens são emocionantes. O céu, diz Swedenborg, é feito de anjos, cada anjo pertencendo a uma sociedade de "verdadeiras afeições" semelhantes, e a hoste toda formando o Grande Homem.

O céu de Swedenborg se assemelha às visões de Dante, mas a essência da vida para ele se resume numa máxima muito singela "Faça o bem que você conhece". O bem, para Swedenborg, não é um conceito filosófico abstrato, mas sempre o que está próximo, como lavar os pratos ou tirar o lixo. Ninguém no céu é preguiçoso. Cada anjo tem a sua função. Swedenborg rejeitava a idéia de que no céu a pessoa se diverte por toda a eternidade, com coros angelicais ou de outra maneira. "Uma vida assim não seria ativa", ele escreveu, "mas indolente... não há felicidade na inatividade."[24] No céu, cada anjo tem tarefas a realizar de acordo com a sua "verdadeira afeição".

Na verdade, a alegria do céu advém da busca pessoal da afeição verdadeira e de cada um ser útil aos outros. Essa idéia um tanto vitoriana de utilidade tem relação com os ensinamentos de Swedenborg sobre o conhecimento dos anjos. O conhecimento dos anjos consiste naquilo que eles *fazem* — uma ética existencial básica. Os anjos só aprendem o que podem fazer. O conhecimento que apenas instrui, sem fortalecer diretamente sua atividade, é inútil para eles. O importante no céu não é o espetáculo externo, mas a realidade interna. A intenção é tudo.

Pode parecer um anticlímax chegar a uma doutrina tão despretensiosa depois de sermos guiados através do céu e do inferno, mas o efeito profundo dos ensinamentos de Swedenborg sobre as almas que o conheceram sugere outra coisa. Embora Swedenborg viajasse a "outros mundos", o seu interesse principal estava no modo como vivemos neste mundo. Diferentemente de viajantes interiores mais recentes, como H. P. Blavatsky e Rudolf Steiner, os ensinamentos de Swedenborg não incluíam a reencarnação. Como o cristianismo convencional, Swedenborg considerava a nossa estada na Terra limitada, e ele acreditava que tudo que fazemos aqui é de suma importância. Mas ele não sente a ansiedade profunda que outro pensador cristão escandinavo, Sören Kierkegaard, experimentava quando se via diante da terrível responsabilidade da liberdade. A visão de Swedenborg é essencialmente de exuberância e saúde — e essa é uma doutrina muito apropriada a este ou a qualquer outro mundo.

16

BLAVATSKY E SEUS MESTRES

Quem eram os Mestres misteriosos de Blavatsky? Instrutores secretos escondidos no Tibete? Invenções da sua imaginação? As pesquisas sugerem que eram pessoas reais cujas identidades ela escondeu cuidadosamente.

K. Paul Johnson

A esoterista russa Helena Petrovna Blavatsky (1831-1891) vem sendo cada vez mais reconhecida como a principal promotora da renovação do ocultismo no século XIX, com uma influência que se estende às áreas mais diversas, como à poesia, à política e à astrologia. Entretanto, Blavatsky é mais conhecida como fundadora do movimento teosófico moderno, baseado em ensinamentos que ela afirma ter recebido de homens vivos chamados "Adeptos", "Mestres" ou "Mahatmas".

Apesar de muitas organizações derivadas terem introduzido esses Mestres em suas crenças no século XIX, a realidade histórica dos patronos ocultos de Blavatsky nunca foi pesquisada a fundo. O fato talvez se deva em parte ao falso pressuposto que deu origem a todos os relatos — que as declarações de Blavatsky sobre os seus Mestres devem ser aceitas ou rejeitadas por inteiro. Existe outra possibilidade, porém, que acredito seja verdadeira: os Mestres eram pessoas reais que Blavatsky, ao descrevê-los, envolvia sistematicamente numa atmosfera de ficção. Os pretensos Mestres de Blavatsky passaram em poucos anos de John King, de nomeada espiritualista,[1] para Tuitit e Serapis Bey, da Fraternidade Egípcia de Luxor, e finalmente para Mahatmas indianos ou "grandes almas". Sob a suposta inspiração desses Mestres, Blavatsky (em geral identificada com as iniciais HPB), o seu colega Henry Steel Olcott, e outros criaram a Sociedade Teosófica em Nova York em 1875. Três anos depois, os adeptos enviaram Blavatsky e Olcott à Índia, fato que deu início a um período em que a existência dos Mahatmas foi amplamente debatida.

Na Índia, a Sociedade cresceu rapidamente, em grande parte devido às viagens dos seus fundadores e ao sucesso da revista *The Theosophist*. Os dois Mahatmas mais envolvidos com a Sociedade Teosófica durante os anos de HPB na Índia foram Morya e Kuthumi, que supostamente realizavam feitos psíquicos espantosos através dela. Ela afirmava reiteradamente que passara anos estudando ocultismo com eles no Tibete, local de residência desses adeptos indianos.

A correspondência com Morya e Kuthumi foi fundamental para atrair anglo-indianos influentes para a teosofia. O mais renomado desses convertidos foi o editor de jornal A. P. Sinnett, que escreveu dois livros, *The Occult World* e *Esoteric Buddhism*, baseados nas cartas dos Mahatmas. Essas cartas normalmente chegavam de maneira peculiar. No outono de 1880, HPB foi visitar Sinnett e a sua esposa em Simla; durante a visita, os Sinnetts ficaram perplexos com os fenômenos ocultistas realizados por HPB com a presumida assistência dos Mestres. Primeiro a senhora Sinnett recebeu uma comunicação de Kuthumi encontrada nos ramos de uma árvore. Alguns dias depois, uma xícara e um pires se materializaram debaixo de um arbusto para uma visita inesperada que chegou no piquenique da manhã, e um broche perdido apareceu milagrosamente para outra convidada no jantar. Antes de HPB deixar Simla, um recado de Kuthumi e outro broche se materializaram num travesseiro da senhora Sinnett. Depois da transferência da sede para Adyar, em 1882, as cartas dos Mahatmas eram geralmente recebidas num oratório chamado "Santuário", situado na "Sala Oculta" adjacente ao quarto de dormir de HPB. As comunicações também caíam do teto, em vários lugares, e apareciam nas margens de correspondência selada.

Por volta de 1884, a teosofia havia conquistado muitos discípulos indianos e começava a atrair europeus em grande número. Mas naquele ano, dois empregados descontentes, Alexis e Emma Coulomb, acusaram Blavatsky de fraude, afirmando que haviam participado de fenômenos psíquicos forjados para provar a existência dos Mahatmas. Entre as acusações dos Coulombs estava a de que o Santuário continha um dispositivo que permitia que as cartas fossem inseridas através de um painel corrediço na parte posterior, fazendo parecer que eram materializadas paranormalmente. Essas acusações produziram uma investigação, sob responsabilidade de Richard Hodgson, que foi enviado à Índia pela Sociedade Britânica de Pesquisa Psíquica. Hodgson concluiu que os Mestres não existiam e que todas as suas alegadas manifestações eram fraudulentas. Os teosofistas rejeitaram esse relatório, declarando que ele se baseava nas mentiras dos Coulombs.

Durante o século XIX, as opiniões sobre o relatório de Hodgson se polarizaram entre os que o consideravam uma prova definitiva de fraude e os que o rejeitavam como totalmente injusto. Um século mais tarde, em 1986, a Sociedade Britânica de Pesquisa Psíquica publicou uma crítica escrita pelo especialista em grafologia Vernon Harrison que desacreditou elementos cruciais do caso Hodgson contra Blavatsky. Mas os teosofistas interpretaram essa crítica de modo excessivamente favorável, como uma defesa completa, quando na verdade muitas questões levantadas por Hodgson continuam sem resposta.

Embora houvesse realmente mestres reais orientando HPB na época, a correspondência de Kuthumi foi pelo menos em parte fraudulenta, como comprovam cartas recebidas por Olcott em junho de 1883 com instruções para forjar cartas para Sinnett. Primeiro Morya escreveu: "Se tu mesmo não puseres mãos à obra, Kuthumi Lal Singh sairá de cena neste outono. Muito fácil para ti."[2] Essa recomendação foi reiterada duas semanas depois, quando outro adepto transmitiu o pedido de Morya de que "tu... põe toda a tua alma na resposta a A.P.S. de K.H. Dessa carta dependem os frutos do futuro. Que seja uma carta que possa ser mostrada com dignidade a todos".[3] Finalmente, uma segunda carta de Morya concluía com a advertência, "Tem cuidado com a carta a Sinnett. Ela deve ser realmente uma carta de *Adepto*".[4] Embora fosse um equívoco Hodgson acreditar nos Coulombs como testemunhas confiáveis, justificava-se sua suspeita de que as cartas dos Mahatmas não eram exatamente o que pareciam ser.

Blavatsky deixou definitivamente a Índia na primavera de 1885. Durante os dois anos seguintes ela esteve em vários lugares da Europa, trabalhando na sua obra magna *The Secret Doctrine* [*A Doutrina Secreta*, publicada em seis volumes pela Editora Pensamento]. Em 1887, ela foi a Londres, onde passou os últimos quatro anos da sua vida cercada por discípulos devotos. Durante esse período ela publicou *The Secret Doctrine, The Key to Theosophy* e *The Voice of the Silence* [*A Voz do Silêncio*, publicada pela Editora Pensamento] bem como muitos artigos em inglês e francês. Ela morreu no dia 8 de maio de 1891, deixando um legado de opiniões amargamente divididas sobre os seus Mestres, sobre os seus fenômenos ocultistas e sobre as suas doutrinas teosóficas.

Muitos ocultistas posteriores incluíram os Mestres de Blavatsky nos seus ensinamentos. Entre os seus sucessores espirituais diretos incluem-se nomes como Gottfried de Purucker, Charles W. Leadbeater, Alice Bailey e Elizabeth Clare Prophet, todos afirmando que se comunicavam com os Mahatmas de HPB. Mais indiretamente, a Sociedade Antroposófica de Rudolf Steiner, a Antiga e Mística Ordem da Rosa-Cruz (AMORC) de H. Spencer Lewis e a Confraria Rosacruciana de Max Heindel afirmam que os seus fundadores foram instruídos por adeptos que lembram os descritos por Blavatsky. Os Chefes Secretos da Ordem Hermética da Aurora Dourada e a Ordo Templi Orientis têm claramente ligações com os mestres teosóficos. O instrutor grego caucasiano G. I. Gurdjieff dizia que os ensinamentos dele procediam do "círculo consciente da humanidade", que também se assemelhava à irmandade de adeptos de HPB. Nos casos mais extremos, os Mestres são vistos como a Grande Fraternidade Branca, o governo interior do mundo. Governantes secretos do planeta, eles enfrentam a oposição dos magos negros malévolos que se empenham ao máximo em arruinar os seus planos benfazejos.

Essa doutrina de uma guerra mágica interminável entre lojas opostas deu origem a fantasias paranóicas igualmente incessantes. Entre as variações habituais estão delírios de grandeza ("Eu sou o verdadeiro agente dos Mestres"), perseguições ("A Loja Negra está à solta para me pegar"), influências (acontecimentos são controlados pelos Mestres ou por seus adversários) e referências (mensagens dos Mestres aparecem em formas inesperadas). Compreensivelmente, toda essa paranóia conquistou para os Mestres a reputação de desvarios de mentes desequilibradas. Mas, diferentemente de todos os seus sucessores do século XX, Blavatsky deixou vestígios abundantes para a identidade histórica dos seus orientadores verdadeiros, embora tenham permanecido em grande parte desconhecidos.

Para aprofundar esses mistérios, é preciso enxergar além do mito ocultista que tem impedido um exame mais sério do assunto. Os meus anos de pesquisa sobre a identidade dos benfeitores de HPB renderam um volume surpreendente de informações sólidas sobre eles. Justapondo os relatos de Blavatsky sobre os Mestres com registros históricos, é possível concluir que ela de fato trabalhou em consonância secreta com uma série de líderes espirituais e políticos. Muita coisa continua vaga e algumas identidades de adeptos que propus são bastante especulativas, mas muitas vezes elas são óbvias e simplesmente "ocultas a olhos vistos".

O fascínio de Blavatsky pelo Tibete como residência dos Mestres prendia-se à sua experiência de infância com a tribo Kalmuck, que praticava o budismo tibetano numa região próxima a Astracã, no sul da Rússia. (Seu avô materno foi o administrador indicado pelo governo czarista para os Kalmuck e os colonizadores alemães na região.) Na adolescência, HPB conheceu a maçonaria rosacruciana praticada por seu bisavô, o príncipe Paul Dolgorouki, em cuja vasta biblioteca ocultista ela passava longas horas do dia. O príncipe Paul pertencia ao Rito da Observância Estrita, fundado na Alemanha em torno 1754 e atribuindo a sua origem a uma rede mundial de Superiores Desconhecidos; corriam boatos de que Paul teria conhecido os celebrados magos do século XVIII conhecidos como os condes Cagliostro e Saint Germain. O "Conde Alessandro di Cagliostro", como ele mesmo se intitulava, havia promulgado o seu Rito de Maçonaria Egípcio na Europa dos finais do século XVIII, chamando a atenção da aristocracia com os seus feitos de magia e com as suas proposições grandiosas. Como última vítima da Inquisição, ele se transformou em mártir maçônico cuja memória se tornou ponto de referência para adversários da monarquia e da Igreja Católica que vieram depois dele.

Duas gerações depois, os líderes revolucionários italianos Giuseppe Mazzini e Giuseppe Garibaldi foram heróis de radicais de toda a Europa. Eles exerceram a sua influência em parte pela liderança de sociedades como a dos carbonários e a dos Ritos Maçônicos de Mênfis e Misraim, que preservaram a herança de Cagliostro. Ainda jovem, depois de abandonar o marido (um homem de meia-idade com quem se casara impulsivamente aos dezessete anos), HPB viajou muito com Albert Rawson, um artista americano, e mais tarde com Agardi Metrovitch, cantor de ópera húngaro. Ambos eram radicais políticos filiados à Maçonaria Egípcia de Cagliostro e ao Rosacrucianismo. Parece que HPB associou-se ao exilado Mazzini, em Londres, nos anos 1850. Ela aceitou acompanhar Metrovitch à Itália, em 1867, para lutar com Garibaldi contra as forças papais na batalha de Mentana, onde foi gravemente ferida.

Durante as décadas de 1850 e 1860, HPB entrou em contato com o sufismo, com a cabala, com a seita dos drusos e com o cristianismo copta. Paolos Metamon, um mago copta, foi professor dela e de Rawson no Cairo na década de 1850 e continuava sendo seu mentor vinte anos mais tarde; tudo indica que ele é o original do mestre "Serapis Bey". No início da década de 1870, no Cairo, ela também se associou com vários outros esoteristas. É provável que entre eles estivesse Jamal ad-Din al-Afghani, um reformista político, professor sufi e maçom que depois foi para a Índia quase na mesma época de HPB e Olcott. Outras figuras do Cairo que a influenciaram foram Louis Bimstein, um judeu polonês que mais tarde se tornou "Max Theon", professor de Filosofia Cósmica,[5] e o vice-cônsul inglês e líder maçônico Raphael Borg. Blavatsky, Metamon e Bimstein tentaram fundar uma sociedade ocultista no Cairo em 1871, mas fracassaram.

Depois de mudar para Nova York em 1873, HPB voltou a reunir-se com Rawson e conheceu os companheiros maçons e rosa-cruzes dele, sendo o mais importante Charles Sotheran, que veio a ser co-fundador da Sociedade Teosófica. Sotheran pertencia à Sociedade Rosacruciana em Ânglia e ao Rito Maçônico de Mênfis, que reverenciava Cagliostro. A Sociedade Teosófica também estava ligada à misteriosa Fraternidade de Luxor, sediada no Egito, à qual Bimstein era filiado. Pouco antes da fundação da Sociedade Teosófica, HPB anotou na sua agenda que recebera ordens de criar uma "sociedade secreta como a loja rosacruciana".[6] Já em 1878 HPB e Olcott pensavam em transformar a ST numa ordem maçônica, a conselho de Sotheran e outros.

Assim, seria difícil superestimar a influência de sociedades secretas nos primeiros anos da história da Teosofia.

Entretanto, depois da sua chegada à Índia em 1879, novas forças veladas influenciaram Blavatsky de forma muito mais significativa. Inicialmente, ela e Olcott escolheram Swami Dayananda Sarasvati, fundador do grupo reformista conhecido como Arya Samaj, como seu guru indiano. Dayananda denunciava todas as práticas e doutrinas hindus do período pós-védico e queria reconstruir a sociedade indiana a partir da sua interpretação dos Vedas. Fica claro pelas memórias de Olcott que HPB, no início, insistia em dizer que o swami era um dos seus Mestres; mais tarde, depois de perder força devido à sua intolerância religiosa, Swami Dayananda foi sobrepujado por outros Mahatmas indianos.

Quando o fluxo das cartas dos Mahatmas chegou ao auge, no início dos anos 1880, a ST estava filiada a uma organização reformista sikh, a Singh Sabha, uma rede de marajás sikhs e hindus que formavam uma coalizão secreta que se opunha aos missionários cristãos. Thakar Singh Sandhanwalia, presidente fundador da Amritsar Singh Sabha, corresponde de formas interessantes a indícios da identidade de Kuthumi nos escritos de Olcott e HPB. A sua Singh Sabha, que enfatizava a revitalização da cultura e da literatura sikhs, promovia ideais reformistas semelhantes aos de Arya Samaj, e foi especialmente eficaz no aperfeiçoamento da educação em Punjab. A ST também estava ligada a outras organizações reformistas, como a Associação Indiana e o Congresso Nacional Indiano, que se dedicavam ao renascimento da cultura indiana e à conquista da autodeterminação nacional.

Pelas descrições de HPB, o marajá Ranbir Singh da Caxemira corresponde de muitas maneiras a Morya, e foi sem dúvida um incentivador do trabalho dela na Índia. Como entre os súditos de Ranbir Singh havia muçulmanos, budistas, cristãos e sikhs, ele assumiu um compromisso cabal com a promoção da fraternidade religiosa. Ele era um hindu seguidor da filosofia Vedanta, mas apoiou a tradução e a publicação de escrituras de todos os credos representados no seu reino. Vários outros marajás, inclusive os de Indor, Faridcot e Benares também se juntaram à ST ou a apoiaram.

Embora grande parte do que HPB descreveu sobre Morya e Kuthumi tivesse o objetivo de desorientar, ela incluiu informações precisas suficientes para compor um retrato convincente da identidade deles como essas figuras históricas. Em 1880, as cartas dos Mahatmas continham muitas referências geográficas a Punjab e à Caxemira. Mas nos anos seguintes, divulgou-se uma história sobre a residência deles num ashram tibetano, e inúmeros testemunhos falsos foram urdidos como tática diversiva. As cartas dos Mahatmas davam instruções para esse ardil, por exemplo, dizendo ao jovem discípulo indiano de HPB, Mohini Chatterji, que "o preparasse da forma mais convincente possível e conseguisse todas as testemunhas em Darjeeling e Dehra".[7]

Blavatsky de fato tinha ligações no Tibete; o explorador bengali Sarat Chandra Das, que lá permaneceu durante mais de um ano, era amigo pessoal de Olcott. Com autorização do primeiro-ministro do Panchen Lama, Das conseguiu muitos textos autênticos, que ele parece ter encaminhado a HPB, através de Olcott, para ajudá-la nos seus escritos. Mas essa ligação um tanto indireta com a corte do Panchen Lama (situada em Shigatse, no sul do Tibete) não tinha nada a ver com Morya e Kuthumi, embora HPB se empenhasse em descrever os seus Mahatmas indianos como residentes em Shigatse.

No entanto, em 1883, em meio à formação desse mito, Olcott e alguns companheiros viajaram para Amritsar, Lahore e Jammu, supostamente orientados por Morya e Kuthumi, que os encontraram nesses lugares. O registro histórico mostra que eles foram acolhidos em Lahore por líderes de Singh Sabha e em Jammu por Ranbir Singh. Mas as alegações a favor do Tibete compunham uma tática diversiva tão convincente, que nem o investigador Hodgson nem escritores posteriores procuraram os Mahatmas em outros lugares. Conquanto a suspeita de Hodgson de que HPB e os supostos *chelas* (discípulos) dos Mestres estavam envolvidos em alguma trapaça realmente se justificasse, ele foi além disso. Ele concluiu erroneamente que os Mestres não existiam e que a missão de Blavatsky tinha como objetivo promover interesses russos.

Para HPB, o fato de Hodgson negar a existência dos Mestres era infinitamente preferível à suspeita dele de que havia uma verdade por trás das aparências, como se pode ver por uma carta que ela escreveu a Sinnett em 1886:

> De uma coisa eu sei, que se acontecesse o pior e a verdade e as idéias dos Mestres fossem postas em dúvida — eu não hesitaria em adotar um

> *expediente desesperado.* Eu declararia publicamente que eu somente era a mentirosa, a embusteira, tudo o que Hodgson quer que eu seja, que eu de fato INVENTARA os Mestres e assim por esse "mito" do Mestre K. H. e M. eu resguardaria os verdadeiros K. H. e M. do opróbrio. O que salvou a situação foi que o Relatório *nega absolutamente* a existência dos Mestres. Se Hodgson tivesse lançado a idéia de fraude e de que *Eles* estavam ajudando, estimulando ou mesmo aprovando uma fraude com o *Seu* silêncio — eu já teria vindo a público, declarado ao mundo tudo que fora dito sobre mim e teria desaparecido *para sempre.*[8]

Blavatsky tinha várias razões para preferir a acusação de ter inventado os Mestres à de ter conspirado com eles em fraudes. Ela havia visitado a Índia por volta de 1857 e novamente em 1869, e ali se dedicara à busca espiritual, como fazia em toda parte. Alguns dos seus conhecidos de visitas anteriores estavam envolvidos na decisão dela de retornar à Índia em 1878-79 e aceitaram a sua ajuda no movimento de oposição aos missionários ocidentais. Mas havia também um aspecto político nas suas relações com os Mestres que, se exposto, poderia causar dificuldades tanto para eles quanto para ela.

Os objetivos da ST anunciados publicamente tinham realmente valor e significado para HPB e os seus Mestres na Índia, no Egito e no Ocidente. Como são em geral enunciados, esses objetivos eram (1) formar um núcleo de fraternidade universal; (2) estudar religião comparada, ciências e filosofia; e (3) pesquisar as leis ocultas da natureza e os poderes inatos no homem. Mas sob esses objetivos gerais existiam vários interesses suspeitos. Os mestres maçônicos e rosacrucianos que haviam participado da formação da ST tinham a intenção de promover HPB a sucessora de Cagliostro do século XIX. Eles estavam interessados principalmente em restabelecer o ocultismo ocidental e em opor-se ao cristianismo dogmático. Depois de chegar na Índia, HPB serviu a um segundo projeto suspeito alimentado pelos marajás e líderes religiosos com os quais ela estava secretamente aliada. Definidos de modo geral, os objetivos aqui eram o renascimento cultural e a reforma social da Índia. Mas isso abriu espaço para interpretações conflitantes, como ficou claro quase imediatamente com Swami Dayananda. À época do relatório final de Hodgson, Ranbir Singh já estava morto e a Singh Sabha estava se dividindo em facções hostis que se digladiavam sobre privilégios dos aristocratas sikhs. A exposição total não apenas envolveria HPB em controvérsias políticas como também reduziria a fé dos teosofistas na invulnerabilidade dos Mestres. A negação de Hodgson da existência dos Mestres deixou os fiéis incólumes e num certo sentido protegeu HPB.

Mas HPB não estava totalmente satisfeita com o impasse daí decorrente, um impasse que a estigmatizou injustamente como falsa pretendente ao saber esotérico. Com efeito, a sua busca da sabedoria oculta havia sido exaustiva e de amplas conseqüências, como nenhuma outra na história, e ela estava determinada a prová-lo fazendo da sua *Doutrina Secreta* um clássico do esoterismo, em que ela de fato se transformou. Embora, até certo ponto, o sucesso das suas obras posteriores abrandasse o sofrimento do relatório de Hodgson, HPB sentiu-se apanhada pelo mito dos Mestres, não obstante ele ser em grande parte criação sua.

Chamar a visão ocultista dos Mestres de mito não significa negar seu valor ou validade, mas sim caracterizar a sua função para os que o aceitam. Os pretensos escritos dos Mestres são considerados como escritura sagrada; são vistos como verdades eternas preservadas por uma fraternidade secreta mundial, transmitidas à humanidade à medida que ela está pronta para recebê-las. A versão mítica das relações de HPB com os Mestres retrata-os como uma fraternidade super-humana monolítica que a escolheu como sua mensageira para a humanidade. Segundo essa versão, a busca de Blavatsky terminou quando ela estava com vinte anos, no momento em que conheceu um misterioso sábio hindu em Londres. Daí em diante ela foi um mero instrumento nas mãos dos Mestres, revelando progressivamente os ensinamentos deles através de ordens diretas. A teosofia era um antigo corpo de doutrinas que ela descobriu por inteiro e transmitiu intacto.

De fato, a vida de HPB propiciou-lhe encontros contínuos com mestres espirituais de várias tradições e nacionalidades. Sua peregrinação a levou de Mestres maçons a xeques sufis, da cabala ao vedanta, do espiritualismo ao budismo, sem nenhuma ordem específica. Desde a infância até o fim da vida, ela foi aumentando constantemente a sua reserva de saber oculto. A sua Teosofia foi uma síntese brilhante de elementos de dezenas de diferentes fontes. Mas ela mitologizou a sua busca dos Mestres de tal modo que a sua busca verdadeira manteve-se secreta. O seu fascínio adolescente pelo mundo misterioso da maçonaria oculta, em que Mestres ocultos enviavam ordens inquestionáveis de lugares orientais desconhecidos, levaram-na a apresentar as suas experiências de acordo com um modelo hierárquico elaborado. Na verdade, os seus Mestres não constituíam uma hierarquia estável, mas uma rede em expansão perene.

Quaisquer que tenham sido as maravilhas testemunhadas por HPB nas suas viagens, elas provavelmente foram exageradas nas exigências que ela impôs a Olcott e a outros nos Estados Unidos. Mas somando à tendência inata de HPB ao exagero havia a fome desesperadora de Olcott e dos outros discípulos pelo milagroso. A necessidade deles de acreditar em Mahatmas divinos levou HPB a fomentar um mito próximo do politeísmo que ela mais tarde lamentaria. Uma carta que escreveu a Franz Hartmann reconhece claramente até que ponto os Mestres da doutrina teosófica são imaginários:

> Quando você fala do "exército" de iludidos — e dos Mahatmas "imaginários" de Olcott — você está absoluta e lamentavelmente certo. Eu não vi isso durante quase oito anos? Não lutei e batalhei contra a imaginação inflamada e efusiva de Olcott e não procurei detê-lo cada dia da minha vida? Eu não disse a ele... que se não visse os Mestres na sua luz verdadeira, e não parasse de falar e inflamar (*sic*) a imaginação das pessoas, ele seria considerado responsável por todo o mal que adviesse à Sociedade? Não lhe foi dito que não havia tais Mahatmas, que como rishis podiam segurar o monte Meru na ponta do dedo e voar para onde quisessem em seus corpos (!!) à vontade, e que eram (ou eram imaginados pelos tolos) mais deuses na Terra do que um Deus no Céu poderia ser, etc., etc.? Tudo isso eu vi, previ, me desesperei, ataquei e finalmente desisti da luta em total impotência.[9]

Esses protestos revelam uma lembrança um tanto distorcida de seu relacionamento com Olcott, que começara com um esforço intenso por parte de HPB para estimular o entusiasmo pelos Mestres que ela mais tarde veio a deplorar. Efetivamente, na esteira das investigações de Hodgson, Olcott incriminava HBP pela vergonha causada pelos fenômenos que ela havia realizado em nome dos Mestres. Em agosto de 1885, ela se queixou a Sinnett que Olcott estivera "cautelosamente admitindo que eu poderia ter substituído fenômenos reais por fictícios; que eu às vezes sofro de aberração mental". Do ponto de vista dela, isso implicava Olcott confessar que ele era "o primeiro e principal cúmplice nos pretensos fenômenos falsos".[10] À época em que HPB escreveu a Hartmann, em abril de 1886, as desvantagens de concentrar a atenção nos Mestres haviam se tornado absolutamente claras. De fato, no mês anterior Olcott havia ameaçado renunciar ao cargo de presidente da ST se ela não prometesse "abandonar totalmente o sensacionalismo" que, disse ele, havia "arruinado três quartos da ST".[11] Mas HPB protestou dizendo que o processo começara inocentemente:

> Bem, eu contei a ele toda a verdade. Eu lhe disse que havia conhecido Adeptos, os "Irmãos", não somente na Índia e além de Ladakh, mas também no Egito e na Síria — pois existem "Irmãos" por lá até hoje. Os nomes dos "Mahatmas" ainda não eram conhecidos na época, porque eles só são chamados assim na Índia. Que fossem eles chamados rosacrucianos, cabalistas ou yogues — Adeptos eram Adeptos em qualquer lugar — eles eram silenciosos, secretos, recolhidos e jamais se revelariam completamente.[12]

A idolatria aos Mestres começou quando Olcott conheceu um deles em pessoa em Bombaim, e cresceu à medida que aumentava o número de membros da Sociedade na Índia:

> Olcott enlouqueceu. Ele ficou como a jumenta de Balaão quando viu o anjo! Então chegaram Damodar, Servai e vários outros fanáticos, que começaram a chamá-los de "Mahatmas"; e, pouco a pouco, os Adeptos foram transformados em deuses na Terra. Eles começaram a ser invocados, e faziam puja (adoração) e estavam se tornando cada dia mais lendários e miraculosos... Vi com terror e cólera a trilha falsa que eles estavam seguindo. Os "Mestres", como todos pensavam, devem ser oniscientes, onipresentes, onipotentes... A idéia de que os Mestres eram homens mortais, limitados mesmo nos seus grandes poderes, nunca passou pela mente de ninguém, embora eles mesmos escrevessem isso repetidamente.[13]

O peso da responsabilidade era suficientemente grande para recair sobre todos, embora no início HPB se recusasse a aceitar a sua parte:

> A culpa é de Olcott? Talvez, até certo ponto. É minha? De modo nenhum; eu a nego e não aceito essa acusação. A culpa não é de ninguém em particular. Apenas a natureza humana e o fracasso da sociedade moderna e das religiões em oferecer às pessoas algo mais elevado e nobre do que a cobiça de dinheiro e de honrarias — essa é a base de tudo. Coloque esse fracasso

> num lado e o mal e a destruição que o espiritualismo moderno produz no cérebro das pessoas no outro, e o enigma estará resolvido.[14]

Mas, depois de refletir melhor, HPB admitiu que a sua responsabilidade pelas falsas idéias a respeito dos Mestres era maior que a de Olcott: "Se alguém deve ser culpado, esse alguém sou eu. Eu profanei a Verdade santa permanecendo totalmente passiva diante de toda essa profanação, causada pelo excesso de zelo e de falsas idéias."[15]

O malogro de Blavatsky em corrigir visões distorcidas dos seus Mestres aconteceu em parte pela necessidade de manter a identidade deles oculta. Depois do relatório de Hodgson, ela praticamente cessou de produzir fenômenos paranormais e raramente se referia aos Mestres. Ela dizia que a sua *Secret Doctrine* não devia ser julgada segundo os critérios de nenhuma pretensa autoridade, mas apenas por seus méritos intrínsecos. Embora tentasse desfazer a falsa imagem que criara dos Mahatmas, ela não queria identificar os verdadeiros mentores ou admitir publicamente até que ponto os transformara em mito. Isso deve ter ocorrido em parte devido aos papéis políticos que eles desempenhavam; por exemplo, Thakar Singh dedicou os seus últimos anos de vida a uma conspiração contra os ingleses para devolver o trono ao seu primo, o deposto marajá sikh Dalip Singh. Mas também é possível que ela tivesse medo de arruinar todo o trabalho da sua vida e de abalar o movimento teosófico se admitisse as limitações humanas dos Mestres. A sua ambivalência nessa questão nos últimos anos de vida é ilustrada por uma estranha decisão que ela tomou como editora da revista teosófica *Lucifer.*

Franz Hartmann, a quem HPB confessou a sua inquietação a respeito do culto aos Mahatmas, havia sido defensor importante dela durante a investigação realizada pela Sociedade de Pesquisa Psíquica. Nascido na Alemanha, Hartmann havia residido nos Estados Unidos durante vários anos, onde entrara em contato com a Teosofia no final da década de 1870. Depois de se filiar à Sociedade, ele viajou à Índia, onde passou nove meses na sede da Sociedade em Adyar. Ali ele se envolveu na polêmica criada por Emma e Alexis Coulomb, cujas acusações de fraude desembocaram no Relatório Hodgson. Ele publicou um folheto respondendo às acusações dos Coulombs e continuou teosofista em meio a todos os conflitos que se seguiram. No entanto, o tom da carta que Blavatsky lhe escreveu em 1886 mostra que ele estava profundamente desiludido com o culto aos Mestres e com a liderança de Olcott.

Três anos depois, a angústia de Hartmann com os Mahatmas imaginários produziu um trabalho literário fascinante. *The Talking Image of Urur* é tão notável pelas circunstâncias da sua publicação quanto pelo seu conteúdo. Embora seja uma sátira amarga à Teosofia, aos Mestres e a HPB, Blavatsky a publicou na *Lucifer.* No prefácio, Hartmann explica que todos os acontecimentos da narrativa realmente ocorreram e que os personagens são compósitos de pessoas vivas. Mas, acrescenta ele, o livro "não foi escrito com o objetivo de desacreditar ninguém que possa imaginar-se representado grotescamente nele", e sim "com o único propósito de mostrar a que absurdos uma pesquisa meramente intelectual de verdades espirituais pode levar".[16] Ele dedica respeitosamente o livro aos seus "amigos pessoais e instrutores" HPB e Olcott, mas não se pode acreditar que eles se sentissem muito satisfeitos com a forma como foram retratados.

O *roman à clef* de Hartmann diz respeito a um jovem chamado Pancho que mora em San Francisco e que passa a acreditar na Misteriosa Fraternidade de Adeptos por influência do Sr. Puffer, um palestrante itinerante da Sociedade para Distribuição da Sabedoria. Pancho o acompanha à sede da Sociedade em Urur, África do Sul. Os membros mais conhecidos da Misteriosa Sociedade são Rataborumatchi e Krashibashi, adeptos poderosos que vivem num enclave secreto no deserto Líbio. A Sociedade é dirigida por um americano, Capitão Bumpkins, que absorve os seus ensinamentos de uma curiosa estátua falante que é porta-voz da Misteriosa Fraternidade. A Imagem Falante responde infalivelmente a todas as perguntas com a ajuda dos adeptos e atrai a atenção de muitos buscadores.

Logo depois de chegar a Urur, Pancho visita a Imagem Falante, mas fica espantado com as mensagens que ela comunica. Às vezes ela se reveste de uma luz sobrenatural e profere verdades profundas, mas em geral reflete os preconceitos dos consulentes como um espelho e apenas confirma-lhes as superstições. As suas afirmações mais sábias são as menos compreendidas pelos que se dirigem a ela. Quando a Sociedade para a Descoberta de Ciências Desconhecidas envia um investigador, ele encontra a sede de Urur num tumulto causado pela governanta, Mme. Corneille, e seu marido, que se aliaram a missionários para denunciar a Imagem Falante. No auge da controvérsia, a Imagem desaparece de Urur. Pancho parte logo depois, e no final da história ele a encontra novamente, agora sozinha numa pequena cidade italiana. Quando a Imagem lhe diz que a sabedoria que vem do Oriente é a melhor e deve ser aceita, ele replica: "Só existe uma única sabedoria, porque só há uma única verdade; e ela não vem do Oriente nem do Ocidente, mas do conhecimento de si mesmo."[19] Essas palavras desfazem o encanto que mantinha a alma da Imagem Falante presa à sua forma inanimada. Depois de uma mudança na natureza da verdade divina, a mensagem final da Imagem Falante conclui o conto:

> "Ninguém pode ensinar a verdade a outro se ela mesma não se manifestar nele e através dele. Não siga os que proclamam em voz alta que podem revelar-lhe a verdade, mas procure a verdade por ela mesma..."
>
> "E a Misteriosa Fraternidade?", perguntou Pancho. Ele não recebeu resposta. Diante dele, uma grande transformação começou a acontecer. A luz no interior da Imagem começou a brilhar com intensidade crescente, e a estátua se tornou mais etérea e transparente. Era como se toda a substância do seu corpo tivesse se transformado numa nuvem de luz viva... No fim, a própria aparência de nuvem havia desaparecido; não restou nada que fosse de natureza material; a Imagem se tornara toda alma — um traço de glória sobrenatural — que lentamente se desvaneceu.[18]

Quando HPB deixou de servir aos Mestres ocultos, ela entrou na fase mais produtiva da sua carreira. Ela só começou a escrever os livros que mais a lembram depois de sair da Índia. A conclusão de Hartmann expressa a sua percepção da mudança sofrida por HPB quando ela abandonou as declarações e os fenômenos sensacionalistas e pôde se concentrar na transmissão das verdades respigadas durante tantos anos de buscas.

Apesar de trabalhar mais tarde na maçonaria, no rosacrucianismo e na Ordo Templi Orientis, Hartmann permaneceu fiel à teosofia. Ele criou uma Sociedade Teosófica independente na Alemanha, radicalmente contrária ao culto aos Mestres como este se desenvolvia na ST em Adyar sob a liderança de Annie Besant.

Em março de 1889, HPB escreveu um artigo para a revista *Lucifer* intitulado "Sobre a Pseudoteosofia," em que ela responde a uma história publicada no *Daily News* sobre o romance de Hartmann. O jornal dizia que alguns teosofistas estavam angustiados com a publicação e sugeriam que "a apreensão despertada não se dissiparia com facilidade".[19] HPB responde que está publicando o conto de Hartmann exatamente para despertar apreensão naqueles que deviam reconhecer-se nele. E acrescenta: "Este nosso procedimento — raro, sem dúvida, entre editores — de publicar uma sátira que aos míopes parece ser dirigida aos seus deuses e partidários apenas porque são incapazes de perceber a filosofia e a moral subjacentes neles, criou um grande rebuliço."[20]

Mas, embora alguns tenham se ofendido, HBP se pergunta: "Se 'Mme. Blavatsky' — supostamente a 'Imagem Falante' — não objeta a ver-se representada como uma espécie de papagaio mediúnico, por que outros 'teosofistas' deveriam objetar?" E acrescenta: "Se o primeiro objetivo da nossa Sociedade não for estudar o próprio eu, mas achar defeito em tudo, menos nesse eu, então, realmente, a ST está destinada a se tornar — e em alguns centros já se tornou — uma Sociedade para admiração mútua; um tema talhado para a sátira de um observador tão arguto como sabemos ser o autor de 'A Imagem Falante de Urur'."[21] Esse seria o maior aval à visão de Hartmann que ela se permitiria, mas a sua publicação do romance de Hartmann é uma confirmação clara de que os seus patrocinadores adeptos eram muito mais humanos e menos divinos do que os Mahatmas imaginários que ele satirizou.

Num artigo inédito, escrito no seu último ano de vida, HBP concluiu não obstante que a publicidade que ela dera aos Mestres havia produzido mais benefícios do que malefícios:

> Um dos principais fatores no redespertar de Aryavrta (Índia) que fez parte do trabalho da Sociedade Teosófica foi o ideal dos Mestres. Mas devido à necessidade de discernimento, discrição e discriminação, e às liberdades tomadas com os seus nomes e Personalidades, grandes equívocos surgiram com relação a eles. Eu estava sob o mais solene juramento e promessa de nunca revelar toda a verdade a ninguém... Tudo o que tive permissão de dizer foi que esses grandes homens existiam em algum lugar; que alguns deles eram hindus; que eram sábios como nenhum outro... e também que eu era chela de um deles... Eles eram conhecidos como "Mahatmas"... Apesar desses equívocos iniciais, a idéia dos Mestres, e a crença neles, já produziu seus bons frutos na Índia. O principal desejo deles era preservar o verdadeiro espírito religioso e filosófico da antiga Índia; defender a sabedoria antiga contida nos seus Darsanas e Upanixades contra as investidas

sistemáticas dos missionários, e finalmente redespertar o espírito ético e patriótico adormecido naqueles jovens em que ele quase desaparecera.[22]

Num estado de espírito menos esperançoso, HPB lamentou os efeitos indesejáveis do trabalho da sua vida no seu último livro, *The Key to Theosophy:*

> Toda sociedade fraudulenta, para fins comerciais, se diz agora guiada e dirigida por "Mestres", muitas vezes considerados muito superiores aos nossos... Se tivéssemos agido segundo o sábio princípio do silêncio, em vez de nos precipitarmos à notoriedade e de divulgar tudo o que sabíamos e ouvíamos, essa profanação jamais teria ocorrido... Mas é inútil lamentar o que está feito, e só podemos sofrer na esperança de que as nossas indiscrições tenham facilitado para outros a descoberta do caminho que leva a esses Mestres.[23]

Embora pretensos agentes dos Mestres sejam atualmente mais numerosos do que nunca, o acesso a verdadeiros instrutores de tradições esotéricas autênticas tem aumentado em ritmo equivalente. Tanto as esperanças como os temores de HPB sobre a influência da Teosofia se confirmaram plenamente no século em que ela escreveu essas palavras.

Leituras Complementares

A minha pesquisa sobre os Mestres Teosóficos está detalhada em *The Masters Revealed: Madame Blavatsky and the Myth of the Great Lodge* (1994) e em *Initiates of Theosophical Masters* (Albany, NY: 1995), ambos publicados pela State University of New York Press. *Tournament of Shadows,* de Karl Meyer e Shareen Blair Brysac (Nova York: Counterpoint, 1999), oferece o relato mais completo feito até hoje do Grande Jogo entre os impérios britânico e russo na Ásia, incluindo algumas análises sobre Blavatsky e os seus Mestres. *Shadows and Elephants,* de Edward Hower (Wellfleet, MA: Leapfrog Press, 2002), um romance baseado em anos de pesquisa sobre Blavatsky, tem como base a tese de que os Mestres eram versões ficcionalizadas de pessoas reais. *The Maharajah's Box,* de Christy Campbell (Nova York: Overlook Press, 2002), é uma investigação detalhada da conspiração que cercou Dalip Singh e oferece novas evidências do envolvimento teosófico.

17

O STEINER APOCALÍPTICO

Os ensinamentos de Rudolf Steiner prevêem o crescimento dos "órgãos espirituais" da humanidade e a espiritualização da matéria. O Livro do Apocalipse contém a explicação do nosso destino futuro?

Anastasy Tousomou

A obra monumental do esoterista ocidental Rudolf Steiner é desalentadora pela sua magnitude, pura e simplesmente. As suas mais de seis mil palestras, reunidas em aproximadamente quatrocentos volumes, podem assustar quem a manuseia pela primeira vez. O volume das contribuições de Steiner para os campos da arte, da medicina, da educação, da agricultura orgânica, da filosofia e da religião podem levar o leitor a uma jornada labiríntica pelo esoterismo ocidental e fazê-lo perder de vista a essência da obra steineriana. Mas uma referência diligente e constante à fonte e ao cerne dessa obra colhe os seus frutos. A obra de Rudolf Steiner gira em torno da sua cristologia peculiar e da busca sistemática do conhecimento espiritual fundamentado em Cristo. O resultado prático da obra pode ser visto à luz dessa cristologia e no projeto de Steiner para a história humana e seu destino evolutivo.

Nascido em 1861, na Áustria, Steiner estudou filosofia e ciências naturais. Ele é mais conhecido como fundador da Sociedade Antroposófica e dos vários movimentos dela derivados, como a agricultura biodinâmica, a educação Waldorf, a eurritmia, e por suas contribuições nos campos da ciência goethiana, da medicina homeopática e da nutrição. Até a época da constituição da Sociedade Antroposófica, Steiner foi diretor da seção germânica da Sociedade Teosófica, mas ele rompeu com Annie Besant quando esta resolveu adotar a idéia de que Krishnamurti era a encarnação de Cristo. Embora o sistema antroposófico de Rudolf Steiner seja às vezes confundido com o seu antecessor teosófico, na verdade ele é muito diferente na sua essência e nos seus objetivos. Enquanto Besant considerava o cristianismo um dos Mistérios Menores, a Encarnação de Cristo se tornou o ponto crucial histórico do esquema da evolução cósmica de Rudolf Steiner.

Na época de Steiner, a Sociedade Teosófica era o único veículo público aberto para o gênero de cristianismo esotérico ocidental que ele ensinava desde o início do seu mandato na seção germânica dessa organização. A Seção Esotérica, ou S.E., da Sociedade Teosófica Alemã seguia uma orientação ocidental sólida, com raízes no rosacrucianismo e no cristianismo joanino. O material documentado da S.E. Alemã contém palestras sobre cosmologia e mantras, e exercícios respiratórios e de visualização. Uma proporção significativa desse material também trata da maçonaria e foi publicado recentemente em inglês sob o título *The Temple Legend* (Rudolf Steiner Press). O conteúdo das palestras reflete o interesse dos membros da S.E. pelas origens do ocultismo ocidental, especialmente pelas lendas bíblicas de Caim e Abel e de Hiram e Salomão. O tema das duas raças da humanidade — uma raça de sacerdotes, pastores e jardineiros, e outra de reis, artesãos e construtores — é básico na antropologia de Steiner, além da sua cristologia. Steiner não vê em Jesus Cristo uma sizígia gnóstica de masculino e feminino, mas sim a reconciliação de duas raças da humanidade — a abeliana e a cainita, a abraâmica e a nimródica. A linhagem feminina, mais receptiva, tem a marca da revelação divina; a raça masculina, mais ativa, compreende aqueles que "tomam o céu pela força" por sua própria iniciativa. Essa caracterização dos dois tipos humanos culmina na série de palestras de Steiner denominadas Relacionamentos Cármicos, em que as principais personalidades representativas das duas correntes são descritas como alma "platônica" e alma "aristotélica".

Pode-se estudar melhor a S.E. através das anotações dos participantes, as quais estão aos poucos aparecendo em manuscritos alemães e ingleses.

Um incidente menor mas muito comentado na história da S.E. é o do assim chamado M.D., ou Misraim-Dienst (Ritual de Misraim), também conhecido como F.M., ou Freimaurerei (franco-maçons). Um pequeno grupo de membros da S.E. profundamente interessados pela franco-maçonaria fundou uma loja ligada a Theodore Reuss e à O.T.O. (Ordo Templi Orientis, uma loja de magia mais tarde dirigida por Aleister Crowley). Embora essa ligação fosse muito discutida em publicações por sensacionalistas da imprensa ocultista, na realidade ela teve pouca relevância. As práticas de Rudolf Steiner relacionadas com Mênfis e Misraim consistiam em material de palestras e rituais improvisados por ele de acordo com o número e a característica dos participantes, tanto humanos como angélicos. Um exame superficial desse material M.D. revela pouca coisa em comum com o ritual O.T.O. ortodoxo, mas é muito mal compreendido e mal interpretado.

As atividades da loja Misraim foram interrompidas com a deflagração da I Guerra Mundial, e no fim da guerra, Steiner não quis continuá-las. Decepcionados, alguns membros persistiram, e o trabalho continua até hoje em âmbito restrito no norte da Alemanha. Pode-se imaginar que a forma de ritual improvisada de Steiner deve ter sido substituída pela autoridade de manuscritos e pela repetição de material antigo.

Existe atualmente entre os antroposofistas um interesse bastante grande pela maçonaria, principalmente na Suíça, perto da Sociedade Antroposófica Geral em Dornach, não longe de Basiléia. Esse interesse não surpreende. Rudolf Steiner fez várias afirmações importantes sobre a Sociedade e a sua missão no mundo. Segundo Steiner, os rituais autênticos da franco-maçonaria contêm os segredos do futuro da evolução humana. Muito pode ser dito sobre esse futuro à luz do assim chamado "ocultismo mecânico", que trabalha utilizando as forças subterrâneas e elementais da terra. Steiner falava em detalhes complexos sobre esses mistérios e sua relação com o Apocalipse de João.

Rudolf Steiner descrevia um cosmos muito semelhante ao de H. P. Blavatsky, um cosmos ordenado de acordo com as sete esferas planetárias neoplatônicas conhecidas. Essas esferas são habitadas pelos nove coros hierárquicos encontrados na angelologia ocidental. Cada um desses coros de anjos tem a sua própria evolução, que interpenetra a evolução dos outros coros. Todos os coros de anjos e arcanjos, porém, têm os olhos voltados para a Terra, onde se desenvolve um drama cósmico de suma importância: a luta encarniçada da humanidade com a substância material. Esse drama do envolvimento do homem com a matéria se assemelha a muitos relatos mitológicos da Queda.

A Queda do Homem e a conseqüente obtenção da autoconsciência e da liberdade humanas são os temas principais nas obras de Steiner. Na visão dele, o desenvolvimento da agricultura, da metalurgia, da engenharia e da escrita foi todo inspirado por essa independência prometéica. O mal também era necessário, segundo Steiner, para oferecer a oportunidade da tentação e da resistência, com o intuito de promover o crescimento espiritual do homem. As grandes figuras promotoras da religião e da cultura, como Rama, Zaratustra, Hermes e Moisés, agiram no sentido de redirecionar a humanidade para o projeto cósmico. Num momento crucial da história, o Ser de Cristo encarnou para semear o processo de revivificação da matéria e para dar à humanidade o poder de conferir conscientemente espírito à matéria. Na cosmologia de Steiner, o homem se eleva das profundezas da matéria numa expansão das suas faculdades; o mundo espiritual desce até ele para completar o nexo divino-humano. A concretização dessa união de processos de subida e descida é a encarnação do homem-Deus, Jesus Cristo, e a reunificação da matéria e do espírito (originalmente separados na Queda).

O universo de Steiner é um cosmos confinado espacialmente nas sete esferas planetárias e temporalmente no mundo do tempo criado. Ele fala pouco do cosmos fora da esfera de Saturno e não diz nada sobre o mundo intemporal da eternidade, deixando essas descrições aos seus colegas esotéricos da escola platônica. Para Steiner, Cristo não é a Segunda Pessoa da Trindade cristã, mas um ser hierárquico no nível de um Elohim, como o deus sol zoroastriano ou o Cristo criado do cristianismo ariano.

O CAMINHO ESOTÉRICO DA ANTROPOSOFIA E A SUA ESCOLA

A prática fundamental da Antroposofia consiste nos exercícios básicos que a escola ensinava para o desenvolvimento dos "órgãos espirituais", impedindo-os de se tornarem unilaterais e malformados por vontade própria. As meditações dadas por Steiner são mantras que unem tanto o mundo espiritual como o mundo da natureza no interior do ser do homem. O ser humano se eleva através de três estágios de ascensão supersensível: imaginação, inspiração e intuição, marcados respectivamente por visão espiritual, audição espiritual e comunhão espiritual com seres angelicais. O repositório atual desse trabalho é a assim chamada Escola Superior de Ciência Espiritual, com sede em Goetheanum, Dornach, Suíça. Planejada originalmente para abranger três graus de treinamento esotérico — a Classe Miguel, a Classe Sofia e a Classe Cristo — a escola oferece atualmente apenas um nível, conhecido como "Primeira Classe". A morte prematura de Steiner em 1925 impediu a implantação da segunda e da terceira classes.

RUDOLF STEINER E O APOCALIPSE DE JOÃO

As contribuições mais conhecidas de Steiner são as suas técnicas práticas nos campos da educação, das artes, da medicina e da agricultura. Entretanto, é na sua obra sobre o Livro do Apocalipse que Steiner é mais profundo. A sua interpretação desse livro bíblico fornece grande parte do conteúdo inexistente nos rituais maçônicos mencionados anteriormente, não nos seus gestos e circungiros, mas nos segredos da evolução humana e terrena, no ocultismo mecânico e na transformação alquímica da Terra dentro do pleroma de Cristo. Para Steiner, o Livro do Apocalipse remove o véu da plenitude de Jesus Cristo, possibilitando à humanidade testemunhar o transbordamento do Seu Ser. Cristo é assim revelado como o Ancião dos Dias, com cabelos brancos, pés de bronze e uma espada saindo da sua boca — o arquétipo futuro da humanidade. Na interpretação de Steiner, a imagética cabalística do Apocalipse descreve o caminho do ocultismo mecânico, o caminho do poder que é necessário para transformação da matéria, e os segredos da ressurreição do corpo.

O Apocalipse é uma espada de dois gumes: um evento crítico que estimula o justo e pune o iníquo. Nos termos de Steiner, justos são os que recebem e transformam as forças etéreas vivificadoras que recebem da Natureza. Iníquos são os que rejeitam esse caminho de transformação e exploram a Natureza para perpetuar o *status quo* da existência material desprovida de espírito. É tão-somente o desenvolvimento das faculdades interiores, os "órgãos dos sentidos espirituais", que dará condições à humanidade de passar da sua condição presente para a condição do Filho do Homem. Os três aspectos do desenvolvimento espiritual são a visão espiritual, ou imaginação (representada pelo Livro Selado), a audição espiritual, ou inspiração (representada pelas Trombetas Angelicais), e a união espiritual, ou intuição (representada pelas Taças do Furor).

A escatologia steineriana seria incompleta sem o evento mais importante do *corpus* antroposófico: a Segunda Vinda de Cristo. Coerente com a ênfase à elevação dos órgãos etéricos ao nível da percepção supersensível e com a ênfase à singularidade na encarnação de Cristo como ponto crucial da história, Rudolf Steiner rejeita categoricamente qualquer idéia de uma Segunda Vinda *física*. A sua visão da parusia é uma Volta de Cristo *etérica*, que acontecerá primeiro no reino da Natureza. O retorno será percebido inicialmente pelos místicos e ocultistas da Natureza, mas se propagará gradualmente para toda a humanidade. Segundo Steiner, ocorrerá uma mudança definitiva na Natureza (que, segundo ele previu, começaria na década de 1930). A humanidade como um todo enfrentará os eventos da Vinda de Cristo no reino etéreo, à medida que a sua consciência evoluir e florescer gradualmente, ou degenerar e definhar. Assim Cristo vem novamente, como partiu, nas nuvens do mundo etérico.

O que distingue a visão de Rudolf Steiner sobre o retorno de Cristo é a natureza estritamente etérica desse evento. Muitos, como Edgar Cayce, Alice Bailey e Benjamin Creme, esperam uma vinda física. Essa expectativa implica a possibilidade de confundir um ser espiritual com outro: tomar o Anticristo pelo Cristo. Na visão de Steiner, como também na concepção do cristianismo, do judaísmo e do islamismo ortodoxos, há alguém que "virá em seu próprio nome" e que lutará com o profeta Elias. Ele virá como um grande estadista, um pacificador, um realizador de milagres. A sua presença fascinará as multidões e desviará a sua atenção do "Caminho, da Verdade e da Vida". A sua promessa de paz, pão e vida está bem ilustrada no livro de Vladimir Soloviev, *O Anticristo*, um conto apocalíptico que ilustra os temas centrais da escatologia steineriana.

A experiência do Cristo Etérico dará nova vida aos que o reconhecem. Um processo de estimulação dos órgãos espirituais pela impregnação com a substância crística os levará à ressurreição final. A humanidade passará ao estado de Filho do Homem através da eterização do sangue e da transformação dos órgãos da reprodução. A humanidade dará nascimento a uma nova forma cujas funções geradoras não estarão mais centradas nos órgãos reprodutores, mas numa laringe transformada. O plexo solar, o coração e a laringe serão transformados pelo Verbo Criador e pela participação mística no corpo etérico de Cristo. Uma *circulatio* (eterização) alquímica do sangue revivificado elevará a laringe humana a um estado que lhe dará condições de se expressar espiritualmente, isto é, de recriar a si mesma numa forma superior, "como um Filho do Homem". Esse processo não somente unirá o indivíduo ao Cristo Etérico, mas também ao reino da Natureza e de todos os seres criados. A humanidade reconhecerá a própria união hipostática em si mesma e em sua união com toda a Criação. Ela não estará mais sujeita aos astros, mas os conterá em seu peito.

> *...e, no meio dos sete candelabros, vi alguém semelhante a um filho do Homem, vestido com uma túnica longa e cingido à altura do peito com um cinto de ouro.*
>
> *Os cabelos de sua cabeça eram brancos como lã branca, como neve; e seus olhos pareciam uma chama de fogo.*
>
> *Os pés tinham o aspecto do bronze quando está incandescente no forno, e sua voz era como o estrondo de águas torrenciais.*
>
> *Na mão direita ele tinha sete estrelas, e de sua boca saía uma espada afiada, com dois gumes. Sua face era como o Sol, quando brilha com todo seu esplendor.*
>
> *Ao vê-lo, caí como morto a seus pés. Ele, porém, colocou a mão direita sobre mim assegurando: "Não temas! Eu sou o Primeiro e o Último,*
>
> *o Vivente; estive morto, mas eis que estou vivo pelos séculos dos séculos, e tenho as chaves da Morte e do Hades." (Apocalipse 1,13-18)*

A cristologia e a escatologia de Rudolf Steiner expõem as tarefas não realizadas da franco-maçonaria e da alquimia interior. Os símbolos obscuros dos maçons e o Apocalipse adquirem perspectiva à luz da interação de Cristo com os nossos sentidos espirituais e com o desvelamento e o transbordamento do Seu Ser. Steiner integra a evolução do indivíduo com a de toda a Criação.

Steiner rejeita um poder montanista sobre a Terra não transformada. Em vez disso, ele anuncia uma experiência mais sutil, alquímica, da Segunda Vinda, um processo regenerativo para o homem e para a Terra. O Cristo dispensa o Seu próprio Ser para revivificar a Criação e para ajudar a elevar os nossos sentidos internos ao espírito, de modo que possamos impregnar a matéria com espírito e transformá-la. Assim, como nos dias de Adão, recuperaremos a nossa função de superintendentes da Terra.

18

RENÉ SCHWALLER DE LUBICZ E A INTELIGÊNCIA DO CORAÇÃO

Um dos grandes esoteristas do século XX estava convencido de que o antigo Egito se fundamentava numa forma de conhecimento interior. Ele dedicou toda a sua vida a tornar essa forma disponível ao buscador sério.

Gary Lachman

René Schwaller de Lubicz (1887-1961) é conhecido dos leitores ingleses principalmente por seu empenho em revelar idéias e conceitos espirituais e cosmológicos do antigo Egito. Em livros como *Esotericism and Symbol, The Temple in Man, Symbol and the Symbolic, The Egyptian Miracle* e o monumental *The Temple of Man* — cuja tradução inglesa há muito esperada finalmente apareceu — Schwaller de Lubicz defendeu, entre outras coisas, que a civilização egípcia é muito mais antiga do que sugerem egiptólogos ortodoxos, uma tese que recebe reforços com a obra recente de Graham Hancock e Robert Bauval.

Mas se isso não foi suficiente para colocá-lo com segurança além dos limites, ele também sustentou que o núcleo da antiga cultura egípcia era uma intuição fundamental das "leis da criação". Tudo o que se refere à civilização egípcia, dizia de Lubicz, desde a construção das pirâmides até a forma de uma caneca de cerveja, era motivado por uma visão metafísica, central, da natureza da harmonia cósmica e por uma consciência do lugar da humanidade na evolução do espírito.

Mas como observa a sua tradutora, Deborah Lawlor, os estudos egípcios de Schwaller de Lubicz são apenas parte da sua obra geral como metafísico e filósofo.

Nascido na Alsácia-Lorena, então território alemão, René Schwaller cresceu numa atmosfera poliglota. (Mais tarde, por seus esforços em defesa da Lituânia depois da I Guerra Mundial, o poeta e diplomata lituano O. V. de Lubicz Milosz lhe conferiu o título "de Lubicz".) A Alsácia-Lorena esteve várias vezes alternadamente sob domínio francês e domínio alemão desde o nascimento de Schwaller, e essa mistura franco-germânica confere à sua obra uma característica curiosa. Como sugere Christopher Bamford, Schwaller pensava em alemão mas escrevia em francês.[1] Acrescida às suas dificuldades inerentes à expressão de concepções não-lineares, "vivas", em linguagem linear, "morta", essa combinação singular põe muitos obstáculos diante de um leitor iniciante. Como ele escreveu a propósito das idéias sobre a "consciência funcional" que constam da sua obra verdadeiramente "hermética", *Nature Word* (Verbe Nature), "A Natureza me mostrou uma alta montanha coroada com um pico de brancura imaculada, mas ela não conseguiu me ensinar o caminho que leva a ele".[2]

Os leitores ansiosos por compreender as idéias de Schwaller podem achar que eles também se encontram aos pés de uma montanha escarpada. Essa perspectiva desafiadora não perturbou Schwaller. Ele acreditava que o conhecimento era um direito apenas daqueles que queriam fazer o esforço de adquiri-lo, a elite que suportaria o sofrimento na busca da sabedoria. Essa sensibilidade influenciou também a sua visão política.

ANOS INICIAIS, BERGSON E MATISSE

O pai de Schwaller era químico — aparentemente abastado — e o jovem René cresceu num mundo de ciência, natureza e arte. Caminhadas povoadas de sonhos nas florestas alsacianas seguiam-se a horas dedicadas à pintura e à "experimentação". Ele também passou por duas experiências peculiares. Em 1894, com sete anos de idade, Schwaller teve uma espécie de apreensão mística da natureza do divino. Esse lampejo de realidade metafísica voltaria sete anos mais tarde quando, aos quatorze anos, ele teve outra intuição, agora relacionada com a matéria. "Qual é a origem da matéria?", perguntou a si mesmo o metafísico em desenvolvimento. A pergunta ocupou-o pelo resto da vida.

No fim da adolescência, Schwaller saiu de casa e foi para Paris. Estudou pintura com Henri Matisse, que na época era profundamente influenciado pela obra do filósofo mais famoso do período, Henri Bergson. Atualmente Bergson recebe pouco mais que uma menção em livros de história da filosofia, mas nos anos que antecederam a I Guerra Mundial ele era conhecido em todo o mundo e muito influente por sua filosofia da intuição. Bergson rejeitava a percepção estática, mecanicista do mundo, e propunha uma participação vital com a essência do mundo, o famoso *élan vital* ou força da vida. Ele também era um tanto místico. Num dos seus últimos livros, *As Duas Fontes da Moralidade e da Religião* (1932), escrito numa época em que a sua popularidade já estava muito reduzida, Bergson fez o seu famoso comentário de que o universo era uma máquina para "fazer deuses", uma formulação que Schwaller não consideraria de todo descabida.

CIÊNCIA E TEOSOFIA

Com Matisse e Bergson, Schwaller passou a receber a influência da nova física de Albert Einstein e Max Planck. Como muitas pessoas hoje, Schwaller acreditava que o estranho mundo da física quântica e da relatividade abria a porta para um universo mais condizente com a cosmologia dos antigos e menos compatível com o mundo da mecânica newtoniana do século XIX. Ele se entusiasmou especialmente com a idéia da complementaridade, desenvolvida pelo físico dinamarquês Niels Bohr, e com o princípio da incerteza de Werner Heisenberg.

Bohr queria pôr um fim ao debate sobre a natureza da luz — se seria melhor descrevê-la como onda ou como partícula — optando por uma posição que aceitava ambas. A "incerteza" de Heisenberg — que levou Einstein à famosa réplica de que "Deus não joga dados com o universo" — sustentava que não podemos conhecer nem a posição nem a velocidade de uma partícula elementar: a localização de uma oblitera a outra.

Schwaller concordaria com Einstein sobre a atitude de Deus com relação ao jogo. Mas ele estava satisfeito com o fato de a complementaridade e a incerteza exigirem da nossa mente um esforço muito além do "ou/ou" da lógica silogística para compreender como a realidade funciona. A complementaridade e a incerteza nos pedem para manter em perspectiva idéias mutuamente excludentes — a idéia básica que está por trás de um koan zen. O resultado, Schwaller sabia, pode ser um *insight* sem lógica mas iluminador.

Essa "simultaneidade de estados opostos" exerce um papel muito importante na compreensão de Schwaller dos hieróglifos egípcios. Ela caracteriza o que ele chama de *simbólico,* uma maneira de unir o objeto de percepção dos sentidos ao conteúdo do conhecimento interior numa espécie de polaridade criativa. Quando os egípcios viam o hieróglifo de um pássaro, diz ele, eles sabiam que se tratava de um signo da criatura individual, real, mas também sabiam que era um símbolo da "função cósmica" que essa criatura exemplificava — o vôo — assim como a miríade de características a ela associadas. Os hieróglifos não apenas designavam; eles evocavam. Como ele escreveu em *Symbol and Symbolic,* "A observação de uma simultaneidade de estados mutuamente contraditórios... demonstra a existência de duas formas de inteligência"[3] — uma idéia que o filósofo do início do século XX, Alfred North Whitehead, analisaria, com muitas semelhanças com o pensamento de Schwaller, no seu livro *Symbolism: Its Meaning and Effect* (1927). A nossa inteligência racional, científica, é da mente e dos sentidos. A outra, cuja expressão mais total Schwaller finalmente localizou na civilização do antigo Egito, é a do "coração". Essa busca da "inteligência do coração" se tornou o trabalho da vida de Schwaller.

Schwaller acreditava que o surgimento da nova física indicava que a humanidade estava seguindo na direção de uma guinada radical da consciência, uma idéia que o seu quase-contemporâneo Jean Gebser também acalentava. Ele relacionava essa manifestação com a precessão dos equinócios e com a chegada da Era de Aquário. Mas ele também acreditava que a ciência sozinha não tinha condições de oferecer uma compreensão mais profunda da verdadeira natureza do mundo. Para isso, ele afirma, é necessária uma nova espécie de consciência.

Ele procurou sinais dessa nova consciência entre pensadores que não faziam parte da corrente predominante. Em 1913-14, Schwaller participava de grupos teosóficos franceses e, suspeita-se, de círculos ocultistas em Paris de modo geral. Ele leu extensamente Madame Blavatsky e outros autores ocultistas, e publicou uma série de artigos fascinantes, se não obscuros, sobre a filosofia da ciência em *Le Theosophe*. Pouco depois, em 1917, com trinta anos, ele publicou o seu primeiro livro, *A Study of Numbers*, um ensaio pitagórico sobre o significado metafísico da matemática.

A idéia central do livro está no âmago do pensamento de Schwaller: a inexplicável divisão — ou "cisão", como ele chama — do Uno imanifesto, o Absoluto, em muitos — uma questão que, numa forma menos mística, ocupa muitos cosmólogos de renome atualmente.

Para Schwaller, essa erupção "irracional" da unidade absoluta num mundo de espaço e tempo é o mistério central da existência, o segredo primordial que eludirá para sempre a apreensão simplificadora da mente puramente cerebral. A nossa mente cerebral é incapaz de apreender o mistério central, diz ele, porque a nossa "organização sensorial parece claramente ser imperfeita". Essa condição só pode ser mitigada através de um "aperfeiçoamento da consciência",[4] algo sobre o que, sustentaria ele mais tarde, os antigos egípcios sabiam tudo. "Antevejo convictamente o tempo em que um ser iluminado será capaz de trazer ao mundo a prova do mistério do princípio", ele escreveu em *Sacred Science*.

ALQUIMIA E FULCANELLI

Insatisfeito com os preconceitos científicos do presente, Schwaller procurou no passado espíritos semelhantes a ele. O estudo da alquimia alimentou o seu apetite de conhecimento espiritual. Diferentemente de muitos atraídos pelo ocultismo, o interesse de Schwaller pela ciência proporcionou-lhe uma mente prática, aguçada, insatisfeita com idéias vagas sobre os mundos superiores. Ele acreditava que o esoterismo devia incluir conhecimento factual sobre como o mundo funciona; ele rejeitava a interpretação de Jung sobre a alquimia ser um assunto puramente psíquico. A alquimia era uma prática espiritual que envolvia a consciência do alquimista, mas incluía também percepções objetivas sobre a estrutura da matéria. Essa crença na realidade do conhecimento objetivo alimentou as pesquisas posteriores de Schwaller sobre a civilização egípcia.

Ele era fascinado pelos segredos esotéricos da arquitetura gótica e tornou-se amigo do homem cujo nome os especialistas mais relacionam com o "mistério das catedrais", Fulcanelli. Em algum momento entre 1918 e

1920, Schwaller conheceu Fulcanelli em Montparnasse. Fulcanelli reunira um grupo de discípulos à sua volta, apropriadamente chamados de "Irmãos de Heliópolis". (Mais tarde Schwaller diria que a palavra "alquimia" significava "do Egito".) A alquimia encontrara abrigo no estranho mundo do ocultismo clandestino parisiense, e Fulcanelli e os Irmãos de Heliópolis estudavam as obras dos grandes alquimistas, como Nicolas Flammel e Basil Valentinus.

Fulcanelli e Schwaller se encontravam freqüentemente e discutiam a Grande Obra, a transmutação da matéria, uma possibilidade que os avanços recentes na teoria atômica pareciam transformar em realidade. Então, certo dia, Fulcanelli revelou a Schwaller a existência de um manuscrito que ele havia furtado de uma livraria em Paris. Ao catalogar um livro antigo para um livreiro, Fulcanelli descobriu um fragmento estranho: um manuscrito de seis páginas em tinta desbotada que descrevia, segundo Fulcanelli, a importância da cor no processo alquímico. Mas, na opinião de Schwaller, quando se tratava de alquimia, Fulcanelli era materialista, e por isso não apreendeu a verdadeira natureza da cor. Schwaller o esclareceu. Cansado das distrações de Paris, Schwaller se mudou para Grasse, no sul da França, onde convidou Fulcanelli a se juntar a ele num retiro alquímico. Lá, depois de muito trabalho, eles realizaram uma obra de grande sucesso que envolvia os segredos do "vitral alquímico". Os vermelhos e azuis peculiarmente evocativos das rosáceas de catedrais como a sublime Chartres haviam confundido os artesãos desde a Idade Média. Em Grasse, Schwaller e Fulcanelli podem ter desvendado a fórmula.

Mas começaram a surgir tensões entre os dois, e existem suspeitas de que Fulcanelli teria roubado mais do que o manuscrito de um livreiro. As idéias para a sua obra mais famosa, *The Mystery of the Cathedrals* (1925), teriam sido tomadas de Schwaller de Lubicz. Fulcanelli voltou para Paris e, mesmo desaconselhado por Schwaller, tentou realizar as mesmas experiências novamente, mas fracassou. Segundo Schwaller, isso aconteceu porque Fulcanelli deixou de incluir ingredientes que somente ele conhecia. Ignorando as advertências de Schwaller, Fulcanelli persistiu em realizar experiências em Paris. Mas a sua estranha morte por gangrena um dia antes de revelar o segredo aos seus alunos pôs termo à sua obra.

POLÍTICA ESOTÉRICA

Schwaller começou a mudar para métodos mais políticos de materialização da sabedoria esotérica. Ele já havia conhecido o poeta místico O.V. de Lubicz Milosz, que lhe conferira o grau de cavaleiro. A heráldica e as virtudes cavalheirescas passaram a ser tópicos centrais na filosofia pessoal de Schwaller. Como ele escreveu em *Nature Word:* "O caminho apropriado o conduz primeiro em busca do seu 'Totem', isto é, a uma Heráldica espiritual." Isso porque "você não pode usar os sapatos de outro, porque você mesmo é uma totalidade, um aspecto particular da Consciência universal".[5] Ele também havia recebido o seu nome místico *Aor,* "luz intelectual" em hebraico. Mais tarde, os seus alunos se dirigiriam a ele por esse título.

O esoterismo exige que o buscador se ocupe com a verdade esotérica não somente de modo intelectual, mas com uma prática viva. Por essa época, Schwaller levou esse princípio a sério e começou a levar à política francesa pós-I Guerra Mundial alguns valores e ideais do esoterismo.

Não era uma idéia incomum na Europa devastada pela I Guerra Mundial. Rudolf Steiner havia escrito uma espécie de *best seller* político com o seu livro sobre a reestruturação da Europa, *The Threefold Commonwealth* (1919). Mas a visão política de Schwaller diferia muito da concepção de Steiner. *Les Veilleurs* ("Os Sentinelas", ou "Os Vigilantes"), a sociedade política iniciada por Schwaller e Milosz, adotou uma filosofia decididamente conservadora e elitista. Com poucas exceções, isso parece comum a muitos pensadores ocultistas dessa época, desde W. B. Yeats até os indivíduos mais suspeitos que compunham a célebre Sociedade de Thule. (Estranhamente, Rudolf Hess, membro da Sociedade de Thule, também fazia parte dos "Vigilantes".) Isha Schwaller de Lubicz, esposa de Schwaller (autora de uma estranha obra sobre o esoterismo egípcio, *Her Bak),* escreveu que os objetivos dos *Les Veilleurs* incluíam "a defesa comum dos princípios dos direitos humanos... as salvaguardas supremas da... independência".[6]

Entretanto, de acordo com André VandenBroeck, autor de *Al-Kemi: Hermetic, Occult, Political, and Private Aspects of R. A. Schwaller de Lubicz* (1987), esses sentimentos se misturavam com visões menos democráticas — como também com um gosto por camisas pretas, calças de equitação e botas, uma declaração questionável de moda nos anos que antecederam Hitler. Uma aversão pela sociedade e civilização modernas perpassa todos os escritos de Schwaller, uma insatisfação com o "homem da massa", um desdém nietzschiano ao "rebanho", que ele tem em comum com outros pensadores esotéricos como Julius Evola e René Guénon. É claro que para pessoas como Schwaller a nossa sociedade cada vez mais "mínimo denominador comum" seria revoltante, e precisamos ver o interesse dele pela teocracia faraônica do antigo Egito à luz da sua crença no valor absoluto da consciência individual numa época de crescente mediocridade espiritual e cultural. Mas a crença de Schwaller de que os seres humanos contemporâneos são de modo geral degenerados e a sua fé numa elite esotérica que se prepara para um renascimento espiritual muitas vezes têm o gosto insosso de tentativas menos filosoficamente inspiradas de restabelecer "valores tradicionais" no mundo moderno.

Schwaller logo percebeu que a política é um veículo canhestro para a verdade e aceitou que uma teocracia literal era inexeqüível no seu tempo. Do cavalheiresco *Les Veilleurs,* ele passou para uma perspectiva mais recolhida, comunal. Nos anos de 1920, René e Isha se mudaram para a Suíça e fundaram a Estação Científica Suhalia, um centro de pesquisas para diversos estudos científicos e alquímicos. Física, química, microfotografia, homeopatia, astronomia, marcenaria, tipografia, tecelagem, fabricação de vidros e teatro, tudo tinha o seu espaço em Suhalia. Lá Schwaller desenvolveu um motor movido a óleo vegetal, que ele esperava reduziria o uso de petróleo na França, uma visão ecológica à frente do seu tempo. Um navio projetado de acordo com o "princípio do número e da proporção" mostrou capacidades consideráveis de velocidade e equilíbrio. Ao mesmo tempo, ele estudou botânica e aperfeiçoou o seu método de produção de "vidro alquímico".

Também em Suhalia, as idéias de Schwaller sobre a evolução da consciência começaram a convergir para formar o todo. Num livro distribuído aos seus alunos, *L'Appel du Feu* (1926), ele registrou uma série de inspirações recebidas de uma inteligência superior que ele chamava "Aor". Essas inspirações lhe revelaram o verdadeiro significado do tempo, do espaço, da medida e da harmonia. O vislumbre básico foi pensar simplesmente, abstrair-se do tempo e do espaço e "considerar apenas o aspecto comum a tudo e a cada impulso vivo". Como ele escreveria mais tarde, "cultivar-se para ser simples e ver simplesmente é a primeira tarefa de quem quer se aproximar do simbolismo sagrado do antigo Egito".[7] Isso é necessário porque "o óbvio nos cega", o óbvio sendo a nossa percepção do mundo através apenas da consciência cerebral, que divide, analisa e "granula" a experiência — a "percepção estática" de Bergson. Mais tarde Schwaller descobriria que os egípcios associavam esse tipo de consciência com o deus do "mal", Set; o seu oposto, a "inteligência do coração", eles o associavam a Hórus.

Schwaller dizia que o conhecimento que recebia em Suhalia era de uma vida passada. Como Platão, ele acreditava que todo conhecimento real é uma espécie de re-lembrança — um voltar a reunir o que fora separado, uma reparação da "cisão primordial".

Suhalia continuou até 1929, quando a situação financeira obrigou Schwaller a suspender o seu funcionamento. Ele passou os oito anos seguintes em Grasse, a bordo do seu iate. Dois anos de relativa solidão em Palma de Mallorca terminaram com o início da Guerra Civil Espanhola. O momento parecia propício para concretizar uma idéia que Isha e René alimentavam desde algum tempo — uma viagem ao Egito.

LUXOR E O HOMEM CONSCIENTE

Ironicamente, foi Isha, e não René, que primeiro se sentiu atraída pelo Egito. Interessado na alquimia, na matéria e na evolução da consciência, Schwaller quase não pensara no assunto. Mas Isha sabia que eles precisavam ir. Em 1936, numa visita ao túmulo de Ramsés IX, em Alexandria, Schwaller teve uma espécie de revelação. Uma estátua do faraó representava-o como a hipotenusa de um triângulo retângulo com as proporções 3:4:5; o seu braço levantado acrescentava outra unidade. Schwaller pensou: o teorema de Pitágoras surgiu séculos antes de Pitágoras. Com esse vislumbre, ficou claro que o conhecimento dos maçons góticos tinha as suas raízes no Egito antigo. Nos quinze anos seguintes, até 1951, Schwaller de Lubicz permaneceu no Egito, pesquisando as provas do que acreditava ser um sistema antigo de conhecimento psicológico, cosmológico e espiritual.

Schwaller realizou quase todas as suas pesquisas no templo de Luxor; o estudo da concepção e arquitetura extraordinárias desse templo foi o resultado natural do antigo fascínio de Schwaller pelo mistério dos números. Na sua primeira visita, em 1937, ele chegou a uma compreensão inesperada. O templo, com seus alinhamentos estranhos, recurvos, era, sem dúvida, um exercício consciente com as leis da harmonia e da proporção. Ele o chamou de "Partenon do Egito" — um tanto anacronicamente, pois ele acreditava que Luxor era uma prova concreta de que os egípcios haviam compreendido as leis da harmonia e da proporção antes dos gregos.

Schwaller procurava provas do uso da seção áurea, Phi (1.618...).[8] Se a seção áurea tivesse sido usada, isso provaria que os egípcios a conheciam muito antes que os gregos, uma revelação que por si só causaria comoção no seio da egiptologia ortodoxa. Mas como mostra John Anthony West em *The Serpent and the Sky* (1978), um estudo sobre Schwaller de Lubicz, phi é mais do que um componente fundamental da arquitetura clássica. Ele é o arquétipo matemático do universo manifesto, o meio pelo qual temos um mundo de galáxias e planetas "assimétrico," "encrespado", e não uma homogeneidade suave, uma questão que ocupa os cosmólogos contemporâneos. Schwaller relacionou o phi com as órbitas dos planetas, com as proporções das catedrais góticas e com as formas de plantas e animais. O phi era uma "forma constante", uma matriz para a realidade, uma lei da criação. E os egípcios o conheciam.

Os egípcios conheciam muito mais: a precessão dos equinócios, a circunferência do globo, os segredos do pi (3,1416...): na verdade, o conhecimento dos egípcios fazia os gregos parecerem crianças. A sabedoria matemática egípcia esquecida levou Schwallen a perceber cada vez mais que a civilização egípcia deve ser muito mais antiga do que suspeitamos — as provas inequívocas da erosão da água na Esfinge também sugerem isso. Ele concluiu que os egípcios podem ter herdado seu conhecimento da Atlântida desaparecida. Mas, mais importante do que qualquer dessas conclusões, era a sua convicção cada vez maior de que os egípcios tinham uma consciência radicalmente diferente da nossa. Eles viam o mundo simbolicamente, lendo na natureza uma "escrita" que transmitia verdades sobre as forças metafísicas por trás da criação — "os Neters", como os deuses egípcios são chamados. Era uma visão que, segundo Schwaller, precisamos desesperadamente recuperar.

No centro dessa visão estava o Homem Consciente, o Rei. Para os antigos egípcios, o Homem Consciente era a coroa e o alvo do universo, uma percepção que muitos místicos orientados para a natureza contestariam. Mas o Homem Consciente não era "o homem como nós o conhecemos".

Era o indivíduo em quem a "inteligência do coração" despertou, alguém que teve a experiência da "consciência funcional".

CONSCIÊNCIA FUNCIONAL

Schwaller acreditava que Luxor era uma espécie de organismo vivo, um compêndio colossal de verdades esotéricas, em que cada detalhe, desde o seu projeto global até o material utilizado, enunciava uma revelação fundamental: que o Homem Consciente era o objetivo da evolução cósmica. "Cada tipo individual na Natureza é um estágio na embriologia cósmica que culmina no homem",[9] escreveu ele. Espécies diferentes, acreditava Schwaller, desenvolviam várias "funções" — que os egípcios chamavam de "Neters", e que nós traduzimos por "deuses" — os quais têm a sua apoteose e integração no Homem Consciente.

A essência do evolucionismo de Schwaller tem a ver com o que ele chama de "consciência funcional", uma idéia de que podemos nos beneficiar se a compreendermos, independentemente da opinião que tenhamos sobre elites ou teocracias. E embora Schwaller desenvolvesse as suas idéias sobre a consciência funcional num contexto egípcio, em última instância esse contexto não é necessário. A essência dessas idéias remonta a Bergson e à "intuição". Desnecessário dizer, Schwaller se apropriou desse conceito básico e, com as suas revelações egípcias, desenvolveu um sistema simbólico original, forte e estimulante em termos imaginativos.

"Consciência funcional" é um modo de conhecer a realidade a partir de dentro. Schwaller acreditava que o antigo Egito se baseava nesse conhecimento interior, muito diferente do nosso, voltado para fora. Os antigos egípcios, diz ele, conheciam as limitações da consciência puramente cerebral, a mente setiana que "granula" a experiência em fragmentos de tempo e de espaço e que está por trás dos abusos que cometemos contra a natureza e uns contra outros. A experiência fragmentada produz o nosso mundo familiar de coisas desconectadas, cada uma um tipo de "realidade ilhada". Dessa perspectiva, quando olho para o mundo, vejo uma paisagem estranha, exótica, que só posso conhecer separando-a e analisando-a. Como escreveu o poeta Wordsworth, "Matamos para dissecar".

Mas como Schwaller escreveu em *Nature Word*, "O Universo é totalmente atividade". Existe outra maneira de conhecer, muito parecida com as formas taoístas de percepção, que pode reparar as rupturas da consciência cerebral sem recorrer a idéias dúbias de elites e teocracias. Numa seção chamada "O Caminho", Schwaller nos admoesta a "deixar toda dialética para trás e seguir o caminho dos Poderes". Poeticamente, ele continua conclamando-nos para

Rolar com a pedra que desce
da montanha.
Procurar a luz e celebrar com o botão de rosa
prestes a abrir:
...
trabalhe com a formiga parcimoniosa;
colha mel com a abelha;
expanda-se no espaço com o fruto que amadurece;[10]

Todas essas injunções são exemplos clássicos do tipo de "conhecimento interior" que Bergson tinha em mente em sua reflexão sobre a intuição. Desse modo, participamos com o mundo, em vez de mantê-lo a distância, objetificando-o, como a ciência moderna tende a fazer. Com os desenvolvimentos recentes da genética, essa "objetificação" volta-se agora perigosamente para nós.

O meu objetivo não é reduzir as notáveis realizações de Schwaller a uma simples variação sobre Bergson. Compreender o que é a "consciência funcional" e desenvolver métodos para chegar a ela são duas coisas diferentes. A imensa obra de Schwaller sobre uma civilização inteira dedicada ao "conhecimento interior" implica formas de chegar a essa percepção profunda, e estaríamos errados se a ignorássemos. Mas penso que é importante levar a essência do pensamento de Schwaller a um público possivelmente decepcionado por suas posições com relação às elites. Pode ser difícil chegar à "inteligência do coração", mas é algo com que nós e o mundo — não apenas um grupo seleto de teocratas esclarecidos — podemos nos beneficiar se a experimentarmos. O próprio Schwaller compreendeu isso com o tempo. "Pertencer à Elite", ele escreveu, "é querer dar e ser capaz de dar... abastecer-se na fonte inesgotável e dar esse alimento aos famintos e sedentos."[11] Com o seu estudo sobre o Egito antigo, essa é uma verdade que Schwaller de Lubicz levou às últimas conseqüências.

19

G. I. GURDJIEFF

ENCONTROS COM UM PARADOXO NOTÁVEL

Qual o sentido da enigmática vida desse influente mestre?

Richard Smoley

Ele foi um dos homens mais extraordinários que a raça humana já produziu.

O seu nome era George Ivanovich Gurdjieff, e ele se revelou um dos mestres espirituais mais provocadores, paradoxais e enigmáticos do nosso tempo. O seu principal biógrafo o chamou de "enganador, mentiroso, embusteiro, canalha" — e em seguida passou a descrever a sua "simpatia, compaixão, caridade" e o seu "excêntrico código de honra".[1] Ele é especialmente lembrado por transmitir, através dos métodos mais extraordinários e difíceis, os princípios fundamentais de um sistema esotérico conhecido como Quarto Caminho — também chamado, austeramente, de "Trabalho".

O QUE É O Quarto Caminho? Segundo Gurdjieff, existem três caminhos relativamente comuns para a realização espiritual: o caminho do faquir, isto é, o homem que domina o seu organismo físico ao máximo possível, digamos, manter-se "imóvel na mesma posição durante horas, dias, meses, ou anos".[2] O segundo é o caminho do monge, o homem que domina as suas emoções através da oração e de práticas devocionais. O terceiro é o caminho do yogue, o homem que controla a sua mente.

Entretanto, acreditava Gurdjieff, nenhum desses caminhos é completo em si mesmo. Por exemplo, um homem pode dominar a sua mente — ele pode verdadeiramente saber alguma coisa — mas pode ser incapaz de colocá-la em prática. Ou as suas emoções podem ser desenvolvidas, mas o intelecto pode permanecer no seu estado primitivo. Para aumentar essas dificuldades, esses três primeiros caminhos exigem que se abandone o mundo, a vida do dia-a-dia.

Então existe o Quarto Caminho — "o caminho do homem astuto". Ele não exige afastamento do mundo, mas pode ser seguido em meio à vida ordinária. E em vez de trabalhar apenas com a mente, com as emoções ou com o corpo, ele trabalha com os três. Segundo Gurdjieff, este caminho é mais rápido e eficiente do que os anteriores. "O 'homem astuto' conhece o segredo", dizia Gurdjieff, "e com a sua ajuda deixa muito atrás o faquir, o monge e o yogue."[3]

Assim, quem foi esse homem Gurdjieff? Que segredo ele possuía e transmitiu à humanidade?

Pouco se sabe sobre o início da sua vida. O seu próprio sobrenome é questionável; originalmente, talvez fosse "Gurdjian" ou mesmo "Georgiades"; a salada racial do Cáucaso — onde Gurdjieff nasceu — impunha às vezes a conveniência ou a necessidade de alterar os nomes. A data do seu nascimento? No seu passaporte constava 1877, mas alguns acreditam que tenha nascido antes, em 1873, ou depois, em 1886. O lugar de nascimento pode ser razoavelmente bem localizado, Alexandropol (atual Leninakan), uma pequena cidade na fronteira turco-russa. O pai era grego, a mãe, armênia.[4]

Isso é tudo o que se pode dizer. Dos outros primeiros trinta e sete anos (mais ou menos) da vida de Gurdjieff, a única fonte que temos são os seus próprios livros, especialmente o autobiográfico *Encontros com Homens Notáveis* [publicado pela Editora Pensamento]. Interessante e profundo como é, grande parte dele não pode ser entendida ao pé da letra. Buscadores curiosos e mesmo estudiosos sérios invocam a especulação, o boato e a pura ficção para preencher a lacuna.

A parte mais fascinante da lenda de Gurdjieff é a que ele mesmo criou: que ele começou, ainda jovem, a buscar alguma verdade profunda sobre o homem e o universo. Com um pequeno grupo de companheiros buscadores, ele finalmente foi encaminhado a uma escola na Ásia Central chamada Irmandade Sarmoun, onde aprendeu os segredos que mais tarde transmitiria aos seus alunos.

Onde essa irmandade se localizava, ou mesmo se ela realmente existiu, nunca ficou provado cabalmente. Também não temos uma descrição clara (a não ser a do próprio Gurdjieff) dos seus companheiros de busca. Ele fez todo o possível para apagar suas pegadas e em grande parte conseguiu. A primeira prova conclusiva que temos do seu paradeiro é Moscou, por volta de 1914, onde começou a ensinar o Sistema (normalmente com inicial maiúscula, como o 'Trabalho') que lhe atrairia notoriedade.[5]

Em 1915 Gurdjieff conheceu o seu aluno mais famoso, o homem que, bem mais que o próprio Gurdjieff, se tornaria o maior expoente do Quarto Caminho: Pyotr Demianovich Ouspensky (1878-1947). Ouspensky, um matemático preocupado com a natureza do universo, acabara de retornar de uma viagem à Índia onde estivera à procura da sabedoria oculta (que resultara em fracasso). Ele suspeitou que Gurdjieff tivesse os segredos que ele estava procurando. É um relato vivo o que ele faz do primeiro encontro que tiveram:

> Tínhamos chegado a um pequeno bar situado fora do centro, numa rua barulhenta. Vi um homem que não era mais jovem, de tipo oriental, com bigode negro e olhos penetrantes. Inicialmente, causou-me espanto, porque parecia estar completamente deslocado nesse local e nessa atmosfera... Esse homem com rosto de rajá hindu ou de xeque árabe que imaginaria sob um albornoz branco ou um turbante dourado, produzia, nesse pequeno café... com seu capote negro de gola de veludo e chapéu-coco negro, a impressão estranha, inesperada e quase alarmante, de um homem mal disfarçado, um espetáculo constrangedor como quando a gente se encontra diante de um homem que não é o que pretende ser e com o qual, entretanto, deve-se falar e portar-se como se nada se percebesse.[6]

A experiência de Ouspensky está relatada naquele que talvez seja o melhor e mais conhecido livro sobre o Trabalho Gurdjieff: *Fragmentos de um Ensinamento Desconhecido — Em Busca do Milagroso* [publicado pela Editora

Pensamento]. Nele Ouspensky apresenta um sistema esotérico elaborado e fantástico, enfatizando a mecanicidade do comportamento humano e como o homem, em sua situação ordinária, não pode fazer nada; as coisas acontecem para ele. O homem, na verdade, não é sequer um ser consistente: ele está num estágio em que uma sucessão constante de identidades diferentes atuam, cada uma querendo e fazendo uma coisa num minuto e outra no minuto seguinte. Segundo essa visão, somos pouco diferentes daqueles casos de identidades múltiplas relatados em periódicos psiquiátricos. Entretanto, Gurdjieff também ensinava que o homem, à força de intenso trabalho sobre si, pode *se tornar* um ser unificado, com vontade e consciência, e capaz de *fazer* no verdadeiro sentido da palavra.

Em Moscou, e mais tarde em Petrogrado, Gurdjieff reuniu um pequeno grupo de alunos dedicados ao trabalho sobre esses fundamentos. Por um lado, as circunstâncias estavam longe de ser favoráveis, pois o mundo vivia os dias sombrios da I Guerra Mundial, quando a estrutura da Rússia imperial começava a ruir. Por outro, porém, as circunstâncias eram ideais, visto que, como o próprio Gurdjieff dizia: "Às vezes, as revoluções e as dificuldades que delas resultam contribuem para um Trabalho verdadeiro."[7] O tumulto da Revolução Russa e a guerra civil que se seguiu ofereceriam condições de sobejo para os "superesforços" que Gurdjieff exigia dos seus alunos.

Quando a revolução finalmente eclodiu em 1917, Gurdjieff levou o seu grupo para o Cáucaso, que ainda estava livre dos bolchevistas e oferecia refúgio para ele e para os seus alunos da Rússia Branca. Ali Gurdjieff submeteu os seus seguidores a uma odisséia que os forçou a impor sobre si mesmos as exigências mais excepcionais.

Num momento, por exemplo, Gurdjieff anunciou a formação de uma "Sociedade Idealista Internacional" e exigiu que os seus alunos não apenas se filiassem a ela, mas também lhe entregassem todos os seus bens. À primeira vista, essa exigência parecia oportunismo e fraude, mas acabou tendo um propósito útil; segundo Thomas e Olga de Hartmann, o compositor aristocrata e sua esposa que acompanhavam Gurdjieff nessa jornada, "os papéis que havíamos assinado, declarando que abandonávamos todos os nossos bens pessoais foram usados mais tarde para provar às autoridades bolchevistas que não éramos em nada hostis à idéia da propriedade comunitária", o que lhes garantiu um certo grau de liberdade.[8] Em outra ocasião, Gurdjieff convenceu os bolchevistas de que ele sabia onde havia minas de ouro no Cáucaso, e organizou uma "expedição científica" para explorá-las. Com esse pretexto, ele e os seus seguidores organizaram e prepararam-se para fugir da Rússia Soviética numa penosa viagem através das montanhas.

Nem Gurdjieff nem os seus seguidores jamais voltaram ao seu país de origem. Depois de permanências temporárias em Constantinopla e Berlim, eles chegaram na França em 1922. Aqui, Gurdjieff finalmente conseguiu criar a sua escola, o "Instituto para o Desenvolvimento Harmonioso do Homem", num antigo castelo conhecido como Prieuré, perto de Fontainebleau, a sessenta quilômetros de Paris. Gurdjieff viveria entre o Prieuré e a capital pelo resto da sua vida, atraindo muitos alunos, famosos e anônimos, do mundo inteiro.

Um dos alunos mais renomados de Gurdjieff foi A. R. Orage, editor da respeitada revista inglesa *The New Age*, e aclamado por T. S. Eliot como "o melhor crítico do momento em Londres".[9] Orage, que conheceu o Trabalho em Londres através de Ouspensky (que ali se estabelecera depois de sair da Rússia), acabou indo ao Prieuré, onde Gurdjieff lhe designou trabalhos manuais; um visitante lembra de Orage cavando valas no jardim do Prieuré — apenas para tapá-las novamente logo depois de abertas.[10]

Orage juntou-se a Gurdjieff e a seu grupo para a primeira viagem aos Estados Unidos em 1924. Em Nova York e Chicago, Gurdjieff e sua *troupe* fizeram apresentações dos movimentos e danças sagradas dos quais ele se orgulhava de modo todo particular. Apesar de criarem um certo *éclat* na América sedenta de novidades dos anos 1920, as danças não renderam a Gurdjieff o reconhecimento (ou o dinheiro) que ele procurava. Foi Orage — cortês, inteligente, "o homem mais persuasivo que já conheci", segundo um observador — que lançou as bases para o Trabalho Gurdjieff em Nova York.[11] Quando Gurdjieff e o seu grupo voltaram para a França, Orage ficou para trás para desenvolver grupos do Trabalho. A sua interpretação dos ensinamentos de Gurdjieff dominaria o Trabalho nos Estados Unidos até o final da década.

GURDJIEFF ENSINAVA QUE o homem, não estando totalmente desenvolvido, está sujeito à lei do acaso. Se não conseguimos tomar a nossa vida em nossas mãos com consciência e vontade, não podemos fazer realmente nada; somos jogados de um lado para o outro como moedas no bolso. E era exatamente para livrar-se dessa lei do acaso que o buscador se dedicava ao Trabalho.

Nesse contexto, pode-se imaginar o choque produzido quando o mestre sofreu um acidente — e grave. Dirigindo de Paris a Fontainebleau, no dia 5 de julho de 1924, Gurdjieff colidiu contra uma árvore, o que o deixou em estado de coma durante meses.

Esse incidente foi uma prova de fogo para todos os que estavam ligados a ele. Em parte, simplesmente por uma razão prática, pois era Gurdjieff que dirigia as atividades do dia-a-dia do Instituto. Para alguns, porém — inclusive para Ouspensky —, a crise era mais profunda.

Ouspensky, com base no comportamento excêntrico de Gurdjieff e no seu menosprezo pela moralidade convencional, alimentara dúvidas sobre Gurdjieff durante algum tempo. Ele revelou aos seus alunos que a sua ligação com Gurdjieff havia terminado aproximadamente na época da primeira viagem de Gurdjieff aos Estados Unidos. Apesar disso, Ouspensky foi à França logo após o acidente. Nessa ocasião, ele se encontrou com o seu amigo Boris Mouravieff. Mouravieff conhecia (e gostava) de Ouspensky e conhecia (mas não gostava) de Gurdjieff; além disso, como ele mesmo não era um esoterista de menor importância, o seu testemunho se reveste de interesse:

> Alguns dias [depois da colisão de Gurdjieff), Ouspensky veio de Londres a Paris, e ambos fomos ao local do acidente.
>
> Desanimado, abatido, após um longo silêncio, ele me disse:
>
> "Estou com medo... É terrível... O Instituto de George Ivanovich foi criado para fugir da influência da *lei do acidente* sob a qual vivemos. E eis aqui ele mesmo sujeito ao domínio da mesma lei...
>
> "Eu me pergunto se realmente se trata de um acidente apenas! Gurdjieff sempre fez pouco da honestidade, como fez pouco da personalidade humana em geral. Ele não foi longe demais? Eu lhe digo, estou com um medo muito grande!"[12]

Embora Ouspensky continuasse a ensinar a sua própria versão do Sistema, e apesar de ele e Gurdjieff manterem contatos esporádicos pelo resto de suas vidas, eles não repararam a brecha que os distanciara. Uma causa possível é de ordem temperamental: Ouspensky era um homem de decência e requinte extraordinários; as extravagâncias de Gurdjieff, com freqüência rudes e não poucas vezes brutais, devem ter atingido severamente a natureza sensível de Ouspensky.

Os efeitos do acidente repercutiram também de outras formas. Logo que Gurdjieff recuperou a consciência vários meses depois, ele dispensou a maioria dos alunos do Prieuré, mantendo apenas os americanos (como recompensa pela generosidade deles que, principalmente graças a Orage, contribuíam com somas consideráveis).[13] Recolhendo-se em si mesmo, Gurdjieff iniciou o grande projeto de dar forma escrita aos seus ensinamentos.

Originalmente, ele tinha a intenção de escrever livros em três séries: a primeira seria "uma crítica objetivamente imparcial da vida do homem", e "extirparia impiedosamente... as crenças e opiniões... a respeito de tudo o que existe no mundo". A segunda "faria o leitor conhecer o material necessário a uma nova criação", e a terceira "favoreceria, no pensar e no sentimento do leitor, a eclosão de uma representação justa, não fantasiada, do mundo real".[14] Dessas séries, somente a primeira, depois publicada como *Relatos de Belzebu a seu Neto,* seria concluída mais ou menos como Gurdjieff imaginara. A segunda, *Encontros com Homens Notáveis,* foi finalmente terminada numa forma mais reduzida, e é o mais legível dos escritos de Gurdjieff; a terceira série, publicada com o título *A Vida Só é Real Quando "Eu Sou",* é fragmentária.

Trabalhando num ritmo frenético, geralmente no Café de la Paix, em Paris, Gurdjieff "escreveu e reescreveu 10.000 quilos de papel", segundo sua própria estimativa.[15] Como as outras obras de Gurdjieff, *Belzebu* só foi publicado depois da sua morte. É um livro enorme, com mais de mil e duzentas páginas, e contém, veladas nas narrativas do mencionado Belzebu, as idéias do autor sobre o homem e o cosmos.

Gurdjieff enviou páginas dessa obra a Orage, em Nova York, que devolveu pelo menos uma seção como absolutamente ininteligível: as versões seguintes, embora sem dúvida melhoradas, se mostrariam bastante difíceis. Em parte essa dificuldade era intencional: Gurdjieff acreditava que nada vem sem esforço e queria dificultar a absorção dos ensinamentos de *Belzebu.* Por outro lado, ele mesmo lamentava que o livro só fosse compreensível para os que "de uma forma ou de outra já estavam habituados com a forma Peculiar da minha mentação".[16]

Gurdjieff tinha boas razões para pensar assim. Escrito num estilo extraordinariamente convoluto e entrelaçado com palavras cunhadas pelo próprio Gurdjieff, como "Rastropoonilo" e "Ikriltazkakra", *Belzebu* é o *Finnegans Wake* do esoterismo: vale a pena lê-lo, sem dúvida, mas ele é quase ilegível e é estudado exclusivamente pelos poucos que resolveram superar as suas obscuridades — normalmente com a ajuda de um grupo.

Apesar do apoio que Orage e os seus grupos americanos deram a *Belzebu,* Gurdjieff, em sua visita a Nova York em 1930, concluiu que Orage não tivera bom desempenho na transmissão do Sistema e declarou que ele só quisera continuar em Nova York porque "havia iniciado um romance... com uma vendedora em uma livraria".[17] Ele fez os alunos de Orage assinarem uma declaração pela qual se comprometiam a não receber mais orientações de Orage. (Para constrangimento de Gurdjieff, o próprio Orage assinou o documento.)

Esse padrão é familiar, pois Gurdjieff rompeu com muitos alunos num momento ou noutro. Já vimos a reação de Ouspensky. Mesmo Thomas e Olga de Hartmann, que acompanharam Gurdjieff na saída da Rússia, e cuja narrativa dos anos que conviveram com ele é um dos tratamentos mais ternos e simpáticos a Gurdjieff e ao seu Trabalho, foram obrigados a romper com ele em 1929 — segundo Olga de Hartmann porque Gurdjieff exigiu que eles o acompanhassem a Nova York quando Thomas estava gravemente doente.[18]

Embora esses rompimentos sejam difíceis de explicar — exceto talvez por Gurdjieff querer evitar que os seus alunos ficassem na dependência dele — em alguns casos eles foram prejudiciais para ele. Olga de Hartmann fora sua secretária durante anos e anotara grande parte do *Belzebu.* A ruptura com Orage foi ainda mais danosa, porque Gurdjieff perdeu não apenas boa parcela do seu apoio financeiro, mas também muitos alunos. No início dos anos 1930, Gurdjieff passava por várias dificuldades, tendo-se afastado inclusive de muitos dos seus mais fiéis seguidores; em 1933, ele vendeu o Prieuré.

Os últimos quinze anos da vida de Gurdjieff parecem até certo ponto anticlimáticos. Ele continuou em Paris durante toda a II Guerra Mundial (e de fato parecia surpreendentemente — e para alguns suspeitamente — imune à escassez imposta pela ocupação nazista); dois ou três anos depois da guerra a sua reputação ressurgiu, e o seu apartamento ficou tomado de alunos, os seus próprios e antigos alunos de Orage e de Ouspensky. Ele chegou até a fazer planos para a publicação de *Belzebu;* os alunos que consideraram a obra proveitosa e útil foram convidados a apoiar a sua publicação com uma subscrição de 100 libras esterlinas.[19]

Contudo, mesmo nesse estágio adiantado da sua vida, Gurdjieff não conseguiu evitar a lei do acidente. Atropelado por um motorista alcoolizado em 1948, ele teve lesões internas graves. Apesar de se recuperar, ele nunca mais foi o mesmo, e faleceu no dia 29 de outubro de 1949, com a idade (talvez) de setenta e dois anos. Segundo consta, as suas últimas palavras foram dirigidas aos seus discípulos: "Vous voilà dans des beaux draps!" ("Deixo vocês numa bela confusão!")

James Webb, o mais imparcial dos biógrafos de Gurdjieff, perguntou a alguém que estivera presente se Gurdjieff realmente dissera essas palavras. "Ele *não* disse", respondeu o indagado, "mas era verdade!"[20]

Quanto a Ouspensky, ele morrera dois anos antes, em 1947, pouco depois de renegar o Sistema de Gurdjieff como o havia conhecido e ensinado.[21] Gurdjieff disse a alguns alunos americanos que Ouspensky havia "perecido como um cão".

O que se pode dizer do estranho caso de G. I. Gurdjieff? Ele era um "homem bom"? Qual era o seu objetivo? E pode o buscador fazer alguma coisa com o seu Sistema?

Quanto à pergunta se Gurdjieff era um "homem bom", pode-se apenas sacudir os ombros. Como mostrou Ouspensky, Gurdjieff fazia pouco-caso da moralidade e da honestidade convencionais. Em *Encontros com Homens Notáveis*, Gurdjieff conta como, numa ocasião em que estava sem dinheiro, ele captura alguns pardais, pinta-os com anilina e os vende como "canários americanos". Ele também não era conhecido por suas virtudes de abstinência sexual; várias alunas ficaram grávidas dele.

Por outro lado, parece que Gurdjieff não se preocupou em construir um império, um objetivo tão caro aos gurus contemporâneos nos Estados Unidos; ele afastava alunos na mesma proporção que os atraía; e muitas pessoas que estavam no Prieuré eram refugiados russos que ele sustentava.

Fiel à sua herança caucasiana, ele oferecia hospitalidade em abundância. Com Aleister Crowley, por exemplo, que foi ao Prieuré em busca de ajuda para o seu problema com drogas, Gurdjieff teve a maior consideração possível — até o momento em que Crowley estava para partir.

> "Senhor, vai partir?", perguntou Gurdjieff. Crowley assentiu. "Foi bem tratado?" — um fato que o visitante dificilmente poderia negar. "Agora que vai partir, não é mais hóspede?" Crowley — sem dúvida imaginando se o seu anfitrião teria perdido o contato com a realidade e divagava numa confusão semântica — entrou no espírito da pergunta indicando que estava de volta a Paris. Mas Gurdjieff, deixando claro que não estava violando os cânones da hospitalidade, transformou-se instantaneamente na personificação da cólera justa. "Você, seu sujo", esbravejou, "imundo por dentro! Jamais ponha os pés na minha casa novamente."... Lívido e tremendo, a Grande Besta voltou a Paris rastejando com o rabo entre as pernas.[22]

Por engraçado que seja, esse incidente também mostra alguns problemas com que a pessoa se depara ao tentar encontrar sentido em Gurdjieff. Mais, talvez, do que qualquer outro mago da nossa época, ele parecia agir fundamentado em premissas obscuras ou de difícil compreensão para pessoas comuns — neste caso relativamente simples, as obrigações da hospitalidade em contraposição com a sua desconfiança e antipatia por Crowley. Quanto aos seus objetivos mais amplos, que poderiam nos dizer algo sobre a direção do seu Trabalho e o que esperava alcançar com ele, temos pouca ou nenhuma idéia. (Ele mesmo disse a Ouspensky: "A minha meta não pode ter nenhum sentido para ti.")[23]

Mas se não podemos conhecer a meta de Gurdjieff, tentemos adivinhá-la. E isso nos remete à questão da fonte dos ensinamentos de Gurdjieff — um problema difícil e, para alguns, insolúvel. A maioria concordaria pelo menos até certo ponto com a avaliação de Boris Mouravieff: alguns ensinamentos de Gurdjieff vieram da tradição esotérica do cristianismo ortodoxo; alguns procederam de tradições muçulmanas; e outros ainda eram idéias e criações do próprio Gurdjieff.[24] (A isso pode-se acrescentar os ensinamentos que ele absorveu das tradições budistas ou xamânicas na Ásia Central e em outros lugares.) É com o grau da mistura que as pessoas não concordam. Claudio Naranjo, médico e esoterista chileno, acredita que os ensinamentos de Gurdjieff refletem uma corrente setentrional do sufismo nativo da Ásia Central e menos ligado ao islamismo ortodoxo do que versões mais meridionais. E Robin Amis apresenta argumentos interessantes para situar as origens dos ensinamentos de Gurdjieff na ortodoxia oriental; afinal, o próprio Gurdjieff disse que o seu Sistema era "cristianismo esotérico".[25] Todo ano, até hoje, a morte de Gurdjieff é relembrada em Paris com rituais ortodoxos Russos.[26]

Mas é possível que outra resposta esteja no conceito do Quarto Caminho, o caminho que está além daquele do faquir, do monge e do yogue — significando muçulmano, cristão e hindu. Robert Amadou, num artigo sobre a relação de Gurdjieff com o sufismo, assim se expressa:

> Esses três caminhos místicos estão sempre abertos ao muçulmano, ao cristão ou ao hindu que quer aperfeiçoar a sua religião... Então — um Quarto Caminho, que Gurdjieff traçou... e no qual ele conduz aqueles infelizes, os monstros sem religião... O artifício fundamental de Gurdjieff, nos seus ensinamentos e práticas, é ele ter ocultado o aspecto religioso latente e ter manifestado o aspecto psicológico.[27]

Assim, é possível que Gurdjieff tenha assumido o projeto de trazer certas doutrinas esotéricas antigas para o homem ocidental excessivamente intelectualizado, para quem Deus é uma nulidade ou uma abstração, e que só dá valor a ensinamentos desse gênero quando são apresentados sob um manto psicológico ou "científico". Se essa era realmente a sua missão, a ela Gurdjieff dedicou toda a sua vida.

Ele conseguiu? As dificuldades do Trabalho e a sua inacessibilidade a praticamente toda a humanidade são admitidas e mesmo celebradas por seus adeptos. No entanto, encontramos os ensinamentos de Gurdjieff aflorando nos lugares mais improváveis — em livros sobre psicologia popular, em aulas de administração empresarial e até em tênis e chaveiros.

Muito provavelmente, o próprio Gurdjieff escarneceria dessas tentativas e as estigmatizaria como adulterações — como bem podem ser. E elas apontam para um objetivo que Gurdjieff consideraria absolutamente ridículo: o despertar coletivo da humanidade. Gurdjieff, para quem os seres humanos estão numa escala inferior de uma imensa cadeia alimentar cósmica, não acreditava que o despertar fosse possível a mais do que uns poucos indivíduos isolados trabalhando juntos, os quais, como prisioneiros cavando um túnel, talvez consigam fugir.

Não tenho como discordar de Gurdjieff sobre esse ponto, mas também não posso concordar totalmente com ele. De fato, o despertar é extraordinariamente difícil, mesmo quando perseguido segundo critérios definidos e com a ajuda de um grupo dedicado a esse propósito. Por outro lado, chegamos a uma etapa na história humana em que não temos escolha: despertares individuais não são suficientes. Boris Mouravieff acreditava que estamos no limiar da Era do Espírito Santo, que abrirá possibilidades imensas para a evolução humana, mas se não passarmos com sucesso para essa época, seremos consumidos pelo fogo mencionado pelo apóstolo Pedro.[28]

Uma afirmação exagerada; mas vendo-a de outra perspectiva, Mouravieff está simplesmente afirmando o que todos sabemos: se não recobrarmos a sensatez, explodiremos todos.

Que papel os ensinamentos de Gurdjieff desempenham nesse drama? Não tenho clareza sobre isso. Talvez ele esteja na idéia de que o homem está dormindo e precisa despertar. Mas Gurdjieff ensinava que o despertar exige uma escola, e poucos se interessaram em envolver-se com o Trabalho de Gurdjieff como ele o imaginava. (E também, suspeito, não é um caminho ideal para muitos.) Além disso, muitos alunos — incluindo Ouspensky, ao que parece — não alcançaram as metas propostas por Gurdjieff. Se o "homem astuto" tinha um segredo, este está longe de ser um segredo infalível.

E todavia Gurdjieff conserva um fascínio incontestável apesar dos paradoxos e inconsistências. Ou talvez por causa deles. Pois parece bastante claro que Gurdjieff como homem faz pouco sentido em qualquer espécie de caminho racional ou lógico — e nem ele pretendia isso. Tratava-se de hipocrisia ou de esquizofrenia por parte de Gurdjieff ele exemplificar o seu próprio ensinamento de que não temos um "Eu" consistente? Possivelmente. Mas além de um certo ponto pode ser útil suspender o nosso julgamento sobre Gurdjieff e perguntar o que podemos aprender com ele.

O enorme senso de humor de Gurdjieff, a sua vontade inquebrantável, a profundidade dos seus ensinamentos, as experiências e a riqueza da sua vida, tudo isso conserva a capacidade de fascinar e inspirar mesmo hoje, quarenta anos* depois da sua morte. Com relação à sua escuridão — pois havia escuridão, apesar de todos os esforços dos seus seguidores para justificá-la ou encobri-la — ela também ocupa o seu lugar: se é para sermos homens e mulheres astutos, precisamos recorrer tanto à escuridão quanto à luz. Para mim, quando tento extrair alguma sabedoria das minhas reflexões sobre a trajetória estranha e misteriosa de Gurdjieff, persisto em voltar a um conselho que o pai dele lhe dera: "Demonstrar igual cortesia para com todos, sem distinção... mas permanecer livre interiormente e nunca confiar demasiado em ninguém nem em nada."[29]

O que, sem dúvida, inclui o próprio Gurdjieff.

* Ensaio escrito em 1991. (N.T.)

20

FRENTE A FRENTE COM OS TRADICIONALISTAS

UMA REFLEXÃO SOBRE RENÉ GUÉNON E SEUS SUCESSORES

Esse grupo austero de pensadores esotéricos tem muito a oferecer na crítica que faz ao mundo moderno, apesar de certas peculiaridades dispépticas.

Joscelyn Godwin

O primeiro encontro com a mente de René Guénon (1886-1951) pode ser uma experiência traumática. Alguém que esteja afinado com as atitudes intelectuais e com as teorias científicas da nossa época deve pensar duas vezes antes de abrir *A Crise do Mundo Moderno* ou *O Reino da Quantidade e os Sinais dos Tempos,* pois com este autor pode descobrir que sua cosmovisão recebe um golpe do qual jamais se recuperará. Guénon, com efeito mortal, tem sob sua mira os próprios órgãos vitais da idade moderna: não apenas o alvo fácil do seu materialismo, mas também a maioria de suas aspirações espirituais.

Guénon e aqueles que comungam mais ou menos com os seus princípios, classificados por conveniência como "tradicionalistas", já há muito são considerados como uma força intelectual, e mesmo política, na sua França natal. Na Inglaterra, mais resistente a idéias esotéricas, um grupo pequeno, mas fiel, publicou *Studies in Comparative Religion* durante muitos anos, um periódico cujo título contradizia as suas preocupações mais do que acadêmicas. Nos Estados Unidos, o Tradicionalismo foi representado por dois imigrantes, o brilhante erudito iraniano Seyyed Hossein Nasr e o profundo e prolífico Frithjof Schuon, enquanto os professores Jacob Needleman e Huston Smith também ajudaram a divulgá-lo. Justificam-se todas as razões para acolher seus esforços.

Primeiro, os Tradicionalistas romperam as barreiras que separam o Oriente do Ocidente e uma religião da outra, para encontrar a verdade esotérica que as une. Com essa visão, as suas diferenças podem ser vistas pelo que são: exotéricas, e por isso dependentes do tempo, lugar e estilo de cada revelação religiosa. Por outro lado, as doutrinas esotéricas, e as experiências iniciáticas que as acompanham, só podem ser as mesmas, sempre e em toda parte. Assim, um homem como Frithjof Schuon pode escrever com igual autoridade sobre islamismo, budismo, hinduísmo ou cristianismo, "acreditando" em todos eles porque é capaz de compreender a sua unidade transcendente.

Essa unidade é primeiro abordada teoricamente, através do estudo da metafísica. Os Tradicionalistas usam esse termo especificamente para se referir às realidades últimas, além da cosmologia e além da teologia. As teologias diferem (existem muitos deuses, como no hinduísmo, ou apenas um, como nas religiões abraâmicas?), mas os princípios metafísicos não: em vez disso, eles fornecem os meios para conciliar contradições aparentes e para ver cada sistema de crença nos próprios termos e no próprio nível de cada um. Por fim, esses princípios são conhecidos através da experiência. Mas a busca começa com o conhecimento intelectual, assim como alguém poderia começar uma peregrinação munido de um mapa do território. Sem esse conhecimento, a pessoa não estaria em melhores condições do que os sectários de mente estreita, mesmo os místicos entre eles, para quem o seu próprio caminho religioso é a única verdade. Experiência mística e devoção religiosa são certamente elementos intrínsecos do caminho espiritual, mas como Guénon nunca se cansou de destacar, a realização final de um ser humano é através do Conhecimento.

Alguns podem achar toda essa abordagem excessivamente intelectual, mas eles não podem negar que a disciplina da metafísica dos Tradicionalistas corta como uma navalha o pensamento e o sentimentalismo piegas que prevalecem entre tipos "Nova Era". Ela estabelece padrões de integridade, contra os quais outros ensinamentos espirituais se mantêm ou desmoronam. Ela supõe desde o início que a verdade absoluta sempre esteve ali para a descoberta, por isso ela não tem tempo para os tateios da filosofia ocidental, assim chamada, ou para uma ciência cujo dogma básico é que o homem ainda está em busca da verdade. E eventualmente ela força uma reavaliação de todos os ideais modernos que a maioria dos norte-americanos considera como incontestáveis, como o individualismo, a igualdade, a evolução e o progresso. Depois de passar pela reeducação tradicionalista, vê-se o mundo com novos olhos.

Poder-se-ia interromper neste ponto, simplesmente recomendando o estudo de Guénon e dos seus sucessores para quem sente a necessidade de empreendê-lo. Mas, ao mesmo tempo, parece aconselhável explicar alguns dos obstáculos que esses pensadores colocaram no caminho dos que os acompanham. Pois logo se descobre que esse movimento, num certo sentido o mais amplo de todos, pois se baseia na reconciliação de todas as religiões, tende em outros aspectos para a estreiteza de um culto. A reação natural que muitas pessoas sentem nesse ponto pode indispô-las contra os Tradicionalistas para sempre, o que seria lamentável. É melhor encarar o desafio deles com equanimidade e discernimento, aceitando o que tem valor e eliminando o que é causado por animosidades e preconceitos. De modo muito modesto, este artigo começa a esquadrinhar os dois separadamente.

Um dos primeiros choques para os que já sentem uma dimensão espiritual da vida, para além do que uma educação agnóstica ou exotérica possa ter-lhes oferecido, é a insistência dos Tradicionalistas em que o desenvolvimento espiritual é praticamente impossível fora das grandes religiões. Não há, dizem eles, outra salvação, seja para os que precisam apenas da reafirmação e da regularidade da fé e do culto, seja para os aspirantes a caminhos místicos, iniciáticos ou filosóficos. Embora admitindo que no passado tenham existido alguns poucos "independentes", qualquer tendência moderna nessa direção é resolutamente tachada de orgulho espiritual. Na visão dos Tradicionalistas, essa prática exotérica ortodoxa é essencial para disciplinar o corpo e a alma e para fornecer uma base sólida para vôos mais altos de esoterismo, para o que apenas uns poucos estão qualificados.

E na época atual, acrescentam, certamente é necessária toda a ajuda que se possa conseguir.

Não se pode duvidar da sinceridade dos que seguiram esse preceito e encontraram abrigo numa das religiões existentes. Entretanto, poucos Tradicionalistas permaneceram naquela em que nasceram ou em que foram educados, por razões que logo ficarão evidentes. Vários dentre os mais eminentes seguiram o próprio exemplo de Guénon, aderindo ao islamismo e vinculando-se a ordens esotéricas sufis. Os que permaneceram no cristianismo, em geral orientaram-se para igrejas ortodoxas, porque o cristianismo moderno é considerado muito dúbio, ao passo que os protestantes são por definição antitradicionais. O judaísmo ortodoxo é a escolha óbvia para os judeus, mas de difícil acesso a quem não é judeu, porque gentios convertidos não são exatamente bem aceitos por comunidades hassídicas e aparentadas. O judaísmo "reformado", por outro lado, não é melhor do que o protestantismo, tendo efetuado pactos fatais com o mundo moderno. Uma quarta e última possibilidade é o budismo, embora Guénon só o tenha aceito com relutância e tarde na vida. Os ocidentais excluem o hinduísmo porque só se pode ser hindu autêntico com o nascimento em uma das castas. As tradições dos indígenas americanos, da África negra e do Extremo Oriente (taoísmo, xintoísmo) são difíceis de praticar atualmente, dadas as dificuldades de encontrar mestres esotéricos vivos. Além disso, em todos esses casos, apenas as correntes mais antigas e completas são aceitáveis: a maioria dos assim chamados grupos sufis, vedantas e budistas no Ocidente são suspeitos, tendo-se contaminado com idéias modernas. Assim a escolha de uma adesão religiosa exotérica é extremamente limitada, se não geograficamente inacessível, para muitos.

Talvez o leitor já possa sentir, por trás dessa busca da pureza doutrinária perfeita, que os Tradicionalistas têm uma espécie de lista negra do que consideram pseudotradições ou antitradições. Existem, certamente, graus de tolerância entre eles, como em qualquer grupo numeroso e diversificado. Mas para os estritamente ortodoxos, os cristãos do mundo (para tomar um exemplo mais próximo de nós) são, em sua grande maioria, cismáticos e hereges, alijados — talvez não por culpa pessoal — da transmissão autêntica de Jesus Cristo através da sua Igreja. Os Tradicionalistas mais inflamados acusam a Igreja Romana de ter-se desqualificado através das inovações doutrinárias e litúrgicas do século passado, de modo que os únicos católicos que restaram são os que desafiam o papa — ou mais exatamente o antipapa atual — mantendo a missa em latim e outros ritos tradicionais. Com um literalismo genuinamente medieval, eles dizem que os bispos e os sacerdotes consagrados e ordenados segundo a nova liturgia são tecnicamente incapazes de realizar a transubstanciação e de tornar os sacramentos eficazes para as pessoas.

Esse tipo de extremismo denuncia uma mentalidade estranha e uma concepção ainda mais estranha de Deus. Porque ao mesmo tempo em que estão dispostos a aceitar que ele se revela através de diferentes religiões, parece que o imaginam querendo afunilar sua graça por um canal muito estreito em cada caso. Há pouca diferença entre essa atitude e a do cristão fanático para quem todos os não-cristãos estão condenados: é o mesmo desejo de limitar a graça de Deus para si mesmo e para a própria comunidade, e as raízes desse desejo não podem ser senão psicológicas. Para Guénon, toda consideração de natureza psicológica só merecia desprezo, e para os tradicionalistas qualquer menção a motivos psicológicos é um insulto. Mas gostem ou não, a compulsão a dividir os semelhantes em ovelhas e cabras é de ordem psicológica; metafisicamente, ela não tem sentido, como deveriam saber os que reconhecem a divindade inerente de cada pessoa.

Quando passamos disso para o caso particular de René Guénon, encontramos no que ele tem de melhor uma visão ampla e libertadora pela qual todo leitor sério (e isso não inclui os que param com *O Reino da Quantidade*, ou, pior, com *O Senhor do Mundo)* ficará agradecido. Ele divide com Plotino, Meister Eckhart e Jakob Boehme o privilégio de acesso ao topo do pensamento conceitual. Porque ele não conclui a sua escalada filosófica com o Ser, e nem a sua teologia começa com Deus Criador. Além de ambos, e além de qualquer distinção entre filosofia e religião, está o mistério supremo a que aqueles poucos mestres ocidentais aludiram. Guénon o chama de Não-Ser, ultrapassando os limites de manifestação e pensamento, mas paradoxalmente sustentando ambos. Esse é o nirvana dos budistas, eternamente co-presente com samsara, o não-manifesto com o manifesto. Os que querem segui-lo nesses reinos lerão *O Homem e sua Evolução Segundo o Vedanta*, *O Simbolismo da Cruz* e *Os Múltiplos Estados de Ser*, e talvez farão bem em ignorar o resto da literatura tradicionalista.

O próprio Guénon, porém, não conseguiu resistir a descer desses cumes filosóficos para vaguear pela floresta de imagens simbólicas e travar batalhas nas planícies onde a Opinião domina. Na vida privada ele era uma alma afável, um homem de família introvertido, sem ambições financeiras ou sociais. Não há registro de que tenha alguma vez cometido um ato ignóbil ou dito alguma coisa para magoar alguém, e a última coisa que ele queria era encabeçar um culto "guenoniano". Em seus escritos, no entanto, não há como negar que ele é intelectualmente arrogante, polêmico e dogmático, nunca se considerando menos do que autoridade absoluta — em tudo.

Dois dos primeiros livros de Guénon prepararam o caminho para a sua obra doutrinária, desfazendo-se dos seus rivais no campo esotérico. Traduzidos, mas ainda não publicados em inglês, eles são *A Teosofia, História de uma Pseudo-religião*, de 1921 e *O Erro Espírita*, de 1923. A obra sobre os movimentos teosóficos modernos, um verdadeiro festival de intrigas esotéricas, é dirigido contra Madame Blavatsky, o ressurgimento rosacruciano, Annie Besant, C. W. Leadbeater, o jovem Krishnamurti e Rudolf Steiner, para citar apenas os alvos mais ilustres. A obra sobre espiritismo, por sua vez, expõe as origens e os absurdos desse movimento, mostrando que o que quer que seja contatado em sessões espíritas, não é o espírito dos mortos. Mas o que emerge dos dois livros, além de muitas críticas inteiramente procedentes, é a recusa de Guénon a fazer juízos morais que não em termos absolutos. Ou se é um representante autêntico da Tradição ou então alguém que se opõe a ela, e por isso um subversor de tudo o que é verdadeiramente sagrado. Mais tarde ele cunharia para estes o termo "Contra-iniciação".

De 1920 em diante, Guénon contribuiu com centenas de resenhas de livros e artigos para a revista *Le Voile d'Isis,* posteriormente intitulada *Études Traditionnelles.* Aqui ele tinha total liberdade como árbitro de todo o mundo esotérico e pseudo-esotérico, jamais tendo qualquer dúvida sobre quem se encaixava onde, e muitas vezes se divertindo de maneira sarcástica. Seguindo-lhe os passos com mais ponderação, os seus discípulos continuam a caçada aos hereges, escolhendo figuras tão variadas como Vivekananda, Aurobindo, o Krishnamurti tardio, Gurdjieff, Teilhard de Chardin, Hans Küng, Mircea Eliade, Chögyam Trungpa, e por último mas não menos importante, C. G. Jung. Mas não é preciso ser muito junguiano para perceber nessas polêmicas uma certa projeção das suas próprias sombras.

Isso nos remete à questão da sombra de Guénon, que foi projetada não tanto sobre as personalidades, mas principalmente sobre todo o mundo moderno. Na sua visão da história, baseada no sistema hindu de ciclos, a humanidade se deteriora no curso de cada ciclo de quatro eras, tornando-se cada vez mais materialista — e mais materializada — e ignorante das realidades espirituais. O início de cada ciclo testemunha a revelação de uma "tradição primordial", a qual é progressivamente obscurecida e distorcida, embora nunca totalmente perdida. Ela é preservada no simbolismo das religiões reveladas, cada uma sendo uma certa especialização e limitação dessa tradição, e os seus propósitos esotéricos são cumpridos nas suas iniciações. Contrariamente à datação tradicional dos hindus, para quem a atual era das trevas (Kali Yuga) só terminará daqui a milhares de anos, Guénon acreditava que ela estava se aproximando do fim e, conseqüentemente, que a era moderna representa o *ne plus ultra* da decadência espiritual. Ele usava a memorável frase "*o Reino da Quantidade*" para descrever uma civilização para a qual considerações qualitativas não contavam mais. Em distinção deliberada da imaginação da humanidade caminhando a passos largos sempre para cima, evoluindo do macaco ao tecnocrata, concentrando as suas energias e aspirações para progredir unicamente no mundo material, Guénon via a podridão tomando conta desde os tempos da Grécia antiga, com o seu racionalismo e ceticismo religioso. Com pouca consideração pela civilização clássica e absolutamente nenhuma pela Renascença, ele deplorava o fim da Idade Média e de qualquer possibilidade de uma teocracia cristã na Europa. Desde aquela época, ele via o sagrado cedendo terreno ao secular em todas as frentes: na religião, com a fragmentação da tradição cristã e o exílio do conhecimento esotérico no mundo clandestino; na filosofia, com a sua negação da verdadeira metafísica e suas tentativas fúteis de prescindir de todas as bases sagradas; na sociedade, com os elementos inferiores usurpando as funções de controle das castas sacerdotais e nobres; e nas artes, sempre o barômetro mais seguro da alma de uma civilização. Contudo, o que mais se poderia esperar no final de uma era de trevas? Talvez a resposta mais realista seja a de Jean Robin, autor de dois livros sobre Guénon, que na verdade acolhe esse papão, a "Contra-iniciação", por apressar o fim dessa era deplorável e o advento de uma nova era dourada pós-apocalíptica.

Em *O Reino da Quantidade e os Sinais dos Tempos,* Guénon criou uma fantasia toda sua, um mito vivo preenchido com detalhes pitorescos que possibilitassem ver o fim de uma era. No entanto, a difusão das suas próprias idéias desde 1945 e a existência mesma dos Tradicionalistas mostram que as coisas não são tão simples e que a ascendência do Ocidente não é sinônimo de degradação da humanidade. Naquela Idade Média a que parecem tão afeiçoados, todos eles teriam sido queimados como hereges e apóstatas — se tivessem tido oportunidade de aprender o que sabem hoje. O humanismo secular que abominam é um clima muito mais favorável às suas obras do que o fundamentalismo que queimaria pelo menos todos os seus livros, caso ele assumisse o poder novamente. Poder-se-ia pensar que o passado e o presente tivessem lições suficientes sobre os males a que a religião exotérica tende, para que pelo menos hesitassem em apoiá-la. Mas diferentemente de Guénon, que viveu no Cairo de 1930 em diante, a maioria deles a apoiaria de uma distância segura, desfrutando as vantagens da vida na Suíça, na Inglaterra, nos Estados Unidos e em outras cidadelas do Reino da Quantidade, acalentando ao mesmo tempo certa fantasia de civilização tradicional que provavelmente nunca existiu sobre a face da Terra. Sem dúvida, há necessidade de uma contestação do estado de espírito moderno, do mesmo modo que há necessidade de uma crítica às falsas religiões. Mas o enfoque tradicionalista não tem sutileza. Não tem, primeiro, em sua determinação de transformar a ortodoxia numa questão moral, escolhendo não admitir que a construção de ortodoxias é, na melhor hipótese, um processo histórico dúbio. Em segundo lugar, ele faz uma condenação demasiadamente simplista dessa era extraordinária e sem precedentes, como se o tempo não tivesse a oferecer lições para a humanidade ou como se Kali Yuga fosse um erro por parte de Ishvara.

Embora a escatologia de Guénon na verdade preveja o retorno da venturosa Satya Yuga no início de um novo ciclo, ele evidentemente não esperava que algum de nós estivesse por aqui para desfrutá-la, nem mesmo em alguma reencarnação futura. Ele sentia intensamente esse aspecto, e sempre se emocionava quando o abordava por escrito. Embora a questão da reencarnação seja secundária, sendo o ponto principal a libertação aqui e agora, ela faz parte de muitas doutrinas esotéricas, e Guénon fez algumas afirmações bastante equivocadas ao tentar explicar esse fato. Em *A Teosofia,* capítulo 11, e em *O Erro Espírita*, capítulo 6, ele mostra que o *homo sapiens* é apenas um entre muitos outros estados que um ser pode ocupar, mas tira a conclusão insustentável de que a repetição de qualquer estado é "metafisicamente impossível", de modo que nenhuma alma pode voltar para a Terra novamente. A. K. Coomaraswamy, acompanhando Guénon, também tentaria provar isso num artigo sobre "O Único Transmigrante," mas o seu argumento no nível do Eu Supremo, a única realidade absoluta no homem, não pode honestamente ser transposto para a realidade secundária da alma que reencarna.

Os debates a *favor* e *contra* a reencarnação haviam se mantido desde longa data no primeiro plano da literatura espiritualista, cada lado apoiado por revelações dos respectivos espíritos. A rejeição da reencarnação havia se tornado uma pedra angular do grupo antiteosófico no ocultismo francês, ao qual Guénon estava ligado desde os seus primeiros experimentos espiritualistas. Posteriormente, quando as esperanças de Guénon se concentraram por algum tempo na restauração do tradicionalismo católico, ele não tinha motivo para mudar de posição: qualquer outra atitude teria arruinado as suas escolhas, como mais tarde o teria tornado um muçulmano suspicazmente não-ortodoxo. Entretanto, seria um budista ou hinduísta muito estranho aquele que negasse a possibilidade de sempre voltar à Terra como ser humano, por menos que quisesse demorar-se sobre a questão. Alonguei-me sobre ela aqui apenas para mostrar como as necessidades psicológicas ou políticas de um homem podem se cristalizar como dogma e ser defendidas como "necessidade metafísica". Sem dúvida, a história das religiões poderia fornecer outros exemplos.

Deve-se finalmente admitir que todo o movimento tradicionalista foi matizado, até aqui, pela própria decisão de Guénon de fazer parte da tradição islâmica. Por mais irrelevante que ela possa ser no cume das alturas metafísicas, a escolha de religião baseada num livro inquestionável e na exortação à guerra santa revela um certo "estilo espiritual". Os dogmas de Guénon e as atitudes dos seus seguidores teriam sido muito diferentes se a sua primeira iniciação tivesse sido no budismo, por exemplo, ou se ele tivesse conseguido encontrar um *modus vivendi* com o cristianismo. Contudo, agradecimentos lhe são devidos por inspirar um grupo de escritores e professores que estão entre as luzes condutoras do nosso tempo. Além daqueles cujos nomes já foram mencionados, as obras de Marco Pallis, Titus Burckhardt, Martin Lings e Philip Sherrard se sobrelevam como pedras preciosas do lixo ocultista e pseudo-esotérico que retarda o buscador da sabedoria.

Como toda literatura espiritual da melhor qualidade — como a própria escritura "revelada" — não é fácil defrontar-se com a obra dos tradicionalistas. Ela faz tremer o chão mesmo onde se está. Mas isso não é motivo para nos deixar desequilibrar. Minha própria heresia, que espero seja a mesma de outros estudiosos dos Tradicionalistas, é que a santíssima trindade da razão, compaixão e intuição, juntas, são guias melhores do que qualquer autoridade, seja ela qual for. Não existe tradição sobre a face da Terra que não fique embaçada com o tempo, nenhuma revelação que possa, ou precise, ser reconstituída em sua pureza prístina centenas ou milhares de anos mais tarde e em outro continente. O Espírito ainda desce, como descerá, indiferente como um pássaro às idéias de quem quer que seja quanto ao lugar onde deve ou não pousar. Ele desce sobre quakers e teosofistas, como também sobre Tradicionalistas, e mesmo sobre os que não têm rótulo nenhum.

Notas Bibliográficas

Algumas obras importantes de autores mencionados:

Titus Burckhardt, *Alchemy: Science of the Cosmos, Science of the Soul* (Baltimore: Penguin Books, 1972) e *Sacred Art in East and West* (Bedfont, Perennial Books, 1967).

A. K. Coomaraswamy, *Christian and Oriental Philosophy of Art* (Nova York: Dover, 1957) e *Selected Papers*, vol. 2, *Metaphysics* (Princeton: Princeton University Press, 1977).

Martin Lings, *Muhammad: His Life Based on the Earliest Sources* (Londres: Allen and Unwin, 1984).

Seyyed Hossein Nasr, *Knowledge and the Sacred,* the Gifford Lectures (Nova York: Crossroad, 1981), e *The Heart of Islam: Enduring Values for Humanity* (San Francisco: HarperSan Francisco, 2002).

Jabob Needleman, org., *The Sword of Gnosis: Metaphysics, Cosmology, Tradition, Symbolism* (ensaios de *Studies in Comparative Religion*) (Nova York: Methuen, 1986).

Marco Pallis, *Peaks and Lamas* (1931; reedição, Totowa, NJ: Biblio Distribution Center, 1974) e *A Buddhist Spectrum* (Londres: Allen and Unwin, 1980).

Jean Robin, *Les Sociétés Secrètes au rendez-vous de l'Apocalypse* (Paris: Guy Trédaniel, 1985).

Frithjof Schuon, *Esoterism as Principle and as Way* (Bedfont, Middlesex, UK: Perennial Books, 1981).

Philip Sherrard, *The Eclipse of Man and Nature* (Rochester, VT: Inner Traditions, 1986).

Huston Smith, *Forgotten Truth: The Primordial Tradition* (San Francisco: Harper and Row, 1977).

Outros livros de interesse:

Whitall N. Perry, org., *A Treasury of Traditional Wisdom* (Londres: Allen and Unwin, 1971) e *Gurdjieff in the Light of Tradition* (Bedfont, Middlesex, UK: Perennial Books, 1978).

Rama P. Coomaraswamy, *The Destruction of the Christian Tradition* (Bedfont, Middlesex, UK: Perennial Books, 1981).

Robin Waterfield, *René Guénon anf the Future of the West: The Life and Writings of a Twentieth-Century Metaphysician* (Rochester, VT: Inner Traditions, 1987).

COLABORADORES

Chas S. Clifton ensina técnicas de redação na Colorado State University-Pueblo e edita *The Pomegranate: The Journal of Pagan Studies*. Trinta anos depois de receber o seu primeiro baralho de Tarô, ele continua acreditando que "as cartas nunca mentem".

Priscilla Costello é consultora em astrologia, professora e escritora há muito tempo. É coordenadora da sucursal local do National Council for Geocosmic Research e fundadora da The New Alexandria, um centro para estudos religiosos, espiritualistas e esotéricos, em Toronto.

Pinchas Giller é professor de cultura judaica na University of Judaism em Bel Air, Califórnia. É autor de *The Enlightened Will Shine* (1993) e *Reading the Zohar, The Sacred Text of the Kabbalah* (2001).

Joscelyn Godwin é professora de música na Colgate University e autora de mais de quinze livros de grande aceitação sobre música, harmonia e tradições esotéricas ocidentais. Entre eles estão *Robert Fludd: Hermetic Philosopher and Surveyor of Two Worlds, Mystery Religions of the Ancient World, The Theosophical Enlightenment,* e mais recentemente *The Pagan Dream of the Renaissance* (2002).

Judy Harrow é grã-sacerdotisa do Proteus Coven desde 1980. Ela tem mestrado em aconselhamento, é presidenta eleita da New Jersey Association for Spiritual, Ethical and Religious Values in Counseling (uma divisão da New Jersey Couseling Association) e diretora do Pastoral Counseling Program of Cherry Hill Seminary. Judy escreveu dois livros: *Wicca Covens* (1999) e *Spiritual Mentoring* (2002). Ela também editou e colaborou com a antologia *Devoted to You* (2003).

Kabir Helminski é xeque da Ordem Mevlevi, que remonta a Rumi. É co-diretor da Threshold Society (sufism.org) e autor e tradutor de vários livros, incluindo *Living Presence* e *The Knowing Heart*.

Stephan A. Hoeller é autor de *The Gnostic Jung and the Seven Sermons to the Dead* (1982), *Jung and the Lost Gospels* (1989) e *Gnosticism: New Light on the Ancient Tradition of Inner Knowing* (2002). É diretor da Sociedade Gnóstica de Los Angeles e figura de destaque nas atividades gnósticas contemporâneas.

K. Paul Johnson é autor de *The Masters Revealed: Madame Blavatsky and the Myth of the Great White Lodge* (1994), *Initiates of Theosophical Masters* (1995) e *Edgar Cayce in Context* (1998).

Gary Lachman é autor de *Turn Off Your Mind: The Mystic Sixties and the Dark Side of the Age of Aquarius* (2002) e *A Secret History of Consciousness* (2003). Como Gary Valentine, ele fez parte do grupo de *rock* Blondie.

Caitlín Matthews é autora de quarenta livros sobre espiritualidade ocidental e sobre sabedoria céltica e ancestral, inclusive *Sophia: Goddess of Wisdom, Bride of God* (Wheaton, IL: Quest Books, 2001). Com John Matthews, é co-fundadora da Foundation for Inspirational and Oracular Studies, dedicada às artes sacras. Eles ministram cursos em todo o mundo. Para detalhes sobre esses cursos, acessar www.hallowquest.org.uk.

Christopher McIntosh é autor de vários livros sobre a história do esoterismo ocidental, incluindo *The Rosicrucians* (1980) e *The Rose Cross and the Age of Reason* (1992). Atualmente ele trabalha para um instituto da UNESCO em Hamburgo, Alemanha.

Theodore J. Nottingham é um autor e tradutor cujo trabalho inclui ficção histórica e metafísica, roteiros cinematográficos, livros infantis e obras sobre espiritualidade. É também produtor de televisão e de vídeo. Dedica-se ao estudo do desenvolvimento espiritual há mais de vinte anos.

Robert Richardson é estudante da tradição esotérica ocidental há muito tempo. Os seus escritos aparecem nas revistas *Gnosis* e *New Dawn*.

Richard Smoley foi editor da revista *Gnosis* de 1990 a 1999. É autor de *Inner Christianity: A Guide to the Esoteric Tradition* (2002) e co-autor (com Jay Kinney) de *Hidden Wisdom: A Guide to the Western Inner Traditions* (1999).

Kenneth Stein estuda o pensamento esotérico, oculto e teosófico, especialmente do neoplatonismo, da cabala e de William Blake.

Anastasy Tousomou é o pseudônimo de um teólogo cristão interessado em esoterismo e questões alquímicas.

Thomas D. Worrel, ex-mestre da Mill Valley Masonic Lodge, é autor de vários artigos em periódicos e publicações de pesquisa maçônica. Também ocupou vários cargos em diversas organizações maçônicas. Tem curso superior em administração e em estudos religiosos e é um estudante ávido de conhecimentos esotéricos há mais de trinta e quatro anos. Ele mora em Mill Valley, Califórnia.

O ORGANIZADOR

Jay Kinney é co-autor, com Richard Smoley, de *Hidden Wisdom: A Guide to the Western Inner Traditions*. Ele foi editor-chefe da revista *Gnosis* e escreveu e pesquisou extensamente sobre tradições esotéricas durante mais de trinta anos. Reside com sua esposa, Dixie, em San Francisco.

Para informações sobre a revista *Gnosis*, visite www.Lumen.org.

NOTAS

INTRODUÇÃO — *Jay Kinney*

1. John L. Brooke, *The Refiner's Fire: The Making of Mormon Cosmology*, 1644-1844 (Nova York: Cambridge University Press, 1994), p. 71.
2. Ibid., p. 31.
3. Francis King, *The Rites of Modern Occult Magic* (Nova York: Macmillan, 1971), p. 127.
4. Noel L. Brann, *Trithemius and Magical Theology* (Albany, NY: SUNY Press, 1999), p. 154.

CAPÍTULO 1. HERMES E A ALQUIMIA — *Richard Smoley*

1. Brian P. Copenhaver, introdução a *Hermetica: The Greek Corpus Hermeticum and the Latin Asclepius in a New English Translation with Notes and Introduction* (Cambridge, UK: Cambridge University Press, 1992), pp. xiii-xiv.
2. Citado em ibid., p. xviii.
3. Ibid.
4. Antoine Faivre, *The Eternal Hermes: From Greek God to Alchemical Magus* (Grand Rapids, MI: Phanes Press, 1995), pp. 104-5.
5. Faivre diz que o termo "Hermetismo" deveria ser usado em referência ao *Corpus Hermeticum* e à literatura inspirada por ele, enquanto que "Hermeticismo" deveria ser usado num sentido mais amplo, em referência aos "muitos aspectos do esoterismo ocidental, como a astrologia, as especulações alquímicas e coisas do gênero" (introdução a *Modern Esoteric Spirituality*, organizado com Jacob Needleman [Nova York: Crossroad, 1992], p. 3). Mas essa distinção serve mais para confundir do que para esclarecer os leitores em geral, por isso eu usei simplesmente o termo "Hermetismo" em todos os casos.
6. Peter French, *John Dee* (Londres: Ark Paperbacks, 1987), p. 146.
7. Fulcanelli, *Le mystère des cathédrales*, tradução de Mary Sworder (Albuquerque, NM: Brotherhood of Life, 1984). Revisado em *Gnosis* 10 (inverno de 1989).
8. Julius Evola, *The Hermetic Tradition: Symbols and Teachings of the Royal Art*. Traduzido para o inglês por E. E. Rehmus (Rochester, VT: Inner Traditions International, 1995), p. 23. Para uma resenha em inglês sobre os escritos de Evola, consultar *Gnosis* 40 (verão de 1996): 64.

9. Evola, *Hermetic Tradition*, p. 25. O itálico, aqui e em outras citações, é do original.
10. Ibid., pp. 36-7.
11. Annie Besant, *Thought Power* (Wheaton, IL: Theosophical Publishing House, 1966), p. 13. Besant, no entanto, não equipara explicitamente o Eu Conhecedor ao *sol* alquímico.
12. Fulcanelli, *Cathédrales*, p. 46.
13. Evola, *Hermetic Tradition*, p. 140.
14. Ibid., p. 147.
15. Citado em Fulcanelli, *Cathédrales*, p. 53.
16. Evola, *Hermetic Tradition*, p. 140.
17. Isha Schwalller de Lubicz, *The Opening of the Way: A Practical Guide to the Wisdom Teachings of Ancient Egypt* (Rochester, VT: Inner Traditions International, 1981), pp. 39-40.
18. Ver Robert Masters, *The Goddess Sekhmet: The Way of the Five Bodies* (Amity, NY: Amity House, 1988) e *Neurospeak* (Wheaton, IL: Quest Books, 1994); também Jean Houston, *The Passion of Isis and Osiris* (Nova York: Ballantine, 1995).
19. Ver, para ter um exemplo, C. G. Jung, "The Psychology of the Transference", citado em *Jung on Alchemy*, organizado por Nathan Schwartz-Salant (Princeton: Princeton University Press, 1995), p. 69.

CAPÍTULO 2.
OS DEUSES ESTELARES DO NEOPLATONISMO — *Kenneth Stein*

1. Plotino, *The Enneads*, traduzido para o inglês por Stephen MacKenna (Burdett, NY: Larson, 1992), II.1.4.
2. Ibid., V.1.2; ver também II.1.,II.2.
3. Ibid., II.3.5.
4. Ibid., IV.8.7. ("Intelectual", como é usado nesse caso, refere-se ao reino superior do Intelecto Divino, não ao pensamento humano.)
5. Ibid., VI.9.1.
6. Proclo, *Elements of Theology*, organizado por E. R. Dodds (Oxford: Oxford University Press, 1963), pp. 271, 292.
7. Ibid., prop. 7.
8. Proclo, *Commentaries of Proclus on the Timaeus of Plato*, traduzido para o inglês por Thomas Taylor (1823; reedição, Hastings, UK: Chthonios Books, 1988), vol. 1, p. 426.
9. Porfírio, "Auxiliaries to the Perception of Intelligible Natures", traduzido para o inglês por Thomas Taylor, *in Select Works of Porphyry* (1823; reedição, Lawrence, KS: Selene Books, 1988), p. 230.
10. Proclo, *Commentaries*, vol. 2, pp. 227-31.
11. Ibid., p. 387. Ver também *Elements*, p. 304.
12. Porfírio, "On the Cave of the Nymphs," *in Select Works*, pp. 178-80.
13. Proclo, *Elements*, p. 307.

14. Proclo, *A Commentary on the First Book of Euclid's Elements*, traduzido por G. R. Morrow (Princeton: Princeton University Press, 1970), p. 17.
15. E. R. Dodds, org., *Select Passages Illustrating Neoplatonism* (1923; reedição, Chicago: Ares, 1979), p. 14.
16. Kathleen Raine e G. M. Harper, orgs., *Thomas Taylor the Platonist* (Princeton: Princeton University Press, 1969), p. 193.
17. Plotino, *Enneads*, II.3.18. III.8.4.
18. Ibid., IV.4.40-44.
19. Proclo, *Platonic Theology*, traduzido para o inglês por Thomas Taylor (1816; reedição, Kew Gardens, NY: Selene Books, 1985), vol. 1, p. 181.
20. E. R. Dodds, *The Greeks and the Irrational* (Berkeley: University of California Press, 1971), pp. 283-311, explica a ligação com as sessões espíritas. Para uma discussão sobre a meditação na teurgia, ver Ruth Majercik, *The Chaldean Oracles* (Leiden: Brill, 1989), pp. 1-46.
21. Proclo, "Excerpts from the Commentary of Proclus on the Chaldean Oracles," traduzido para o inglês por T. M. Johnson, *in Iamblichus: The Exhortation to Philosophy* (Grand Rapids, MI: Phanes Press, 1988), pp. 123-8.

CAPÍTULO 3. A BUSCA DA LIBERDADE ESPIRITUAL — *Stephan A. Hoeller*

1. Giovanni Filoramo, *A History of Gnosticism* (Oxford, UK: Basil Blackwell, 1990), p. xiv.

CAPÍTULO 4. A CABALA E O MISTICISMO JUDAICO — *Pinchas Giller*

1. Nahmanides' Commentary to the Torah 17:11, *Mikraot Gedolot Meorot* (Jerusalém: Meorot, 1999), p. 149.

CAPÍTULO 5. O MISTICISMO DO ENSINAMENTO CRISTÃO — *Theodore J. Nottingham*

1. Evelyn Underhill, *The Essentials of Mysticism* (Nova York: Dutton, 1920), p. 12.
2. Ibid., p.15.
3. Evelyn Underhill, *Practical Mysticism* (Nova York: Dutton, 1943), p. xi.
4. Ibid., p. 3.
5. Ibid.
6. G. I. Gurdjieff, *Views from the Real World* (Nova York: Dutton, 1975), p. 153.
7. Jacob Needleman, *Lost Chistianity* (Nova York: Bantam Books, 1982), p. 131.
8. Maurice Nicoll, *The New Man* (Nova York: Penguin Books, 1979), p. 143.
9. Thomas Merton, *New Seeds of Contemplation* (Toronto: New Direction, 1961), p. 126.
10. Ibid., p. 127.
11. Ibid., p. 131.

CAPÍTULO 6. SUFISMO — *Kabir Helminski*

Se não houver indicação em contrário, as traduções citadas são do autor.

1. Muhammad Asad, *The Message of the Qur'an* (Putney, VT: Threshold Books, 1993), 50:37 and 4:82.
2. Khwaja 'Abdullaah Ansaari, *Rasaa'el-e Ansaari*, in Javad Nurbakhsh, *Sufism: Meaning, Wisdom, Unity* (Nova York: Khaniqa-Nimatullahi, 1981), p. 23.
3. Abu Sa'id, *Asraar al-Tawhid*, citado in Nurbakhsh, *Sufism*, p. 21.
4. Jelaluddin Rumi, *Mathnawi*, II, 1834-37.
5. De fontes tradicionais.
6. Yunus Emre, *The Drop That Became the Sea*, traduzido por Kabir Helminski e Refik Algan (Putney, VT: Threshold Books, 1989), p. 34.
7. Hakim Sanai, *The Walled Garden of Truth*, traduzido por David Pendlebury (Nova York: Dutton, 1972).

CAPÍTULO 7. A BUSCA DO MAGO — *Thomas D. Worrel*

1. Antoine Faivre, *Access to Western Esotericism* (Albany: SUNY Press, 1994), pp. 10-5.
2. Antoine Faivre e Jacob Needleman, orgs., *Modern Esoteric Spirituality* (Nova York: Crossroad, 1992), p. 4.
3. Charles H. Kahn, *The Encyclopedia of Philosophy* (Nova York: MacMillan, 1972), p. 497.
4. Jim Tester, *A History of Western Astrology* (Nova York: Ballantine, 1987), p. 19.
5. Ibid., p. 14.
6. Gregory Shaw, *Theurgy and the Soul: The Neoplatonism of Iamblichus* (University Park: Pennsylvania State University Press, 1995). p. 30.
7. Ibid., p. 67.
8. Ibid., p. 185.
9. Ibid., p. 91.
10. Da Introdução de *The Letters of Marsilio Ficino*, vol. 1 (Bury St. Edmunds, Suffolk, UK: St. Edmundsbury Press, 1975), p. 23.
11. D. P. Walker, *Spiritual and Demonic Magic* (University Park: Pennsylvania State University Press, 2000), pp. 36-7.
12. Thomas Moore, *The Planets Within* (Hudson, NY: Lindisfarne Press, 1990), p. iii.
13. Joscelyn Godwin, *Music and the Occult* (Rochester, NY: University of Rochester Press, 1995) pp. 23-4.
14. Frances A. Yates, *Giordano Bruno and the Hermetic Tradition* (Chicago: University of Chicago Press, 1964), 199.
15. V. Perrone Compagni, org., *Cornelius Agrippa, De occulta philosophia, Libri tres* (Leiden: Brill, 1992), p. 2.

CAPÍTULO 8. O TARÔ INEXPLORADO — *Chas S. Clifton* — Bibliografia

Agrippa, Henry Cornelius. *The Philosophy of Natural Magic.* (Secaucus, NJ: University Books, 1974.) (Publicado pela primeira vez em 1531.)

Anonymous. *Meditations on the Tarot: A Journey into Christian Hermeticism.* (Warwick, NY: Amity House, 1985.) (Publicado pela primeira vez na França em 1967.)

Buckland, Raymond. "Gypsies and the Tarot." *Fate* (julho de 1990): 58-65.

Butler, Bill. *Dictionary of the Tarot.* (Nova York: Schocken Books, 1975.)

Cavendish, Richard. *The Tarot.* (Nova York: Harper and Row, 1975.)

Doane, Doris Chase, and King Keyes. *How to Read Tarot Cards.* (Nova York: Funk and Wagnalls, 1967.)

Eliade, Mircea. *A History of Religious Ideas.* Vol. 1. (Chicago: University of Chicago Press, 1978.)

Franklin, Stephen E. *Origins of the Tarot Deck.* (Jefferson, NC: McFarland, 1988.)

Gray, Eden. *The Tarot Revealed.* (Nova York: New American Library, 1969.)

Hoffman, Detlef. *The Playing Card: An Illustrated History.* (Nova York: New York Graphic Society, 1973.)

Kaplan, Stuart R. *Encyclopedia of Tarot.* 3 vols. (Nova York: U.S. Games Systems, 1978.)

O'Neill, Tim. "Dancing with Doctor Dee." *Gnosis* 17 (outono de 1990): 56-7.

Petrarch, Francesco. *The Sonnets, Triumphs and Other Poems.* (Londres: George Bell, 1897.)

Spence, Lewis. *An Encyclopaedia of Occultism.* (New Hyde Park, NY: University Books, 1960.) (Publicado pela primeira vez em 1920.)

Tuchman, Barbara W. *A Distant Mirror: The Calamitous Fourteenth Century.* (Nova York: Knopf, 1978.)

Weigle, Marta. *Brothers of Light, Brothers of Blood.* (Albuquerque: University of New Mexico Press, 1976.)

CAPÍTULO 9. ESCADA PARA O LABIRINTO — *Priscilla Costello*

1. Alexander Marshack. *The Roots of Civilization: The Cognitive Beginnings of Man's First Art, Symbol, and Notation* (Nova York: McGraw-Hill, 1972).
2. Agradeço a Robert Hand uma síntese desse período antigo. Suas fontes incluem B. L. van der Waerden, *Science Awakening*, vol. 2 (Nova York: Oxford University Press, 1970); Otto Neugebauer, *The Exact Sciences in Antiquity* (Nova York: Dover, 1989); Otto Neugebauer and H. B. van Hoesen, *Greek Horoscopes* (Philadelphia: American Philosophical Society, 1969); e as obras de Cyril Fagan.
3. A. Sachs. "Babylonian Horoscopes", *Journal of Cuneiform Studies* 6 (1952): 49-75.
4. *The Three Steles of Seth,* in *The Nag Hammadi Library in English*, organizado por James M. Robinson, 3ª ed. (San Francisco: Harper and Row, 1988), p. 401.
5. Citado em Orígenes, *Contra Celsum,* in *The Ancient Mysteries, A Sourcebook: Sacred Texts of the Mystery Religions of the Ancient Mediterranean World*, organizado por Marvin W. Meyer (San Francisco: Harper and Row, 1987), p. 209.

6. The *Poimandres* of Hermes Trismegistus, in *Hermetica: The Ancient Greek and Latin Writings which Contain Religious or Philosophic Teachings Ascribed to Hermes Trismegistus*, organizado e traduzido por Walter Scott (1924; reedição, Boston: Shambhala, 1985), pp. 121-3.
7. Ibid., p. 119.
8. Ibid., p. 127.
9. Ibid., p. 119.
10. Uma correlação mais completa da astrologia e da psicologia junguiana está além dos objetivos deste artigo. O leitor pode ler atentamente os livros de Liz Greene, que oferecem a análise mais consistente e completa da astrologia em termos junguianos.
11. C. G. Jung, entrevista com André Barbault, *Astrologie Moderne*, maio de 26, 1954, citado em Stephen Arroyo, *Astrology, Psychology, and the Four Elements* (Sebastopol, CA: CRCS, 1975), pp. 33-34, 189.
12. Robert Lawlor, *Sacred Geometry: Philosophy and Practice* (Londres: Thames and Hudson, 1982), p. 74.
13. C. G. Jung, *The Archetypes and the Collective Unconscious*, in *Collected Works*, vol. 9i, traduzido por R. F. C. Hull (Princeton: Princeton University Press, 1969), p. 310.

CAPÍTULO 10. SOFIA — *Caitlín Matthews*

1. C. S. Lewis, *Til We Have Faces* (Londres: Collins, 1956), p. 283.
2. "The Thunder-Perfect Intellect" 16:9-17, in *The Gnostic Scriptures: A New Translation with Annotations and Introduction by Bentley Layton* (Londres: S.C.M. Press, 1987), p. 82.
3. "The Gnostics According to St. Epiphanius" 26:3.1, in *The Gnostic Scriptures*, p. 205.
4. C. G. Jung, *Answer to Job* (Londres: Routledge and Kegan Paul, 1954), p. 159.
5. Citado em Barbara Newman, *Sister of Wisdom: St. Hildegard's Theology of the Feminine* (Aldershot, UK: Scholar Press, 1987), p. 261.
6. Citado em Samuel D. Cioran, *Vladimir Solov'ev and the Knighthood of the Divine Sophia* (Waterloo, Ontario: Wilfred Laurier University Press, 1977), p. 150.
7. *Aurora Consurgens*, organizado, com comentários, por Marie-Louise von Franz (Nova York: Bollingen Foundation, 1966), p. 43.
8. *The Book of Enoch* 42:1, traduzido por R. H. Charles (Londres: S.P.C.K., 1982), p. 61.
9. "The First Thought in Three Forms" 42:17-20, in *The Gnostic Scriptures*, p. 95.
10. Wisdom of Solomon 8:17.
11. Rudolf Steiner, *The Search for the New Isis, Divine Sophia* (Spring Valley, NY: Mercury Press, 1983), p. 21.
12. Provérbios 8,17.

CAPÍTULO 11. WICCA EXPLICADA — *Judy Harrow*

1. Leonard Swidler, "The Intimate Intertwining of Business, Religion and Dialogue", trabalho apresentado no First World Congress of the International Society of Business, Economics, and Ethics, 25-28 de julho, 1996, Tóquio, Japão, http://www.usao.edu/~facshaferi/DIALOG03.HTML.

CAPÍTULO 12. OS SÁBIOS OCULTOS E OS CAVALEIROS TEMPLÁRIOS *Robert Richardson*

1. Parafraseado de Michael Baigent, Richard Leigh e Henry Lincoln, *Holy Blood, Holy Grail* (Nova York: Delacorte Press, 1982).
2. Para estudos esotéricos sobre o Egito, ver as obras de R. A. Schwaller de Lubicz. (Ver também capítulo 18.–Org.).
3. Gaetan DelaForge, *The Templar Tradition in the Age of Aquarius* (Putney, VT: Threshold Books, 1987), p. 63.
4. Vaclar Havel, carta a Alexander Dubcek, agosto de 1969. Citado em Vaclav Havel, *Disturbing the Peace* (Nova York: Knopf, 1990), capítulo 3.
5. Peter Dawkins, *Dedication to the Light: The Francis Bacon Research Trust Journal, Series I, Vol. 3* (Alderminster, Warwickshire, UK: Francis Bacon Research Trust, 1984), pp. 65-7.
6. Para um estudo mais detalhado desse período, ver as obras do Francis Bacon Research Trust.
7. Para mais informações sobre esse período e as sementes por ele plantadas, ver Frances A. Yates, *The Rosicrucian Enlightenment* (Londres: Ark, 1986). (Ver também capítulo 13.–Org.).

CAPÍTULO 13. O SONHO ROSACRUCIANO — *Christopher McIntosh*

1. Henry Adamson, *Muse's Threnodia*, citado in Knoop, Jones e Hamer, *Early Masonic Pamphlets* (Manchester, 1945); p. 30; citado em Frances A. Yates, *The Rosicrucian Enlightenment* (Boulder, CO: Shambhala, 1978), p. 211.
2. J. J. Bode, *Starke Erweise* (Leipzig: Göschen, 1788), p. 25.

CAPÍTULO 14. A CIVILIZAÇÃO MAÇÔNICA — *Richard Smoley*

1. David Stevenson, *The Origins of Freemasonry* (Cambridge: Cambridge University Press, 1988), pp. 19-22.
2. John J. Robinson, *Born in Blood: The Lost Secrets of Freemasonry* (Nova York: M. Evans, 1989), pp. 164-6.
3. Ibid., pp. 152-5.

4. Michael Baigent and Richard Leigh, *The Temple and the Lodge* (Londres: Jonathan Cape, 1989), pp. 34-7.
5. Robinson, *Born in Blood*, pp. 17-36.
6. Ibid., p. 166. (Robinson pode estar errado sobre essa frase estar no ritual.–Org.)
7. Ibid., p. 212.
8. Baigent e Leigh, *The Temple and the Lodge*, p. 120.
9. Christopher Knight e Robert Lomas, *The Hiram Key: Pharaohs, Freemasons, and the Lost Scrolls of Jesus* (Rockport, MA: Element, 1996), p. 313.
10. Baigent e Leigh, *The Temple and the Lodge*, p. 119. Ver também Frances A. Yates, *The Rosicrucian Enlightenment* (Londres: Ark, 1972), p. 211. Ênfase no original.
11. Stevenson, *Origins of Freemasonry*, p. 102.
12. Yates, *Rosicrucian Enlightenment*, pp. 171-92, 210-1.
13. Thomas D. Worrel, "The Initiatic Symbolism of Freemasonry", *Gnosis* 44 (verão de 1997): 18-23.
14. Um operário chamado Hiram é mencionado no relato bíblico da construção do Templo; ver 1 Reis 7,13-45. Mas ele é especializado em trabalhos em bronze, e não arquiteto; também não há referências ao seu assassinato.
15. Knight e Lomas, *The Hiram Key*, pp. 9-17. Em algumas versões, os primeiros dois golpes atingem o ombro e a nuca de Hiram. Ver Edmond Gloton, *Instruction maçonnique aux Maîtres-Maçons* (Paris: V. Gloton, "5950"), pp. 56-7.
16. Harold W. Percival, *Thinking and Destiny* (Dallas, TX: Word Foundation, 1946), pp. 680-6. Ver também W. Kirk MacNulty, *Freemasonry: A Journey Through Ritual and Symbol* (Londres: Thames and Hudson, 1991), pp. 28-30.

CAPÍTULO 15. CÉUS E INFERNOS — *Gary Lachman*

1. Aldous Huxley, *The Doors of Perception and Heaven and Hell* (Nova York: Harper and Row, 1990), p. 83.
2. George Trobridge, *Swedenborg: Life and Teaching* (Nova York: Swedenborg Foundation, 1992), pp. 114-5.
3. Wilson Van Dusen, *The Presence of Other Worlds* (Londres: Wildwood House, 1975).
4. Ralph Waldo Emerson, *Representative Men* (Boston: Houghton Mifflin, 1930), pp. 102-3.
5. Helen Keller, *My Religion* (Garden City, NY: Doubleday, Page, 1927), p. 207.
6. Van Dusen, *Other Worlds*, pp. 53-4.
7. Emanuel Swedenborg, *Journal of Dreams* (Nova York: Swedenborg Foundation, 1986).
8. Emanuel Swedenborg, *Heaven and Hell* (Nova York: Swedenborg Foundation, 1984), p. 43.
9. A literatura sobre o estado hipnagógico é extensa e procede de muitos campos. De interesse particular são as pesquisas de P. D. Ouspensky relatadas no capítulo "On the Study of Dreams and on Hypnotism", in *A New Model of the Universe* (Nova York: Knopf, 1969). Uma obra relativamente recente, *Hypnagogia*, de Andreas Mavromatis (Londres:

Routledge and Kegan Paul, 1987), relaciona fenômenos hipnagógicos com habilidades psíquicas.

10. Emanuel Swedenborg, *The Universal Human and Soul-Body Interaction* (Ramsey, NJ: Paulist Press, 1984), p. 37.
11. Swedenborg, *Heaven and Hell*, p. 32.
12. Numa obra que antecede em vários anos a abordagem à alquimia feita por Jung, o psicólogo Herbert Silberer descreve o caráter auto-simbólico da hipnagogia em detalhes. Ver *Hidden Symbolism of Alchemy and the Occult Arts* (Nova York: Dover, 1971), pp. 233-8.
13. Emanuel Swedenborg, *The Word Explained*, citado em Van Dusen, *Other Worlds*, p. 28.
14. Emanuel Swedenborg, *Spiritual Diary* (Londres: Swedenborg Society, 1977), vol. 1, p. 29, e vol. 5, p. 158.
15. Swedenborg, *Heaven and Hell*, pp. 26-7.
16. William Blake, "Europe, a Prophecy," *in William Blake: The Complete Poems* (Nova York: Penguin Books, 1979), p. 229.
17. Van Dusen, *Other Worlds*, p. 117.
18. Swedenborg, *Heaven and Hell*, p. 330.
19. Ibid., p. 42.
20. Ibid., p. 355.
21. Ibid., pp. 489-90.
22. Ibid., p. 502.
23. Citado em Wing-Tsit Chan, *A Source Book in Chinese Philosophy* (Princeton: Princeton University Press, 1973), p. 59.
24. Swedenborg, *Heaven and Hell*, p. 312-3.

CAPÍTULO 16. BLAVATSKY E SEUS MESTRES — *K. Paul Johnson*

1. John King, o "guia" mais conhecido dos inícios do espiritismo, era um "ex-pirata rude que gostava de contar suas aventuras" e "apareceu pela primeira vez no início da década de 1850 a um agricultor médium que morava em Ohio e mais tarde controlaria a famosa médium italiana Eusapia Palladino". Ver Marion Meade, *Madame Blavatsky: The Woman Behind the Myth* (Nova York: Putnam, 1980), p. 136.
2. C. J. Jinarajadasa, org., *Letters from the Masters of the Wisdom*, second series (Adyar, India: Theosophical Publishing House, 1973), pp. 80-81.
3. Ibid., p. 85.
4. Ibid., p. 86.
5. Ajudado por sua esposa Alma, médium inglesa, Theon divulgou seus ensinamentos num periódico intitulado *La Revue Cosmique*, publicado em Paris. Sua convertida mais conhecida foi Mirra Alfassa Richard, que mais tarde se tornou "a Mãe", companheira de Sri Aurobindo em seu ashram de Pondicherry. Richard integrou os ensinamentos de Theon com os de Aurobindo. Theon passou os últimos quarenta anos de sua vida na Argélia, onde morreu em 1927.

6. Sylvia Cranston, *HPB: The Extraordinary Life and Influence of Helena P. Blavatsky, Founder of the Modern Theosophical Movement* (Nova York: Putnam, 1993), p. 132.
7. Jinarajadasa, *Letters*, p. 108.
8. H. P. Blavatsky, *Letters of H.P. Blavatsky to A.P. Sinnett* (Pasadena, CA: Theosophical University Press, 1973), p. 171.
9. H.P. Blavatsky, "Letters of H.P.B. to Hartmann," *Path* (Março de 1896): 368-9.
10. Blavatsky, *Letters to Sinnett*, p. 111.
11. Ibid., p. 334.
12. Blavatsky, "Letters to Hartmann", pp. 369-70.
13. Ibid., p. 370.
14. Ibid., p. 371.
15. Ibid., p. 372.
16. Franz Hartmann, *The Talking Image of Urur* (Nova York: Lovell, 1890).
17. Ibid., p. 285.
18. Ibid., p. 287.
19. H.P. Blavatsky, "On Pseudo-Theosophy," in *Collected Writings*, vol. 11 (Wheaton, IL: Theosophical Publishing House, 1973), p. 46.
20. Ibid., p. 47.
21. Ibid., p. 49.
22. H. P. Blavatsky, "Why I Do Not Return to India," in *Collected Writings*, vol. 13, pp. 158-9.
23. H. P. Blavatsky, *The Key to Theosophy* (Los Angeles: Theosophy Company, 1973), p. 301.

CAPÍTULO 18. RENÉ SCHWALLER DE LUBICZ — *Gary Lachman*

1. Christopher Bamford, introdução a R. A. Schwaller de Lubicz, *A Study of Numbers* (Rochester, VT: Inner Traditions, 1986).
2. R. A. Schwaller de Lubicz, *Nature Word* (West Stockbridge, MA: Lindisfarne Press, 1982), p. 129.
3. R. A. Schwaller de Lubicz, *Symbol and the Symbolic* (Nova York, NY: Inner Traditions, 1978), p. 40. Uma comparação com idéias de Whitehead sobre os dois modos de percepção, "imediatidade apresentacional" e "eficácia causal", como também o seu conceito de "preensão", contribuem para a nossa compreensão do "simbolique" de Schwaller.
4. *A Study of Nature*, p. 27.
5. *Nature Word*, pp. 101-2.
6. Ibid., p. 51.
7. *Symbol and the Symbolic*, pp. 82-3.
8. Tome uma linha A-C e seccione-a no ponto B, de modo que A-C seja mais longa do que A-B na mesma proporção em que A-B é mais longa do que B-C. Eis o phi, a "seção áurea". Para sua relação com a "quebra de simetria", um tema fundamental da cosmologia atual, ver John Anthony West, *The Serpent in the Sky* (Londres: Wildwood House, 1979), p. 75.
9. *Symbol and the Symbolic*, p. 89.

10. *Nature Word*, p. 135.
11. Ibid., p. 102.

CAPÍTULO 19. G. I. GURDJIEFF — *Richard Smoley*

1. James Webb, *The Harmonious Circle: The Lives and Work of G. I. Gurdjieff, P. D. Ouspensky, and Their Followers* (Nova York: Putnam, 1980), p. 13.
2. P. D. Ouspensky, *In Search of the Miraculous: Fragments of an Unknown Teaching* (Nova York: Harcourt Brace Jovanovich, 1949), p. 45. [*Fragmentos de um Ensinamento Desconhecido — Em Busca do Milagroso*, publicado pela Editora Pensamento, SP, 1982.]
3. Ibid., p. 50.
4. Webb, *Harmonious Circle*, pp. 25-6.
5. Para a primeira descrição confiável de Gurdjieff, ver "Glimpses of Truth," escrito por um aluno anônimo em 1914, reimpresso em G. I. Gurdjieff, *Views of the Real World* (Londres: Arkana, 1984), pp. 3-37.
6. Ouspensky, *In Search of the Miraculous*, p. 7.
7. Thomas de Hartmann e Olga de Hartmann, *Our Life with Mr. Gurdjieff* (San Francisco: Harper and Row, 1983), p. 39.
8. Ibid., pp. 37-9.
9. Webb, *Harmonious Circle*, p. 196.
10. Ibid., pp. 236-7.
11. Ibid., pp. 280-2.
12. Boris Mouravieff, "Ouspensky, Gurdjieff, et les Fragments d'un Enseignement inconnu" (N. ed.: Centre d'études chrétiennes ésoteriques, s.d.; reeditado de [Brussels] *Synthèses* 138 [Novembro de 1957]), p. 15. Ênfase de Mouravieff.
13. G. I. Gurdjieff, *Life is Real Only Then, When "I Am"* (Nova York: Dutton, 1981), p. 94.
14. G. I. Gurdjieff, *Beelzebub's Tales to His Grandson* (Nova York: Dutton, 1973), p. i.
15. Gurdjieff, *Life is Real*, p. 41.
16. Ibid., p. 5.
17. Ibid., p. 93. De fato Orage teve um romance com uma mulher chamada Jessie Dwight da livraria Sunwise Turn, e mais tarde casou-se com ela.
18. Para o relato de Olga de Hartmann sobre o rompimento, ver de Hartmann, *Our Life*, pp. 155-60.
19. Webb, *Harmonious Circle*, p. 473.
20. Ibid., p. 475.
21. Ibid., p. 449.
22. Ibid., p. 315.

23. Ouspensky, *In Search of the Miraculous*, p. 99.
24. Mouravieff, "Ouspensky", p. 18.
25. Ouspensky, *In Search of the Miraculous*, p. 102.
26. Robert Amadou, "Gurdjieff et le soufisme", in [Paris] *Question de* 50 (1989): 54.
27. Ibid., p. 55.
28. 2 Pedro 3,10.
29. G. I. Gurdjieff, *Meetings with Remarkable Men* (Nova York: Dutton, 1969), p. 39. [*Encontros com Homens Notáveis*, publicado pela Editora Pensamento, SP, 1980.]

DIREITOS E PERMISSÕES

Introdução, *Jay Kinney* © 2004 Jay Kinney

Hermes e a Alquimia: O Deus Alado e a Palavra de Ouro, *Richard Smoley*, apareceu originalmente em *Gnosis* 40 (verão de 1996) © Richard Smoley e the Lumen Foundation

Os Deuses Estelares do Neoplatonismo, *Kenneth Stein*, apareceu originalmente em *Gnosis* 38 (inverno de 1996) © Kenneth Stein e the Lumen Foundation

A Busca da Liberdade Espiritual: A Cosmovisão Gnóstica, *Stephan A. Hoeller* © 2004 Stephan A. Hoeller

Cabala e Misticismo Judaico: Uma Visão Geral, *Pinchas Giller*, apareceu originalmente em *Gnosis* 3 (outono-inverno de 1986-87) © Pinchas Giller

O Misticismo do Ensinamento Cristão, *Theodore J. Nottingham*, apareceu originalmente em *Gnosis* 45 (outono de 1997) © Theodore J. Nottingham

Sufismo: Um Caminho para a Plenitude Humana, *Kabir Helminski*, apareceu originalmente em *Gnosis* 30 (inverno de 1994) © Kabir Helminski

O Tarô Inexplorado, *Chas S. Clifton*, apareceu originalmente em *Gnosis* 18 (inverno de 1991) © Chas S. Clifton

Escada para o Labirinto: As Dimensões Espirituais e Psicológicas da Astrologia, *Priscilla Costello*, apareceu originalmente em *Gnosis* 38 (inverno de 1996) © Priscilla Costello

Sofia: Deusa da Sabedoria, *Caitlín Matthews*, apareceu originalmente em *Gnosis* 13 (outuno de 1989) © Caitlín Matthews

Wicca Explicada, *Judy Harrow*, apareceu originalmente em *Gnosis* 48 (verão de 1998) © Judy Harrow

Os Sábios Ocultos e os Cavaleiros Templários, *Robert Richardson*, apareceu originalmente em *New Dawn* 64 (janeiro-fevereiro 2001), como "The Dream of the Sages" [O Sonho dos Sábios] © Robert Richardson

O Sonho Rosacruciano, *Christopher McIntosh*, apareceu originalmente em *Gnosis* 6 (inverno de 1987-88) © Christopher McIntosh

A Civilização Maçônica, *Richard Smoley*, apareceu originalmente em *Gnosis* 44 (verão de 1997) © Richard Smoley e the Lumen Foundation

Céus e Infernos: Os Mundos Interiores de Emanuel Swedenborg, *Gary Lachman*, apareceu originalmente em *Gnosis* 36 (verão de 1995) © Gary Lachman

Blavatsky e os Seus Mestres, *K. Paul Johnson*, apareceu originalmente em *Gnosis* 28 (verão de 1993) © K. Paul Johnson

O Steiner Apocalíptico, *Anastasy Tousomou*, apareceu originalmente em *Gnosis* 7 (primavera de 1988) © Anastasy Tousomou

René Schwaller de Lubicz e a Inteligência do Coração, *Gary Lachman*, apareceu originalmente em *The Quest* (janeiro-fevereiro 2000) © Gary Lachman

G. I. Gurdjieff: Encontros com um Paradoxo Notável, *Richard Smoley*, apareceu originalmente em *Gnosis* 20 (verão de 1991) © Richard Smoley e the Lumen Foundation

Frente a Frente com os Tradicionalistas: Uma Reflexão sobre René Guénon e os seus Sucessores, *Joscelyn Godwin*, apareceu originalmente em *Gnosis* 7 (primavera de 1988) © Joscelyn Godwin